中國學術思想 研究輯刊

三五編
林 慶 彰 主編

第 15 冊

王船山論《易》的「人文創化」思想之研究

黃 能 展 著

花木蘭文化事業有限公司

國家圖書館出版品預行編目資料

王船山論《易》的「人文創化」思想之研究／黃能展 著 -- 初
版 -- 新北市：花木蘭文化事業有限公司，2022〔民 111〕
目 2+260 面；19×26 公分
（中國學術思想研究輯刊 三五編；第 15 冊）
ISBN 978-986-518-817-7（精裝）
1.CST：（清）王夫之 2.CST：學術思想 3.CST：易學
4.CST：中國哲學
030.8   110022431

ISBN-978-986-518-817-7

9 789865 188177

中國學術思想研究輯刊
三五編 第十五冊   ISBN：978-986-518-817-7

王船山論《易》的「人文創化」思想之研究

作　　者　黃能展
主　　編　林慶彰
總 編 輯　杜潔祥
副總編輯　楊嘉樂
編輯主任　許郁翎
編　　輯　張雅淋、潘玟靜、劉子瑄　美術編輯　陳逸婷
出　　版　花木蘭文化事業有限公司
發 行 人　高小娟
聯絡地址　235 新北市中和區中安街七二號十三樓
　　　　　電話：02-2923-1455／傳真：02-2923-1452
網　　址　http://www.huamulan.tw 信箱　service@huamulans.com
印　　刷　普羅文化出版廣告事業
封面設計　劉開工作室
初　　版　2022 年 3 月
定　　價　三五編 23 冊（精裝）新台幣 62,000 元　　　版權所有‧請勿翻印

王船山論《易》的「人文創化」思想之研究

黃能展　著

作者簡介

黃能展，1959 年出生於台南市。臺灣師範大學數學系學士、國立空中大學人文學系學士、南華大學哲研所碩士、東海大學哲研所博士（2012 ～ 2017；論文指導教授：蔡家和老師）。2017 年獲得東海大學博士學位之後，我就選擇了潛心獨自研究的學術之路。回顧個人在思想研究上的進路，不論從研究所時期鑽研馬克斯・謝勒（Max Scheler）的「人格理論」、或博士班時期探討王船山的《易傳》思想，甚至目前以中、西方思想之會通的努力，這都是出於個人對哲學熱愛的志趣所在。其次，個人在未來的研究上則著眼於中、西思想的比較，以及異質文化之間的會通與論述。大致上，若將易經看成是東方思想的根源，那麼包括高達美的美學、列維納斯的他者理論、以及謝勒的哲學人類學等西方哲學家的思想，他們將成為我個人在未來的思想探索上所要關注的重點；簡言之，個人目前研究的思想方向，主要包括：易經與美學、易經與他者、以及易經與哲學人類學等三大比較哲學的課題。

提　要

　　本論文的主旨有二：其一，在於申述船山論《易》的人文創化思想和精神，尤其揭示船山易學是奠基在一個「人文世界」的機體生化流行之中，並以「〈乾〉〈坤〉並建」承天命之降而展開天人合於「性命」之理的當代思想特色；其二，關於船山言「《易》為君子謀」的主張，筆者則透過當代哲學人類學的精神來進一步深入詮釋。

　　筆者對船山易學之研究有獲得底下結論：（一）船山易學其既不是主觀、客觀主義、唯心或唯物論，亦不是人類中心主義；另外，它並不是二元論，同時也不是西方傳統的一元論，因為船山主張「一本而萬殊」的「一」，此即同一性中包容差異性，且「同一性」與「差異性」是以「兩端一致」而諧和對立調合，而此調合論是要從懷特海的機體哲學來探討。（二）若僅學《易》而廢筮占不講，則自天所祐之吉將隱而不顯；相對地，若廢學以尚占，則吉凶已著而筮者不知補凶、悔、吝之過。因此，若以學《易》、占《易》為二端，則可達至「兩端一致」之理。（三）若就《彖》為「體」而函「乾坤四德」的天人之蘊、以及《爻》為「用」而顯「兩端一致」之理言之，則《彖》所要昭回人道的是儒家的仁義之「蘊」。（四）船山論《易》的「人文世界」是以聖人和君子之人格作為人倫價值的承載者。然而，聖人作《易》而卻謀之於君子，且此「君子」的形象則符應當代哲學人類學的思維；亦即，「君子」是結合效聖者、得天者與體誠者於一身。

第一章　緒　論

一、研究動機

　　王船山（1619～1692）在中國易學史上，他是扮演一個怎樣的學者角色？大致上，他是不遺餘力地維護四聖（伏羲、文王、周公、孔子）於儒家的地位，並能十足地表現出中國儒者的大無畏精神。然而，當他評論朱熹，或抨擊邵雍的易學時，這令筆者不禁思索著：船山之一生的學術自信又從何而來？至於，船山承繼張載之「《易》為君子謀」的思想主張，〔註1〕他除了秉持張子之一貫批評佛、老的態度外，並將這種實事求是的態度延伸至漢代象數易學的探討，此中包括對焦贛的《易林》、以及流行於民間的《火珠林》等占卜之術的批評，〔註2〕尤其，船山指出《易林》是以私智窺測象數、而《火珠林》之辭則不繫於理數。〔註3〕此外，他亦不能苟同朱熹於《周

〔註1〕參見（清）王夫之：《王船山全書》第12冊（長沙：嶽麓書社，1992年），頁274（註：《王船山全書》第12冊包括：《張子正蒙注》、《思問錄內篇》、《思問錄外篇》、《俟解》、《搔首問》等書，之後底下若再出現本冊注解時，則僅注明書名與頁次，其餘從略）。張載於《正蒙·大易篇》言：「《易》為君子謀，不為小人謀。」

〔註2〕參見（清）王夫之：《王船山全書》第1冊（長沙：嶽麓書社，1988年），頁538（註：《船山全書》第1冊包括：《周易內傳》、《周易內傳發例》、《周易大象解》、《周易稗疏》及《周易外傳》等書，之後底下若再出現本冊注解時，則僅注明書名與頁次，其餘從略）。船山言：「若後世《易林》、《火珠林》先天觀梅之術，言謳、言動而不察物宜，不循典禮，故屠販盜賊皆可就問利害，是訓天下以亂，而可惡甚矣。」

〔註3〕參見《周易內傳》，頁506。

易本義》之以先天、後天區分孔子及文王之《易》的差別；〔註4〕另，他亦不同意朱子將《易》僅視為卜筮之用、以及謂《易》非學者之所宜講習的看法；〔註5〕最後，他批評朱子於《易學啟蒙》提出一卦之可變六十四卦，〔註6〕並視《啟蒙》所言能與焦贛之《易林》於條理上相契合之說法。〔註7〕

至於，邵雍這位與張載同時代的先天學者，他在其生存的時代備受尊崇；甚至，朱子於《周易本義》將邵子之所繪《伏羲六十四卦方位圖》列於書中卷首，並以「先天之學」稱之。〔註8〕然而，船山質疑朱子何以對邵子之「先天圖」無所解釋呢？對此，船山於《周易內傳發例》說：「《本義》繪邵子諸圖於卷首，不為之釋而盡去之，何也？曰：周流六虛，不可為典要。」〔註9〕既然，朱子推崇邵子的先天之學，那麼他為何不能對邵子諸多先天圖中關於「《易》之神化不測」的部分加以闡述呢？朱子的做法，他是出於疏忽、或者是缺乏一種學術上的自信？但，不管如何，邵子於《梅花易數》釋「先天者」的含意而如此說：「蓋先天者，未得卦、先得數，是未有易書、先有易理，辭前之易也。」〔註10〕事實上，邵子以「象數之理」構造的先天《易》，它與《周易》（底下稱《易》）在特性是不同的；對此，邵子亦說：「後天則以先得卦、必用卦畫辭，後之易也。故用以爻之辭兼易卦辭以斷之也。」〔註11〕按此所言，邵子是在原先《易》的系統之外，去建構一套隸屬於宇宙論的象數易學，而他的這套易學重點並不在於「通志成務」，亦不在於「不疾而速」、「不行而至」的神化不測，更不在於「占義、

〔註4〕 參見（宋）朱熹：《周易本義》（臺北：大安出版社，1999年），頁26。朱子言：「有天地自然之《易》，有伏羲之《易》，有文王、周公之《易》，有孔子之《易》。……然讀者亦宜各就本文消息，不可便以孔子之說為文王之說也。」此外，朱子又言：「右見《說卦》（〈文王八卦次序〉、〈文王八卦方位〉）。邵子曰：『此文王八卦，乃入用之位，後天之學也。』」（《周易本義》，頁21）。

〔註5〕 參見《周易內傳發例》，頁653。

〔註6〕 參見（宋）朱熹：《易學啟蒙》（北京：中國書店出版，1995年），頁81。見氏言：「三十二圖反復之，則為六十四圖，圖以一卦為主，而各具六十四卦。」

〔註7〕 參見（宋）朱熹：《易學啟蒙》，頁81。

〔註8〕 參見（宋）朱熹：《周易本義》，頁20。

〔註9〕 《周易內傳發例》，頁668。

〔註10〕 （宋）邵雍：《故宮珍本叢刊：梅花易數·邵子易數等五種》（海口：海南出版社，2000年），頁23。

〔註11〕 （宋）邵雍：《故宮珍本叢刊：梅花易數·邵子易數等五種》，頁23。

不占利」；〔註 12〕而他認為天地萬物生殺興廢皆有一定的象數，〔註 13〕並以元、會、運、世建構出一個類似宇宙生滅發展的興衰歷史預言。

　　既然邵子以形上學家的身份建構出一門所謂「先天之學」，那麼他又何必汲汲鑽研有關形而下的卜筮之術呢？更有甚者，邵子於《梅花易數》中強調器物之存毀皆可占而知之，〔註 14〕這豈不是使《易》淪為有心者為求名好利之小人而圖謀？事實上，船山藉由對焦贛、京房之象數易學不斷地質疑、批評，且將焦贛的《易林》與民間卜筮之術的《火珠林》相提並論，〔註 15〕這說明了船山於論《易》的思想上，他是承繼張載易學的脈絡而奠立，〔註 16〕並從張子對佛、老的批評擴大至漢代象數易學及邵雍的《梅花易數》等面向來。〔註 17〕其實，惟有「《易》為君子謀」，那才能提升《易》於諸經中的地位，並尋求恢復《易》為群經之首的榮耀；同樣地，惟有「《易》為君子謀」，那才能明白君子與小人之差異的分際，也才能有君子、小人之公義及私利的區隔。此外，張子於《正蒙‧大易》言：「『潔靜精微』，不累其迹，知足而不賊，則於《易》深矣」，〔註 18〕而船山卻以「潔靜精微」一詞來稱許張子易學的特色；〔註 19〕簡言之，《易》之陰陽神化不測，它豈能像邵子之「加一倍之術」而其中卻有「典要」可遵循呢？

　　不過，雖然船山稱讚張子之言「潔靜精微」，但這不能將其與老莊思想中的玄妙混為一談，因為船山於易學上是繼承張子之學而強調「體有、用有」，或者說《易》可「由用得體」。相對地，王弼之易學則奠基於老莊之言寂、言虛的框架上，而他所謂「得意忘象，得象忘言」的見解是不為船山所接受的；〔註 20〕或者說，船山雖肯定王弼能一掃漢代象數易學的積習，但

〔註 12〕參見《周易內傳發例》，頁 683。

〔註 13〕參見《周易內傳發例》，頁 651。

〔註 14〕參見（宋）邵雍：《故宮珍本叢刊：梅花易數‧邵子易數等五種》，頁 40。

〔註 15〕參見《周易內傳》，頁 506。焦贛《易林》與流行民間的《火珠林》皆易迎合小人之私利，而不能恰當地體現天人性命之理。

〔註 16〕船山雖在自為（墓誌）銘謙言「希張橫渠之正學，而力不能企。」然，其易學仍受橫渠之影響甚深。

〔註 17〕船山一生的學問，在於批評宋學，尤其邵雍、二程、蘇軾、朱熹，乃至包括焦贛、京房等漢代易學，以及宋代佛、老思想。

〔註 18〕參見《張子正蒙注》，頁 284。

〔註 19〕參見《周易內傳發例》，頁 653。

〔註 20〕參見（東周）莊周著，（清）郭慶藩編、王孝魚整理：《莊子集釋》（臺北：木鐸出版社，1983 年），頁 944。見《莊子‧外物篇》言：「言者所以在意，得

他卻批評王弼這種於「象外求意」的做法，這樣會讓人誤以為：《易》與道家的「玄虛」之學是相即而不分的。據此略知，船山對中國幾千年的易學發展歷史，是具有相當程度的深究；進一步說，正因為他對易學史有深厚的素養，他才能在易學上表現出一種特有的學術自信。此外，船山認為：學《易》、占《易》二者不可偏廢；然而，《易》之占於易學史上則始終呈現一種混淆不清的現象，尤其，《春秋左傳》中有關占筮的記載，更使得後學者陷於一團迷霧之中，而不知筮人解占，其所依據標準為何？〔註 21〕關於此，船山並沒有針對《春秋左傳》記載的占例，逐一個別地討論；相對地，他推崇孔子於《易傳》上的成就，並認為孔子於《易傳》上的成就，是昭示萬世學《易》、占《易》之至仁大義而昭回於天者。〔註 22〕

關於《春秋左傳》中的筮人解占經常因事附會，因而《易》就屈從於筮人之意了，故天道不彰，以致不能垂大義而使人知所憂懼。因此，孔子對《易》做了正本清源的工夫；對此，船山於《周易內傳發例》如此地說：「孔子刪而定之，以明吉凶之一因於得失，事物之一本於性命。」〔註 23〕按此，船山之所肯定孔子《易傳》於易學上的貢獻，那是因為他能從「吉凶得失一道」、「合性命之理」的內涵以看待《周易》的天人精神。不過，孔子於《十翼》之「傳」的易學貢獻為何？有些後學者常認為孔子的《易傳》已將易學加以義理化，〔註 24〕這麼一來，孔子雖言「吉凶得失一道」，但他又如何以占《易》來體現此天人之道呢？

意而忘言，吾安得夫忘言之人而與之言哉！」此外，王弼在《周易略例·明象》言「得意在忘象，得象在忘言」以闡述莊子「得意而忘言」的深意（參見王弼著，樓宇烈校釋：《老子周易王弼注校釋》（臺北：華正書局，1981 年），頁 609）。

〔註 21〕 參見程石泉：《易學新探》（臺北：文景書局，1999 年），頁 46。關於《左傳》記載「穆姜往東宮筮遇艮之八」一事，程氏言：「所變之爻乃艮卦之初、三、四、五、六（上），共五爻。因此之故，史者不引艮卦之爻辭為斷。《左傳》『艮之八』最為難懂，二千餘年來之注疏家皆不能獲其解，朱子竟責怪《左傳》中此段文字遭受毀損。」另外，（宋）朱熹對此說：「史曰是謂艮之隨，蓋五爻皆變，唯二得八，故不變也。法宜以係小子、失丈夫為占，而史妄引隨之彖辭以對，則非也。」（參見《易學啟蒙》，頁 48）。

〔註 22〕 《周易內傳發例》，頁 682。

〔註 23〕 《周易內傳發例》，頁 652。

〔註 24〕 參見黃玉順：《易經古歌考釋（修訂本）》（上海：上海古籍出版社，2014 年），頁 424。見氏言：「戰國時期，以《易傳》思想，作為《易》筮的哲學化的體現。」《易傳》的義理化也是一種哲學思維的呈現。

事實上，孔子於《論語·子路》言：「『不恆其德，或承之羞。』子曰：『不占而已矣。』」〔註25〕按此，孔子認為凡事不以「恆」為德，那麼筮事之「占」亦無益；換言之，如果人做任何事經常沒恆心，那麼即使占卦也卜不準；因而，占《易》跟《易》是否哲學化這件事並不相涉。孔子的《易傳》雖將《易》筮轉為哲學化的思想，但這是否表示孔子反對占《易》呢？其實不然，按船山於《周易外傳·賁》如此說：「夫子之世，〈賁〉之世也，夫子之文，非〈賁〉之文也。……是以懼。」〔註26〕根據船山的這段話來推敲，孔子似曾經筮得〈賁〉一卦，而這一卦恰說明生存於孔子之同時代的人，是「文過於質」，而孔子所期許的君子應是「文質彬彬」；然而，何以孔子會因筮得〈賁〉而感到害怕呢？對此，船山言：「彼惡知禮！知賁而已矣，則以禮為賁而已矣。」〔註27〕其實，「禮」是先天的德性，而孔子亦主張「復禮歸仁」；然而，「賁」則是外來的，且當「賁」之文掩蓋「禮」的本質時，那麼禮樂就會受侵蝕而衰亡，而這才是孔子所憂懼的地方。因此，孔子於《易傳》所表現的學術自信是名實相符的，而漢代象數易學則像〈賁〉之飾，經常有言過其實的誇大之嫌。

總結上述，何以筆者會對船山的易學產生興趣、並進而探索呢？這其中的原因甚多，但船山於易學上的學術自信就足以讓個人傾心、效法。特別地，他於《周易內傳發例》的結尾對自己一生的易學思想作了一個清晰、明確的歸結；首先，他提出以「乾坤並建」為宗的主張，而這也使他在易學史上開啟了「人文創化」的新頁，〔註28〕並為他的易學找到了一個深厚的奠基。當然，船山於易學上所表現的學術自信不僅如此而已，緊接著，他提出「四聖一揆」、「占學一理」、「占義、不占利」及「吉凶得失一道」等易學研究上的創見；〔註29〕

〔註25〕（宋）朱熹：《四書章句集註》（臺北：鵝湖出版社，1984年），頁147。

〔註26〕《周易外傳》，頁876。

〔註27〕《周易外傳》，頁876。

〔註28〕船山易學中之「人文創化」的「創化」一詞意味著思想創新的內涵；例如，他說：「形而上者謂之道，形而下者謂之器，統之乎一形，非以相致，而何容相舍乎？」（《周易外傳》，頁1029。）按此，船山之合形上、形下統乎一「形」，並使形上、形下並不截然分而為二的做法，這在中國易學思想上已開啟了一種創新、變化的思維，而他的這種思維更使《繫傳》言：「生生之謂《易》」的機體內涵能充分地敞開。同樣地，包括「占《易》、學《易》」、「象」、「文」、「占義、不占利」等等，密切地關連在一起，而此皆能反映其易學的人文「創化」意涵。

〔註29〕參見《周易內傳發例》，頁683。

尤其，他以「畏文、周、孔子之正訓，闢京房、陳搏日者黃冠之圖說為防。」〔註30〕按此，船山強調自己對「四聖一揆」之易學的正統性的護衛，並樹立起承繼和發揚的使命感；因而，他對包括漢代象數、以及那些以《周易》之名而實際參雜道教養生思想的《參同契》，提出正本溯源之道，並從中指出其弊端。有鑑於此，後學者所要效法的正是船山這種學術自信，因為象數易學經常借屍還魂，尤其，當代易學諸多流於勘輿、相命學等無不籠罩在此氛圍之中，而如何尋求《易》的正本溯源並使《易》的內涵成為學者身心事理之典要，〔註31〕這既是船山的學術使命，也是船山學的學者所該肩負的責任。

二、研究主題的闡述進路

什麼是船山論《易》的「人文創化」思想呢？對此，這包括二層面：其一，船山直述他論《易》思想的創化、或創新見解，而「創新（化）」一義涉及價值觀念的起源，〔註32〕此彰顯《繫傳》言「生生之謂《易》」的機體意涵；其二，船山藉由易學思想排斥他說而彰顯己說的內涵。關於前者，我們可從船山易學裡頭枚舉諸多的觀念名詞，這其中包括了涵蓋面較廣的觀念，例如「乾坤並建」、「占學一理」、「彖爻一致」等等；亦包含那些小範圍但卻是重要的觀念，例如「太極有於《易》以有《易》」、「一本萬殊」及「同歸一致」等等；其他，還包括「性日新日成」、「形色即天性」、「《易》為君子謀」等等。關於船山的每一個易學觀念名詞，它們並不是處於獨自的孤立狀態；相對地，它們是以機體的方式彼此相互關聯，例如學《易》、占《易》，這在表面上似乎可以各自單獨地進行，但當學者一旦僅從某一端切入探討的話，那麼他將會出現「學而後知不足」的慨歎。更有甚者，船山易學中的主題並不只是那些已為我所熟悉的觀念名詞而已，而舉凡包括理與氣、理與事、理與勢、以及理與欲等等，皆亦會呈現環環相扣的關聯現象。因此，當作者想對船山這些觀念加以闡述、或申論時，那麼所謂船山論《易》的「人文創化」意涵就寓於其中了。

〔註30〕《周易內傳發例》，頁683。
〔註31〕參見《周易內傳發例》，頁652。船山以此稱許王弼之以《易》之義理掃除自漢代象數易學所造成的流弊。
〔註32〕參見陳明彪撰〈牟宗三的易學研究〉，收編於賴貴三主編：《臺灣易學史》（臺北：里仁書局，2005年），頁322。

　　至於後者，船山藉論《易》以駁斥佛、道之執「體」於一端，而不知「體用相函」之理；其次，他的人文創化精神在於矯正王學末流之弊。然而，船山又如何挽救王學之「重知輕行」之弊呢？船山在《尚書引義》言：「且夫知也者，固以行為功者也。行也者，不以知為功者也。行焉可以得知也，知焉未可以收行之效也。」〔註33〕按此，船山除了反對陽明「知先行後」的主張外，〔註34〕更認為從行動的體驗中，人能對所體驗的對象有更進一步的認識；因而，船山這種著眼於對既有經驗之「再體驗」的行動，其蘊含了人文世界之歷史性的啟迪。大致說來，船山藉「行可兼知，而知不可兼行」以挽救王學在知行說的流弊。〔註35〕

　　然而，船山所言「行可兼知」的見解，此中如何蘊涵著一種具「由事明理」且能「事理兩端」一致的意義呢？筆者在此援引錢穆對船山思想的看法，而錢氏如此說：

> 船山極推尊橫渠與朱子，但船山思想之精深處，在能注重到人文演進之大歷程，在能根據個人心性而推演出人文繁變。由心學而史學，此是由宋明儒重歸先秦一大節目。他反對形上為道形下為器之傳統見解。〔註36〕

按錢氏之言，船山之所以超越宋明先儒的思想格局，在於他能從人文演進的大歷程著眼，並提出歷史的發展歷程不外是「即用即體」，亦即「行可兼知」；就歷史意義而言，「行」是人事，而「知」為天道。然而，陽明之「知先行後」的主張，其可能陷入知「體」而不知「用」的困境。至於，船山思想未必有如錢氏所言的「心學」階段，但船山常在史學中融入易學的見解，〔註37〕並體現出動態的人性觀；因而，船山的史學或多或少援引「兩端一致」的精神內

〔註33〕（清）王夫之：《船山全書》第2冊（長沙：嶽麓書社，1988年），《尚書引義》，頁314。（註：《船山全書》第2冊，包括《尚書稗疏》和《尚書引義》二書，之後底下若再出現本冊注解時，則僅注明書名與頁次，其餘從略）。

〔註34〕參見（明）王陽明：《王陽明傳習錄——附大學問》（臺北：正中書局，1954年），頁11。見氏言：「知者行之始，行者知之成。」

〔註35〕參見《尚書引義》，頁314。

〔註36〕錢穆《中國思想史》（臺北：臺灣學生書局，1992年），頁245。

〔註37〕參見（清）王夫之：《船山全書》第10冊（《讀通鑑論》）（長沙：嶽麓書社，1988年），頁441。船山言：「順逆無常理，成敗無定勢，強臣林立，怙愚以逞，逆者逆，順者亦逆；敗者敗，成者亦敗也。」按此，船山將動態人性論的觀點融入史論中。

涵，例如天道之「理」和人事之「事」，二者是不分離的；換言之，形上之「道」與形下之「器」不僅不能截然分而為二，並且要尋求「道器相須」的合一主張。然，船山又言「知不可兼行」，其義為何？對此，他說：

> 蓋天地以神化運行為德，非但恃其空晶之體；聖人以盡倫成物為道，抑非但恃其虛靈之悟。故知雖良而能不逮，猶之弗知。近世王氏之學，舍能而孤言知，宜其疾入於異端也。〔註38〕

按上述之言，船山以「〈乾〉〈坤〉並建」函六十二卦之性情，則六十二卦皆分審〈乾〉陽、〈坤〉陰之德以生化不已；因而，《繫辭傳》（底下簡稱《繫傳》）言「天下之動，貞夫一者也。」此意指《易》函「體有、用有」而體現「兩端一致」之理；亦即知能合一、良知良能合一，且乾以易知、坤以簡能，而非如佛、道之立基於或虛、或寂之空體。聖人作《易》以明天地盈虛、與時消息，而君子效法聖人能體誠存性，並盡己而求合乎天德；因而，聖人、君子是能「即天窮理」而盡人道之仁義，此非王氏憑「心」虛靈之悟就可達至「良知即天」的境地。〔註39〕其次，陽明雖言「良知即是易」，〔註40〕但卻與佛、道之尊知而賤能的思想態度類似，〔註41〕況且，一旦將「能」廢了，則知非其知。因此，〈乾〉知、〈坤〉能，二者存在著「兩端一致」之理。

　　大致說來，船山在易學中出現的每一主題，皆有其脈絡與線索可循；尤其，他在易學上力主《周易》並建〈乾〉、〈坤〉，而此是否關聯其於「人文創化」的思想表現呢？事實上，船山之「乾坤並建」的主張，恰反映其對易學闡述的獨特見解；特別地，船山藉由《繫傳》言「是故《易》有太極，是生兩儀，兩儀生四象，四象生八卦」〔註42〕並結合周子言「無極而太極」的觀念，〔註43〕再從中揉合而提出「太極者〈乾〉〈坤〉之合撰」的創見來。〔註44〕這麼一來，

〔註38〕《張子正蒙注》，頁121。

〔註39〕參見（明）王陽明：《王陽明傳習錄——附大學問》，頁92。

〔註40〕（明）王陽明：《王陽明傳習錄——附大學問》，頁105。

〔註41〕參見《周易外傳》，頁989～990。船山言：「異端者於此，以知為首，尊知而賤能，則能廢。知无迹，能者知之迹也。廢其能，則知非其知，而知亦廢。」

〔註42〕《周易內傳》，頁561。本論文皆以《繫傳》稱呼《繫辭傳》（包括上、下傳），而底下論文凡再次引用《繫傳》之內容時，則不另行加注頁碼（參見《周易內傳·繫傳》，頁505～648）。

〔註43〕參見《周易內傳》，頁561。船山言：「太極者，……。故周子又行而贊之曰：『無極而太極。』……。」

〔註44〕《周易外傳》，頁990。

船山之「乾坤並建」的見解，一方面來自他承繼四聖的易學思想；另方面，他又將宋代的易學新見融入一己的易學體系裡頭；如此，我們才能根據《繫傳》及周子之〈太極圖說〉來追溯船山言「太極有於《易》以有《易》」的易學思想根源。

當然，船山於思想上受張載的影響更甚於周敦頤，何以知曉？對此，我們首先從張子《正蒙・參兩》言：「一物兩體，氣也。一故神（張子自註：兩在故不測），兩故化（張子自註：推行於一），此天之所以參也。」〔註45〕按此，張子於此已揭示「太極為陰陽之合撰」的內涵，而船山正以〈乾〉陽、〈坤〉陰以對照之。其次，何以船山又提出「乾坤並建而捷立」的見解呢？我們可從《繫傳》言：「乾坤其《易》之門邪！」及言：「乾坤其《易》之蘊邪！」來加以思考；然而，船山又如何依此二者而推演至「乾坤並建而捷立」呢？他說：「〈乾〉極乎陽，〈坤〉極乎陰，〈乾〉〈坤〉並建，而陰陽之極皆顯；四象八卦，三十六象六十四卦摩盪於中，無所不極，故謂之太極。」〔註46〕按此，船山認為「乾坤並建」為太極之體，而「三十六象六十四卦」為太極之用。其次，船山言《易》之「太極」是不專於一極且能無所不極；〔註47〕因而，合〈乾〉〈坤〉之撰的「太極」，其涵藏在萬事萬物之中，亦遍佈在每一卦爻之中。

然而，「乾坤並建」而能捷立之義為何？這涉及船山言「十二陰陽嚮背，半隱半現」之說，其中他指出：「十二位之陰陽，隱見各半，其發用者，皆其見而明者也。」〔註48〕此外，船山認為〈序卦〉乃非聖人之書，〔註49〕並認為六十四卦是以相「錯」、相「綜」方式而成，此中並非像〈序卦〉所言而有所謂相成、相因、相反者的邏輯因素於其中，〔註50〕而《易》之六十四卦是具相錯、相綜的「太極之用」。因此，船山言：「乾坤並建而捷立，《周易》以始，蓋陰陽往來无淹待而嚮背无吝留矣。」〔註51〕按此，船山藉由無

〔註45〕《張子正蒙注》，頁 46～47。
〔註46〕《周易內傳發例》，頁 658～659。
〔註47〕參見《周易外傳》，頁 1110。船山言《易》有太極，更以「無極而太極」描述《易》之體乃動而不滯的現象；而所謂「无極」是指「太極」能無所不極，無可循之以為極。
〔註48〕《周易內傳》，頁 225。
〔註49〕參見《周易外傳》，頁 1091。
〔註50〕參見《周易外傳》，頁 1092。
〔註51〕《周易外傳》，頁 1091。

待、無留、無期以說明「《易》為道屢遷」及「周流六虛，不可為典要」的精神，而這也是船山於易學史上的創見之說；不過，船山易學在當代思潮的意義為何？事實上，這是一個值得深究的問題，而本論文則順著這樣的脈絡來加以理解、探索，並尋求恰當的闡述。

大致說來，船山易學於當代思潮中所面對的問題，是跟其他的哲學主題類似；亦即，包括主觀、客觀，唯心、唯物，一元、二元，以及道德形上學、或機體思想等等因素之歸屬的糾葛。不過，筆者認為船山的易學並沒有主、客二分的問題，因為船山易學中的主、客關係，大致可如此理解，亦即主體函客體、再以「主客相函」作為新主體以函新的客體，如此持續進行，而在此機體生化中的「主體」，它並非是孤立單一的，而是包容其他主體的有限狀態在內以衍生發展；〔註52〕亦即，關於船山易學思想中的主、客關係，類似懷特海（A. N. Whitehead, 1861～1947）於其機體哲學中提出的「超主體」（superject）效用。〔註53〕其次，若將船山的易學歸於唯心、或唯物的一端，這似乎太簡化其內涵，而應該以「太和之誠」來超越唯心、唯物的框架。〔註54〕所謂「太和之誠」的內涵為何？這既含有自然義、亦含有倫理義，並能通天人之理的表現。〔註55〕然而，「太和之誠」的「誠」，它可被視為道德上的「誠體」、或者亦可從天人之用的側面來思索呢？對此，船山言「誠之必幾」；然，「誠之必幾」的意義又為何？

關於此，船山釋復卦「彖辭」言「反復其道，七日來復」而云：「誠之所

〔註52〕參見（英）A. N. Whitehead 著，傅佩榮譯：《科學與現代世界》（臺北：黎明文化事業公司，1987 年），頁 166。英文版見：（英）A. N. Whitehead, *Science and Modern World*（New York: Macmillan Company, 1925），p.151.

〔註53〕參見（英）A. N. Whitehead 著，李步樓譯：《過程與實在——宇宙論研究》（北京：商務印書館，2011 年），頁 138。英文版見：Cf. A. N. Whitehead, *Process and Reality-An Essay in Cosmology*（New York: The Free Press. A Division of Macmillan Publishing Co., Inc. 1978），p.88.

〔註54〕參見《張子正蒙注》，頁 46。船山言：「性以理言，有其象必有其理，惟其具太和之誠，故太極有兩儀，兩儀合而為太極，而分陰分陽，生萬物之形，皆秉此以為性。」

〔註55〕參見《周易內傳》，頁 561。船山言：「『太』者極其大而無尚之辭。『極』，至也，語道至此而盡也；其實陰陽之渾合者而已，而不可名之為陰陽，則但贊其極至而無以加，曰太極。太極者，無所不極也，無有一極也。唯無有一極，則無所不極。故周子又行而贊之曰：『無極而太極。』陰陽之本體絪縕相得，合同而化，充塞於兩間，此所謂太極也，張子謂之『太和』。中也，和也，誠也，則就以人之德言之，其實一也。」

固有、幾之所必動也。七者，少陽之數。數極於六，不可復誠，必上生至於七，而陽復萌也。天道之固然，即人事之大順。」〔註56〕按此，船山所言之「誠」，其既不專於人事往來，亦不獨歸於天之道，而是就通天、人的層面來探究；因而，船山的思想雖能從機體生化的環節觸及仁義的道德考量，〔註57〕但卻不可誤認他是位道德主義者、或主體主義者，因為船山並不是一位「人類中心」主義者，而實可稱之為「通天人」主義者。因此，船山雖主張合「形上」、「形下」於一「形」；〔註58〕但這裡的「形」並不侷限於「道德」的價值課題。

然而，船山思想之所以能歸於通天人主義的意涵為何？他在《思問錄內篇》言：「二氣絪縕而健順章，誠也。知能不舍而變合禪，誠之者也。」〔註59〕按此，所謂「通天人之道」，其在合「誠」、「誠之」於一機體生化之中而運行不已；此外，《中庸》亦言：「誠者，天之道也；誠之者，人之道也。」〔註60〕然，《中庸》言「誠」其跟《易傳》講「乾元」的意義一樣；〔註61〕因而，若忽略「誠」的天道義、而單獨突顯「誠之」作為立「人道」的倫理意涵，那麼《繫傳》言「生生之謂《易》」的精神將隱而不顯；換言之，如果捨棄《易》蘊含陰陽不測之神的內涵，那麼天下的人事之理就無法透過〈乾〉知、〈坤〉能以揭示之。其次，當以「誠體」看待船山的天人之道、〔註62〕並以此對照學者陳祺助之以「性體」闡述船山思想的做法時，〔註63〕「誠」、「性」二者雖皆為無惡；〔註64〕然，「性」則須志于仁而後無惡、而

〔註56〕《周易內傳》，頁226。
〔註57〕參見《張子正蒙注》，頁290。船山言：「仁熟則不待勉，義精則下學上達，不顯其大，歷乎危疑而成性，九五之德也。」
〔註58〕《周易外傳》，頁1029。
〔註59〕《思問錄內篇》，頁420。
〔註60〕（宋）朱熹：《四書章句集註》，頁31。
〔註61〕參見牟宗三主講，盧雪崑錄音：《周易哲學演講稿》（臺北：聯經出版事業，2003年），頁33。
〔註62〕參見曾昭旭：《王船山哲學》（臺北：里仁書局，2008年），頁326。見氏言：「就其真實無妄，純一不二而言，名之曰誠體。此義首為中庸所特言，濂溪、橫渠、船山皆盛發之。」
〔註63〕參見陳祺助：〈王船山氣論系統中「性論」觀念的涵義及其理論價值〉，《淡江中文學報》，第二十期，2009年6月。頁94。見氏言：「『性』字原是就個體存在所說之名，宋明儒者以之指能起宇宙生化、亦是能起道德創造之創造實體，即『性體』—『性』即是『體』，是宋明理學最為特出且居於關鍵地位之觀念。」
〔註64〕參見《思問錄內篇》，頁426。

「誠」是本善而無惡。〔註65〕據此,「性體」僅是「誠體」之以機體生化流行發用中的環節之「理」而已;特別地,「性體」之成立的條件,則唯有「心函性」才足以體會天人「性命之理」的內涵。因此,「性體」則缺乏一種像「誠體」那樣,亦即「性體」是不足涵蓋天地之全體而有獨立、自主性。

其實,哲學上還未有「通天人」主義者這樣的稱呼,但我們可根據船山之言:「由此以往,愈引愈出,而陽益生,皆一陽震起之功也。率此而推行之,世無不治,而人無不可為堯舜也」而更了解其義。〔註66〕然而,何以〈復〉之初九能愈引愈出呢?大致說來,船山易學具有一種機體哲學的特性,而此特性可由每一「卦」及「爻」的相互關係而呈現出來;它不但體現自然義的效用,同時又蘊涵著倫理上的價值與典範。因而,船山的易學思想,若將它與當代之以英哲懷特海為主的機體哲學相互對照,則二者在某程度上是可以相互契合的。特別地,當我們以機體哲學的觀點來看待船山的易學時,那麼他承繼張子思想,並倡言「《易》為君子謀」的主張,其中就蘊含了一種哲學人類學的思維;簡言之,當我們對船山易學的觀念名詞進行一種時代意義的剖析及詮釋時,那麼其中的「人文創化」精神及內涵就逐漸敞開來。

三、研究方法與目的

在說明本論文的研究方法之前,我們有必要剖析船山於易學上的方法,是存在著怎樣的進路?例如船山於《周易內傳發例》中,他為了論證「四聖一揆」而如此說:「……,即『象』見『彖』,即『彖』明『爻』,即『彖』、『爻』明『傳』,合四聖於一軌,庶幾正人心,息邪說之遺意云。」〔註67〕按此,這裡所言之「即」,其含有經、權合於「一理」的意涵;亦即,若「象」為「經」,而「彖」為「權」,則經、權相函且相應。其次,若以此類推,則由「象」而「彖」、由「彖」而「爻」、由「彖」、「爻」而「傳」,其情況亦是如此;然而,船山對「象」、「彖」、「爻」及「傳」之關係的詮釋,其義又為何?

其實,這其中已蘊含「正人心、息邪說」的價值判斷目的;不過,當

〔註65〕參見《思問錄內篇》,頁 426。
〔註66〕《周易內傳》,頁 226。
〔註67〕《周易內傳發例》,頁 650。

「彖」、「爻」、「傳」逐一地從「象」的本質中不斷地敞開新義時，那麼一種隸屬於「人文創化」的機體特性就昭然若顯；換言之，當原初素樸的思想被後來歷史的時空洪流所滲透及形塑、甚至產生質變時，那麼它就會以一種新的形式或面貌來呈現自身的豐富性。事實上，當學者將《易》的本源推至伏羲所畫之卦「象」時，那就表示《易》的精神性與豐富性，伴隨著伏羲之卦「象」而滲透到易學史的發展中，並產生人文的實質效用。

　　當代一些研究船山易學的學者經常以「兩端一致」（兩端而一致）作為人性探討的方法論；〔註68〕然而，船山的「兩端一致」之內涵可追溯到張載《正蒙》言：「二端，故有感；本一，故能合」的說法。〔註69〕按此，天地萬物剛健柔順，因物相需而相感，以生其功效；然二端本於「一理」，故能「致一」以合。不過，船山的「兩端一致」如何落實於卦爻的實際討論上呢？船山釋〈震〉之九二而言：「乃以震言之，……其在人心，震動之後，天理乃與人情而相得，則日用飲食、聲色臭味還得其所欲，而非終於枯寂，以遠乎人情。」〔註70〕按此，船山之以「天理」、「人欲」為「兩端一致」，此有別佛、老之言虛、言寂；另方面，船山也藉「理欲一致」以體現〈大有〉之「用有、體有」的實有論之易學觀點。〔註71〕

　　大致說來，就船山言「太極為乾坤之合撰」的主張看來，這相當於「即氣言體」，亦類似上述言「即『象』見『象』」的情況；因而，這種尋求「部分」與「整體」之間的動態和諧，並能產生「由曲致全」的效用，此即本論文所言「機體」一詞的意義所在。此外，如果我們藉由機體哲學對照上述所言以詮釋的話，那麼由「太極」發用、流行的生化現象，筆者稱之為「機體生化」；換言之，此為天道生成變化流行，或者稱之為「道（陰陽之道）的

〔註68〕　參見林安梧：《王船山人性史哲學之研究》（臺北：東大圖書公司，1991年），頁89。見氏言：「所謂『兩端而一致』並不祇是對於經驗的考察者（於）事物的詮釋方式，更重要的它乃是道（存有）的開展方式，……正因為道之開顯是兩端而一致，故人亦得以此兩端而一致的方法去揭露道之開顯。」又，參見陳啟文：《王船山『兩端而一致』之思維的辯證性及其開展》（臺北縣：花木蘭文化出版社，2010年），頁43。見氏言：「筆者認為，船山將『理』與『氣』兩端統一於『氣』，使得『氣』成為『理』與『氣』辯證性的統一體。」

〔註69〕　《張子正蒙注》，頁365。

〔註70〕　《周易內傳》，頁415。

〔註71〕　《周易外傳》，頁861。船山言：「天下之用，皆其有者也。……用有以為功效，體有以為性情，體用胥有而相胥以實。」

發用流行」。至於，就「兩端一致」之理而言，此即為船山言「顯天道、以昭回人道」的階段，它乃處於理欲、理氣或理事的某一事件之中；不過，就機體的時間意義來考量，它仍能持續發用於某一特定的時間之中；對此，筆者稱之為「機體綿延（duration）」，或譯成「機體時段」亦可，而這也相當於船山所言：「盡人而求合乎天德，則在天者即為理。」〔註72〕不過，關於「盡人而求合乎天德」其意為何？對此，船山言：「善言道者，由用以得其體」的意涵。〔註73〕因而，關於船山於易學上包括「體以致用」、「由用得體」的易學方法，筆者於本論文採用「機體生化」、「機體綿延」，並與船山易學相互對照，以達到深入闡述的功用。針對本論文之研究方法，又可區分兩小節以申論之；亦即：（一）關於懷特海之機體哲學的方法內涵。（二）以機體哲學作為船山論《易》的方法應用。底下，筆者加以敘述之。

（一）關於懷特海之機體哲學的方法內涵

當代以懷特海為主的機體哲學，在於將亞里斯多德之靜態的「實體」觀念轉變為動態之「現行實有」（actual entity）的觀念。〔註74〕不過，懷氏的「現行實有」其並不是宇宙之原初的實體，而它僅存在於現實的發用過程之中；因而，「現行實有」的存在，可追溯至它必來自一個形上實體的發用、且於發用過程中而被感知。然而，形上實體如何以本質之發用而顯現為「現行實有」的存在呢？在此，這個「形上實體」，筆者是以「⊖」來代表，它相當於懷氏所言的「永恆對象」（eternal object）簡稱「永象」，〔註75〕但「永象」並不是

〔註72〕《周易內傳發例》，頁 675。
〔註73〕《周易外傳》，頁 862。
〔註74〕參見（英）A. N. Whitehead 著，李步樓譯：《過程與實在——宇宙論研究》，頁 32。英文版見：Cf. A. N. Whitehead, *Process and Reality-An Essay in Cosmology.*, pp.18〜19.
〔註75〕參見俞懿嫻：《懷特海自然哲學——機體哲學初探》（北京：北京大學出版社，2012 年），頁 13。見氏言：「永象」系「永恆對象」的簡稱，是懷特海八個存在範疇之一。懷特海稱「永象」是「特定事實的純粹潛存」（pure potentials for the specific determination of fact），或者「確定的形式」（forms of definiteness）。在「現行單元」（actual entity）生成的過程之中，一切事物都在更新，只有「永象」不變。對懷特海而言，「永象」與其說接近柏拉圖的「理型」，不如說接近洛克的「觀念」。「永象」對於「現行單元」而言是純粹的潛存，就其自身而言是受感的概念。「永象」可以契入主客兩種「現行單元」；就主體而言，「永象」決定其「主體形式」（subjective forms）；就客體而言，「永象」決定其「與材」（datum）（與材就是「現行單元」攝持的內容）。據此，懷特海將

孤立的形上實體觀念，而是能與主、客體關連起來，並使主、客相互作用且處於事件的發展中，而伴隨「永象」（☐）而來的「多」其既可視為分有者、亦能看成「事件」之先、後持續衍化的現象；不過，懷氏稱呼位於時、空情境中的「現行實有」為「現實機緣」（actual occasion），並進一步藉「現實機緣」以說明所謂「創造性」的機體意涵；換言之，「創造性進程」如何體現「☐中之多」之直覺的機體生化歷程？懷特海說：

> 「創造性」是新穎性（novelty）原則。一個現實機緣（actual occasion）
> 就是一個新穎性的實有，不同於由它統一起來的「多」中的任何實
> 有。因此，「創造性」在「析取」（disjunction）的世界之多的內容中
> 引入新穎性。「創造性進程」（creative advance）是把創造性這個終
> 極原則運用於它所產生的每一個新的情境。〔註76〕

按上述之言，所謂「創造性」的新穎原則，它從形上實體之發用過程而歸結得到的原則，並可藉「一」與「多」的辯證方式以呈現機體發展的環節。不過，若追溯機體發展的源頭，則諸多「現實機緣」皆為「形上實體」的分有者，且存有者與分有者的關係是一種由「本」至「末」之「機體生化」的作用歷程；關於此一歷程，我們可稱之為「☐中之多」。然，在作為「現實機緣」的先、後分有者之間，其已存在著「分離」（析取）與「結合」（合取）的相互關係。因而，這樣的關係不僅僅蘊含理智的分析，同時也包含著直覺性的創造思維，亦可稱「創造性的歷程」；然而，這種包含理智與直覺作用於其中的「創造性的歷程」，它如何彰顯現實世界的整體性意涵？大致說來，「創造性」的新穎原則，其包括「一中之多」與「多中之一」（the many enter into complex unity）等二類型，並透過此二者於機體環節中的相互作用，而建構出一個隸屬於機體哲學的整體性觀點。

　　關於「☐中之多」的問題，早在法國哲學家柏格森（Henri Bergson, 1859～1941）在他所作《創造的演化》（Creative Evolution）書中即揭示一條單純的法則，亦即「當下所蘊含的東西不會超越過去，而所發現的結果則包含於

「永象」區分為主體的與客體的兩類：「主體的永象」是指感受的「主體形式」的特定形式，也就是情緒、感受強度、厭惡、不厭惡、苦樂等等情感。「客體的永象」則有如柏拉圖的數學理型，是感受的與材。

〔註76〕（英）A. N. Whitehead 著，李步樓譯：《過程與實在——宇宙論研究》，頁36。英文版見：A. N. Whitehead, *Process and Reality-An Essay in Cosmology.*, p.21.

原因之中。」〔註77〕按此，柏氏則以生物機體的演化來看待世界萬物的演化歷程；特別地，就「單細胞」的分裂而言，在實驗中可觀察到一分為二、二分為四的增殖現象，而且每一分裂後的個體仍是完整、獨立的個體。〔註78〕因此，「單細胞」的分裂可作為「一中之多」的說明；尤其，它相當於主、客之相互作用中的基本實存，亦即現實機緣。

然而，懷特海的機體哲學雖受柏氏生機論的影響，但他在見解的視域上則超過了柏氏的觀點；尤其，他認為機體論的自然哲學觀要從駁斥唯物論的立場出發，〔註79〕因為唯物論主張將物質與心靈各自孤立起來，且二者無法處於相互關聯的互動過程。〔註80〕相對地，懷氏認為由「創造性進程」而得的新穎實有，皆處於一個「共在」（together）的情境之中。不過，此「共在」又如何說明那些包含在機體生化歷程中的諸多概念；尤其，它們是處於怎樣的相互關聯呢？對此，懷氏說：

> 「共在」是對任何一個現實機緣中各種實有以各種特殊方式結合「在一起」的通稱。因此，「共在」要以「創造性」、「多」、「一」、「同」、「異」這些概念為前提。終極的形而上學原則就是從分到合的進展，創造出一個與那些以析取（分離）方式出現的實有不同的新穎之實有。〔註81〕

按上述所言，所謂「共在」的涵義，即是指那些「現實機緣」彼此之間的存在方式；換言之，當由「一」產生諸多的分有者，它們是處於不同的情境，並以「現實機緣」的存在去「析取」或「合取」（conjunction），那麼這些現實機緣即以「多」、「一」、「同」、「異」等概念相互「共在」於機體的歷程中。當透過「析取」或「合取」而使「現實機緣」以「多」、「一」、「同」、「異」等方式存在時，則其中是否有「人」的主體意識參與其間呢？對此，懷氏說：

〔註77〕（法）Henri Bergson, *Creative Evolution*, trans by Arthur Mitchell（New York: Macmillan Company, 1922）, p.17. "the present contains nothing more than the past, and what is found in the effect was already in the cause."

〔註78〕（法）Henri Bergson, *Creative Evolution*, p.17.

〔註79〕參見（英）A. N. Whitehead 著，傅佩榮譯：《科學與現代世界》，頁 167。英文版見：（英）A. N. Whitehead, *Science and Modern World*., p.152.

〔註80〕參見（英）A. N. Whitehead 著，傅佩榮譯：《科學與現代世界》，頁 167。

〔註81〕（英）A. N. Whitehead 著，李步樓譯：《過程與實在——宇宙論研究》，頁 36。英文版見：A. N. Whitehead, *Process and Reality-An Essay in Cosmology*., p.21.

> 位於現實世界的「我—客」（ego-object）關係，當所顯示的自身
> （itself）是作為一種機體，而這樣的機體須有觀念的加入，才能
> 保持它在現實世界的地位。〔註82〕

按上述之言，懷氏所謂的「觀念」，是指「現實機緣」藉由析取、合取以創造「新穎實有」的過程中，它須借助一種足以「從分至合」的形而上學的原則。因此，唯有形而上的觀念加入現實機緣之活動的現實世界，那麼「我—客」才可能在機體的歷程中保持其地位；換言之，當「我—客」（ego-object）要在機體歷程中保持現實世界的地位時，那麼它必須回溯到「永象」這個形而上的觀念中，而這樣的「我—客」關係是處於「客體中的我—客」（ego-object amid objects）關係中。〔註83〕

因此，「我」這個主體並不是獨立的實在、〔註84〕且一切主體皆攝持（prehension）其他主體的有限位態而成的。〔註85〕；因此，創造性的機體歷程所呈現的動態運作，其不但顯示「多中有一」的原則、亦包含「一中有多」的發展。至於，懷氏又如何深入闡述「一中之多」與「多中之一」之間的相互關係呢？他說：

> 新穎的實有是它在「共在」中發現的「多」，同時也是它在析取的
> 「多」中留下的一；它是一個新穎的實有，它綜合了以析取方式存
> 在的多個實有。「多」生成了「一」，「一」又增進了「多」。按其本
> 性這些實有是由析取之「多」走向合取的統一過程。這個終極性範
> 疇代替了亞里斯多德的「第一實體」範疇。〔註86〕

按上述之言，當我們對新穎的實有能夠感知的同時，亦可藉由理智分析以

〔註82〕（英）A. N. Whitehead, *Science and Modern World*, p.152.

〔註83〕Cf.（英）A. N. Whitehead, *Science and Modern World*, p.151.如何說明「客體中的我—客」關係？這可就「事件」的結束和進行的兩面向來說明；其實「我—客」始終處於事件的相互作用中；然，當某一事件結束後，它是以一種客體對象的「事實」轉入另一「事件」再持續發展，而此時處於新事件中的「我—客」關係，懷氏稱之為「客體中的我—客」關係。例如在 a、b、c、d 等事件中，a、b、c 三者是事件結束後的客觀對象，但它們並非是孤立的，其仍存在於事件 d 中，並伴隨 d 且對 d 作用而持續發展；因而，處於事件 d 中的「我—客」關係，即是一種「客體中的我—客」關係。

〔註84〕Cf.（英）A. N. Whitehead, *Science and Modern World*, p.151.

〔註85〕Cf.（英）A. N. Whitehead, *Science and Modern World*, p.151.

〔註86〕（英）A. N. Whitehead 著，李步樓譯：《過程與實在——宇宙論研究》，頁36。英文版見：A. N. Whitehead, *Process and Reality-An Essay in Cosmology.*, p.21.

發現它們在數量上是為「多」；然而，對「多中之一」的「一」又如何知悉呢？對此，柏格森在《時間與自由意志》（*Time and Free Will*）書中說：「數目這觀念意味著我們對於一堆絕對相同的部分或單位有著單純的直覺。」〔註87〕按此，數目的多寡雖透過理智分析而得，但在計數的過程中即已蘊涵著時間序列的直覺；換言之，時間序列呈現了一種關於數量之整體性的直覺，而這樣的整體就被當作「一」（不同於「⊖」）。當然，這樣的「一」不是孤立的「一」，而是「多中之一」。

事實上，在整體之直覺的「一」中，其伴隨著一種數目的想像綿延的「多」；簡言之，柏氏認為數目可被想像為在空間綿延而持續增加；〔註88〕不過，如果我們撇開數目之想像的空間意涵，而僅就時間綿延的意義來考量，那麼關涉「一中之多」的「事件」即具有持續衍生及發展的意義。大致說來，懷特海的機體哲學強調的是以「部分─整體」的動態關係以取代亞里斯多德的「主─客」關係，〔註89〕因為懷氏認為：若「主─客」關係無法擺脫亞氏之實體範疇的束縛則其將陷於唯我論的困境。〔註90〕因此，就機體哲學而言，「⊖中之多」的「⊖」，其意義不僅不同於「多中之一」的「一」，同時也有別於「一中之多」的「一」。因為前者之「⊖」（永象），在於它提供主、客體之「形式」和「與材」的來源，而後者之「一」是來自對眾多「現實機緣」進行理智分析、或整體直覺所得，亦即透過「析取」、「合取」的作用，而這些作用則必須位於「客體中的我─客」關係中。不過，在創造性的機體歷程中所呈現的「機體綿延」現象，它只是「機體生化」歷程的某特定環節而已；特別地，在此綿延的環節中，當以「一」、「多」為兩端時，那麼關於「多中之一」與「一中之一」的相互關係，此類似船山於論《易》中所言之「兩端一致」的現象。底下，筆者以懷氏之機體哲學作為船山論《易》的方法探討。

〔註87〕（法）Henri Bergson 著，吳士棟譯：《時間與自由意志》（北京：商務印書館，2014年），頁56。英文版見：（法）Henri Bergson, *Time and Free Will*（London: Reprinted by Routledge, 2002），p.76.

〔註88〕（法）Henri Bergson 著，吳士棟譯：《時間與自由意志》，頁 56～57。見氏言：「為了使得數目在陸續被想像的過程中可以陸續增加，我們就得保留那些先後出現的影像，並把這些影像放在我們所想像的每個新單元的旁邊。」

〔註89〕參見（英）A. N. Whitehead 著，傅佩榮譯：《科學與現代世界》，頁 164～167。

〔註90〕參見（英）A. N. Whitehead 著，傅佩榮譯：《科學與現代世界》，頁 167。

（二）以機體哲學作為船山論《易》的方法應用

　　就船山思想而言，他一生的學術發展是與其易學主張密不可分；然而，在船山論《易》的見解中又蘊含著怎樣的學術目的及作用呢？大致說來，船山並不認同陽明之「心即理」、亦不苟同朱子言「性即理」的說法，而船山釋《大有‧象》言「天者，理而已矣。」〔註91〕又於《周易內傳發例》說：「在天者即為理。」〔註92〕按此，船山意指「天者氣」，而「氣」自有其條理發用；然而，當船山就《中庸》而言「誠即天」時，則「天」非一「理」、且它如何藉「誠」以發用呢？他說：

> 若夫天，則《中庸》固曰「誠者，天之道也」。誠者，合內外，包五德，渾然陰陽之實撰，固不自其一陰一陽、一之一之之化言矣。誠則能化，化理而誠天。天固為理之自出，不可正名之為理矣，故《中庸》之言誠也曰一，合同以啟變化，而無條理之可循矣。是程子之竟言「天一理也」，且令學者不審而成陵節之病，自不如張子之精義矣。〔註93〕

按上述之言，船山不但反對程子言「天，一理也」的講法；另外，他亦駁斥陽明主張「心，一理也」的見解，〔註94〕因為王氏之說將衍生天、人不能區分、且產生「天人一本」的混淆。〔註95〕船山言「誠即天」之義，是順著《中庸》言「誠」的思路發展；亦即「誠則形，形則著，著則明，明則動，動則變，變則化。」〔註96〕對船山而言，「天」的機體發用，是藉「誠」體的內涵來變化；換言之，所謂「誠則能化」，此意味人是以「誠之」參與其中。

　　其次，當「誠」之所化時，則天人之理存乎其中；因而，「誠天」、「化理」二者的關係為何？若以船山「由用以得體」言之，則可稱之「化理而誠天」；若從「體以致用」來闡述的話，則以「誠天化理」來看待。此外，船山上述言「誠也曰一」的「一」，是於同一性中包容差異性，而諸多差異性即體現在所「化」之理，例如「兩端一致」之理、「同歸一致」之理等等，

〔註91〕《周易內傳》，頁163。
〔註92〕《周易內傳發例》，頁675。
〔註93〕（清）王夫之：《船山全書》第6冊（《讀四書大全說》）（長沙：嶽麓書社，1991年），頁1111。
〔註94〕參見蔡家和：《王船山《讀孟子大全說》研究》（臺北：臺灣學生書局），頁159。
〔註95〕參見朱伯崑：《易學哲學史‧第四卷》（臺北：藍燈文化事業，1991年），頁249。
〔註96〕（宋）朱熹：《四書章句集註》，頁33。

其皆依於「誠即天」而成立；換言之，關於船山言「天」與「理」的關係，它不是「天，一理也」，而是「理依於天」的事實。

　　既然「天」是以無妄之「誠」來發用流行，因而「誠」即是一切變化的根源。然，就船山論《易》而言，〈乾〉雖象「天」，而唯〈乾〉元的內涵能統萬化而資以始；〔註97〕因而，「〈乾〉函四德」而以「保合太和」發用，此即「誠」體的實質敞開。不過，「天」為「理」所依，故「天理」並不是孤立存在；尤其，當天理行乎人欲之中，則此為船山言「顯天道即以昭人道」之蘊所在；〔註98〕因而，天道的流行必處於天人之際的發用中。不過，船山如何看待天、人之間的關係呢？他說：「天者道，人者器，人之所知也。天者器，人者道，非知德者其孰能知之！……人道之流行，以官天府地裁成萬物而不見其迹。故曰天者器，人者道。」〔註99〕按此，船山認為天人之道體現在「道器相須」的意義上，而若「即氣言體」，則陰陽二氣絪縕、且盈天地間皆陰陽；因而，「道」即天地之流行，而人處於天地之中，而為陰陽之所凝，故謂「人者器」。然，當天道彰顯，則天人之道相互為用；因而，所謂「天」即為「人之天」。既然「天」為「人之天」，那麼這裡的「天」乃是「合往古來今而成純」的歷史規律。〔註100〕

　　這麼一來，由「人之天」而顯的天人之理，則能以「人」、「天」為兩端，並達至「兩端一致」之理，是以船山藉《易》明「藏往知來」以言「天」之理，此唯知德者始能了解。因為「人之天」的「人」並不隸屬於抽象的概念，而是能對一己「經驗」加以體驗，並能「即天窮理」以觀天輔地、裁成萬物；因而，「天」被視為客觀的「器」，而人則透過不斷窮理體驗、以求乎天德而盡人之「道」。然而，何以船山認為「知德者」能明「天人之理、道器相須」呢？船山言：

　　　　无其器則无其道，人鮮能言之，而固其誠然者也。洪荒而无揖讓之
　　　　道，唐、虞无弔伐之道，漢、唐无今日之道，則今日无他年之道者
　　　　多矣。未有弓矢而无射道，未有車馬而无御道，未有牢醴璧幣、鐘

〔註97〕參見《周易內傳》，頁68。

〔註98〕參見《周易內傳發例》，頁668～669。

〔註99〕《思問錄內篇》，頁405。

〔註100〕（清）王夫之：《船山全書》第10冊（《讀通鑑論》），頁138。另，參見蕭萐
　　　　父、許蘇民：《王夫之評傳》（南京：南京大學出版社，2002年），頁249。

　　磬管絃而无禮樂之道。〔註101〕

按上述之言，所謂「无其器則无其道」，此在說明天下所使用的「器」物，皆有其如何使用的「道」理；因而，《易》所言之「道」並不是抽象的形上概念，而是伴隨「器」物的使用而存在的。相對地，學者是否能離「道」以言「器」呢？對此，船山認為釋、老離「器」以言「道」，因而他說：「老氏瞀於此，而曰道在虛，虛亦器之虛；釋氏瞀於此，而曰道在寂，寂亦器之寂。」〔註102〕按此，船山認為不可離「器」而言「道」，否則所言之「道」將陷於或虛、或寂；同樣地，他亦不贊成離「道」而言「器」，否則所言之「器」將無「本」可歸附。

　　至於，《易》所言之「道」，其義為何？船山釋「一本而萬殊」而說：

　　一者，保合和同而秩然相節者也。始於道，成於性，動於情，變於才。才以就功，功以致效，功效散著於多而協於一，則又終合於道而以始，是故始於一，中於萬，終於一。始終一，故曰「一本而萬殊」；終於一而以始，故曰「同歸而殊塗」。〔註103〕

按上述所言，所謂「一」，它是指一切清濁、虛實、大小等渾淪於太極之中而為一，而此意味「太和絪縕之氣」蘊涵未發之幾。《易》所言之「道」，不外是陰陽二氣之發用；因而，船山之「即氣言體」而天人之道行乎其中。然而，船山論《易》則強調「由用以得體」；因而，「道」之發用無先天、後天之分，故船山認為：「不貳則无端委之殊，不息則无作止之分，不測則无漸次之差。故曰『神无方而《易》无體。』」〔註104〕按此，《繫傳》言「不疾而速，不行而至」，此說明《易》之道在於一本而「不貳」、在於動而「不息」、在於陰陽「不測」。因此，《繫傳》言「生生之謂《易》」，而《易》之變動不居以體現不貳、不息、不測的直覺整體特性。

　　不過，何以《易》既言「同歸而殊塗，一致而百慮」，但又言《易》无體？船山言：

　　同而一者，所以來也；殊而百者，所以往也。過此以往，為殊為同，為一為百，不容知也。子曰：『未之或知』，豈復有知之者？而必推

〔註101〕《周易外傳》，頁1028。
〔註102〕《周易外傳》，頁1029。
〔註103〕《周易外傳》，頁980。
〔註104〕《周易外傳》，頁1078。

本以觀往來，豈強知之哉！亦以明其不可知者而已。〔註105〕
按上述之言，船山就直覺的整體性以說明《易》變動不息、不測而不可妄立一「體」；然，《易》於消長、盈虛、屈伸及往來變動之中，所謂「來」即「一」、「往」為「殊」，那麼上述言「始於一，中於萬、終於一」其可藉理智分析以明「往」、「來」之間的双重環節；換言之，「始於一，中於萬」，此象徵「一中有多」、而「中於萬、終於一」則意味「多中有一」。不過，孔子認為學《易》之知，不外是以「一」、「多」為二端，並明此「兩端一致」之理；至此，船山論《易》的精神在某程度上，其實與上一小節懷氏之機體哲學的觀點有相契合之處。

此外，船山論《易》的機體思想雖體現在「一本而萬殊」的主張上；〔註106〕不過，關於「始於道，成於性」之「性」的意義為何？船山認為「命曰降，性曰受。性者生之理，未死以前皆生也，皆降命受性之日也。」〔註107〕按此，船山論《易》重視「生」的意涵，〔註108〕而「生」不離「動」，「動」即「有」；因而，藉由「生」、「動」、「有」可明「性」存乎其中。不過，這樣了解「性」僅是表面的認識而已；然，若就天命所降之「性」以明其「日生日成」之義的話，〔註109〕那麼「性日生」是由「命」給予客觀的「與材」，而「性日成」則已含某一主觀形式以作為成「性」的機制。

然而，日生之「性」其是否能「成」之？其實，這與「心」有密不可分的關聯；對此，船山說：「性函於心而理備焉，即心而盡其量，則天地萬物之理，皆於吾心之良能而著，心所不及，則道亦不在矣。」〔註110〕按此，「性」由「命」所降，而所降之「性」之所以能「日生日成」，這在於「心函性」而盡心窮理；因而，船山認為「心」所不能盡之處，則「道」亦不在。然而，船山此處所言之「道」其義為何？他說：

〔註105〕《周易外傳》，頁1050。
〔註106〕參見《周易外傳》，頁884。
〔註107〕《思問錄內篇》，頁413。
〔註108〕參見熊十力：《讀經示要》（臺北：廣文書局，1978年）卷二，頁135。見氏言：「船山易內外傳，確甚重要。吾所舉四義（即生、動、有與情一與性，四大基本觀念。此吾綜其全書而言之也。）學者深玩之，可見其大無不包，足為現代人生指一正當路向。」
〔註109〕參見《尚書引義》，頁300。船山言：「……故天日命於人，人日受命於天。故曰性者生也，日生而日成之也。」
〔註110〕《張子正蒙注》，頁182。

> 性者天道，心者人道，天道隱而人道顯；顯，故充惻隱之心而仁盡，
> 推羞惡之心而義盡。弘道者，資心以效其能也。性則與天同其無為，
> 不知制其心也；故心放而不存，不可咎性之不善。〔註111〕

按上述所言，關於船山所言之「性」，它在張子的概念下是為天道義、而在孟子的脈絡下卻是人道義；〔註112〕而本論文在此則取張子言「性者天道」之義。至於，筆者在此處所言之「性」，其是否會流於概念研究的一端之蔽呢？〔註113〕就船山言「性」而言，它是與命、心、才、情等概念密切地聯繫一起。其次，本論文為了對照機體哲學而能深入闡述船山的當代思想內涵；因而，藉由「文本」的意義延伸，以開啟船山思想詮釋的另一層深度，這是一件值得思考、並能付諸行動的事。

　　至於，「心函性」以盡「性」所體現的「道」，是為天人之道。不過，船山上述言「性者天道」，但於「心函性」中的「性」卻隱而不顯，此可類比於懷氏之「永象」（eternal object）的觀念，因為「性」是天道、又具有一種隱而不顯的純粹潛存；亦即，「性」在觀念上，它不是「命」、也不是「心」，但卻以一種「無為」的狀態而將二者聯繫起來，並處於動而不息的發用流行中，此就如張子言「性不知檢其心」中對「性」的闡述那樣；簡言之，「性」雖為仁義之「心」所窮盡的根源，但它卻於「日生日成」之中而生化不已。然而，如何由「心函性」以盡「性」、且明「性」本善？船山言：「盡性以至于命。至于命，而後知性之善也。」〔註114〕按此，「命」日降而「性」日生、且「心函性」以盡性；然後，知天命之所盡，無非性之善。

　　由「性」往「命」之盡，此是上升歷程；然而，船山如何就「心」以言「性」、「情」之別呢？船山言：

> 情便是人心，性便是道心。道心微而不易見，人之不以人心為吾俱
> 生之本者鮮矣。故普天下人只識簡情，不識得性，卻於情上用工夫，
> 則愈為之而愈妄。性有自質，情無自質。〔註115〕

按上述所言，船山言「性一而情萬」、〔註116〕且「心函性」；因而，性、情

〔註111〕《張子正蒙注》，頁124。
〔註112〕參見蔡家和：《王船山《讀孟子大全說》研究》，頁17。
〔註113〕參見蔡家和：《王船山《讀孟子大全說》研究》，頁18。
〔註114〕《思問錄內篇》，頁413。
〔註115〕（清）王夫之：《船山全書》第6冊（《讀四書大全說》），頁1066。
〔註116〕《周易外傳》，頁884。

皆不離「心」之作用。不過,船山認為:「心者,萬感之主,貞淫判於一念之應。」〔註117〕按此,心之念或貞、或淫,而人心、道心俱存乎其中。其次,《易》之六十四卦中則以〈咸〉為感、且《咸‧彖辭》言「亨利貞」之德,而獨缺〈乾〉元;然而,〈咸〉如何以「心函性」而起「性一情萬」的機體效用呢?船山言:「由〈泰〉而〈恆〉,由〈恆〉而〈既濟〉,由〈既濟〉而〈咸〉,皆有致一之感。」〔註118〕按此,天地、雷風、日月、山澤,而天地之「性」具於其中。至於,〈乾〉道成男、〈坤〉道成女,則陰陽之氣凝於人身而後成於性命,因而由〈泰〉至〈咸〉,皆合於天人「性命」之理。

然而,船山進一步說:「自我有身,而後護情歸質,護性歸虛,而人道乃正。」〔註119〕按此,「情」有貞、淫之辨、且無自質,且〈咸〉(下〈艮〉上〈兌〉)則含〈艮〉以成身,而聖人見天性於形色之中,〔註120〕故〈咸〉與〈艮〉的關係,在於〈咸〉為人道之始,而〈艮〉足以成「身」;自我既已成身,則「心函性」以盡「性」,而「情」涵「性」以顯質。至於,如何由天人一致之感而「護性歸虛」?船山認為「性」為道心,而道心常隱而不顯,此在於人心為私欲所遮蔽;因而,「心函性」之「心」不應執於圖謀一己私利的人心,而要像〈復〉之一陽初動,以復見天地之心,亦即人心不離道心,道心寓於人心之中。

既然人心、道心渾淪一體而不分,故其必相應於陰陽二氣絪縕、保合太和,故推善之所自生而贊其德為〈乾〉元。〔註121〕至此,道心之「性」不執於人心之「情」,並能於「性一情萬」中發用、流行不已。事實上,「性一情萬」僅是「一本而萬殊」中的一個環節;然,當〈咸〉以分審〈乾〉之性情時,則它可就〈乾〉元之「虛」健以求其功效。這麼一來,〈咸〉構造的小宇宙、及奠立於「乾坤並建」為宗的大宇宙,二者保持天人一致的和諧。大致說來,懷特海將哲學家萊布尼茲(G. W. Leibniz, 1646～1716)的「預立和諧說」視為機體哲學的一環。〔註122〕類似地,如果將船山所言之「性」

〔註117〕《周易內傳》,頁280。

〔註118〕《周易外傳》,頁904。

〔註119〕《周易外傳》,頁904。

〔註120〕《周易外傳》,頁905。

〔註121〕《周易外傳》,頁825。

〔註122〕參見(英)A. N. Whitehead 著,傅佩榮譯:《科學與現代世界》,頁171。英文版見:(英)A. N. Whitehead, *Science and Modern World*(New York: Macmillan Company, 1925),p.155.

對照於懷氏的「永象」的話，那麼由「性」所蘊含的主觀、客觀的關聯，則可就「性一情萬」以直覺「一本而萬殊」之動態的整體性內涵；或者說，若視「性一情萬」為「機體綿延」，則船山所言之「一本而萬殊」即為「機體生化」的歷程。因此，船山論《易》的方法精神，可藉懷氏之機體哲學內涵而取得合理的應用。

此外，本論文的研究目的有二：其一，深入闡述船山易學的「人文創化」主題及其意義；其二，藉由機體哲學以理解船山易學，並從中闡述其在當代思潮上的價值，尤其，如何呈現其於當代易學中的特殊地位。

四、研究成果回顧及反省

關於本論文中各章節的研究成果回顧，旨在於對章節中涉及船山易學之既有的主題，以進一步深化其意義；其次，凡關涉當代船山學者所提出的各種船山思想之觀點及文獻見解，筆者可針對其中建設性的意見加以發揮闡述；至於，當中若有與船山思想相悖者，那麼筆者則會採取適當的方法進路，並尋找如何為船山思想辯護和說明。按上述所言，本論文第二章是牽涉到船山易學之「人文創化」的整體意涵；特別地，當今船山易學思想的爭議點，在於其思想特性是歸屬於主觀或客觀，唯心或唯物的認定紛爭，而這的確是件令當代船山學者相當困擾的問題；不過，當我們追溯中國之傳統形上學的特性時，它自古以來即隸屬於一機體統一的形上價值系統；〔註123〕因而，凡企圖以當代哲學語言附加於船山易學上，並將其思想屬性加以扭曲的話，那麼伴隨此而來的爭辯是在所難免的。不過，對思想之特性的理解是一回事，而判定其屬性為何又是另一回事；至於，如何從諸多對立的爭議中超脫出來，這才是值得個人在本論文加以努力的核心焦點。因而，筆者於第二章的小節中，即以「性日新日成」說明船山哲學於「心函性」中含有一「超主體」在起「性日生」的作用。事實上，船山易學哲學的「人文創化」前提則奠基於「天人合德」的意義上；換言之，船山易學思想唯有奠基於天道之機體生化的前提，那麼所謂「乾坤並建而捷立」才能產生實質的效用，因為「乾坤並建」是本於直覺整體特性，並在發用流行中彰顯出「人文創化」的意涵。

其次，關於船山易學其歸屬於唯心、或唯物的問題討論上，這似乎帶給

〔註123〕參見方東美：《原始儒家道家哲學》（臺北：黎明文化事業，2004 年），頁 58。

當代船山學者極大的爭執，且造成彼此陷於無法妥協的局面。事實上，如果我們認定船山哲學是位於中國思想史發展中的一環，那麼他的思想屬性應歸為機體形上學的脈絡理路；相對地，若將他的思想認定唯心、或唯物之一端，那麼其中將產生諸多不合理的判斷結果，此就像佛、道執於一端之見而流於或虛、或寂的現象。有鑑於此，筆者於第二章小節中藉「形色即天性」以駁斥唯心、唯物皆悖離船山思想的本質；事實上，船山的易學思想不但超越「唯心」、或「唯物」之對立的思考框架，而且具有「太和之誠」的思想特性，至於「太和之誠」的「誠」是兼具自然義及倫理義，〔註124〕且二者始終處於相互和諧的發用流行之中；對此，我們可從船山所提之「一本而萬殊」的闡述中略知。〔註125〕

　　至於，本章節並未提及當代船山學者如何以一元、或二元論的特性來認定其思想屬性，這是本論文尚嫌不足之處；其實，若以船山言「乾坤並建」、又言「乾坤並建而捷立」，這已富有一元論的思想型態特色。不過，當代一些學者雖對船山提出「《周易》並建〈乾〉、〈坤〉」之主張的肯定，但卻又以二元論來看待其思想內涵。〔註126〕相反地，曾昭旭先生則認定船山易學是屬於一元論，並極力為其思想特性辯護。〔註127〕當然，以一元論之進路描述船山易學的特色，這在價值取向上是相當明智的，但如果像曾氏所主張的那樣，亦即企圖以「太極」一詞取代「乾坤並建」，〔註128〕而便認為此能更容易說明船山易學是為一元論的話；其實，這樣的說法也不必然，因為當船山言「太極為乾坤之合撰」時，此不但能體現船山思想的一元機體型態，而且更能說明〈乾〉陽、〈坤〉陰處於絪縕之際是渾然而密不可分的。

　　關於船山易學思想是否隸屬「一元論」的問題？學者賀麟認為船山的思

〔註124〕參見《思問錄內篇》，頁402。船山言「太虛，一實者也。故曰『誠者天之道也』。用者，皆其體也。故曰『誠之者人之道也』。」

〔註125〕參見《周易外傳》，頁980。船山言：「……始於道，成於性，動於情，變於才。才以就功，功以致效，功效散著於多而協於一，則又終合於道而以始，是故始於一，中於萬，終於一。始終一，故曰『一本而萬殊』。」

〔註126〕參見任國杰：《童子問易》（北京：人民出版社，2013年），頁240。

〔註127〕參見曾昭旭：《王船山哲學》，頁53。見氏言：「……則順船山思理，當直提太極或氣以成一元論為是，而不當略過太極或氣，而遽提乾坤並建也。故熊十力先生遂以此疑其（船山）『解悟有未透，理論欠圓明』，而『猶未免於粗』。」

〔註128〕參見曾昭旭：《王船山哲學》，頁53。見氏言：「蓋若單從客觀上去建構宇宙論，則順船山思理，當直提太極或氣以成一元論為是，而不當略過太極或氣，而遽提乾坤並建也。」

想並不是孤立的一元論、而是一種調和對立且「體用兼備」的全體論；〔註 129〕不過，賀氏對船山思想之闡述，他雖能以現象學方法說明由部分以窺全體之全體性特性；〔註 130〕然，此處所言「部分──全體」的關係，它並非是靜態的描述，而是一種動態的機體發展型態，亦即「部分」始終處於「全體」之中而發用、流行不已。大致說來，船山易學的主旨在於尋求「通天人之道」的闡述，因而他思想的動態機體型態，乃在於超越主、客觀的對立狀態，尤其，所謂「太和之誠」，它既不是客觀的宇宙論、亦不是主體的道德形上學；〔註 131〕大致上，筆者可視其為一門著眼於「《易》為君子謀」的哲學人類學，而船山易學的當代意義也會在此哲學人類學的思維中，敞開其「人文創化」的當代特色。關於船山的易學思想，其如何在當代思想發展中起影響的效用呢？對此，筆者於底下就二方向來回顧及反省；亦即（一）當代易學的發展趨勢；（二）船山易學在當代思潮中的地位。關於此，敘述如下。

（一）當代易學的發展趨勢

　　方東美先生在中西文化對照說明中，他雖特別突顯中國思想的形上學是為「機體的形上學」；〔註 132〕但，他於《周易》的研究上並無專書出版，〔註 133〕因而他對文化的看法只是出於概說的信念，亦即「中國人在評定文化價值時，常是一個融貫主義者，而絕不是一個分離主義者」的說法。〔註 134〕其實，這裡所謂「融貫主義」的文化價值，這要推溯至《中庸》言「誠」的意義，而方東美先生認為唯有以「誠之」替代《中庸》所言之「誠」，那麼人才能分有「天命」的神聖價值且進一步實現人的成就。〔註 135〕不過，船山言「誠」並不局限於《中庸》的思想框架，而是能就《乾・彖傳》言「保

〔註 129〕參見賀麟：〈文化與人生〉，《民國叢書・第二編（43）》（上海市：上海，1990年），頁 117。
〔註 130〕參見賀麟：〈文化與人生〉，《民國叢書・第二編（43）》，頁 116。
〔註 131〕關於哲學中言「主體主義」的「主體」一詞，此與「主觀」有何關聯？或者，「客觀主義」中的「客體」意義，其與「客觀」又存在怎樣的關係？對此，海德格在《形而上學導論》言：「『在』是客觀的，是客體。『思』是主觀的，是主體。」（參見（德）Martin Heidegger 著，熊偉、王慶節譯：《形而上學導論》（臺北縣：仰哲出版社，1993 年），頁 134）。德文版見：Vgl. Martin Heidegger, *Einfuehrung in die Metaphysik*（Tuebingen: Niemeyer, 1998），S.104.
〔註 132〕參見方東美：《原始儒家道家哲學》，頁 58。
〔註 133〕參見賴貴三：《臺灣易學人物志》（臺北：里仁書局，2013 年），頁 107。
〔註 134〕賴貴三：《臺灣易學人物志》，頁 108。
〔註 135〕參見方東美：《新儒家哲學十八講》（臺北：黎明文化事業，1983 年），頁 152。

合太和」而提出「太和之誠」的深義；〔註136〕換言之，唯有從《中庸》言「誠」推至「太和之誠」的申述，那麼所謂「機體形上學」的文化內涵才能充分彰顯出來。

至於，當代易學的發展，除了以傳統視《易》為六經之首的看法外，還有陳鼓應在《周易注釋與研究》一書中強調「道家主幹」的說法；〔註137〕關於陳氏的易學見解，我們雖未必要全盤接受，但也不必立即加以否定，因為學術的發展動力往往源於可能性的闡發，而此更勝於對權威和必然性的盲從。不過，就道家易學而言，高懷民認為道家易學形上學的發展與〈坤〉德的闡發關係密切；〔註138〕而《繫傳》言「夫〈坤〉，其靜也翕，其動也闢，是以廣生焉。」按此，唯有〈坤〉之「靜」為「動之靜」，那才能廣生，也才能開啟道家柔順之美的人文創化。

其次，高懷民在探討先秦《易》學之特點時，他指出八卦之卦序即為父母生六子之象、而六十四卦之卦序是扣緊萬物生長而排列的；〔註139〕然，《易》之〈八卦〉與〈六十四卦〉，二者並非各自獨立的，而是在三畫的〈八卦〉與六畫的〈六十四卦〉之間存在著某種相摩相盪的跡象。特別地，合〈乾〉〈坤〉為〈泰〉、合〈震〉〈巽〉為〈恆〉、合〈離〉〈坎〉為〈既濟〉、合〈艮〉〈兌〉為〈咸〉；因而，船山認為由〈泰〉而〈恆〉、由〈恆〉而〈既濟〉、由〈既濟〉而〈咸〉，則有天人致一之感。〔註140〕其實，唯藉由《易》之〈八卦〉以體現〈六十四卦〉的天人致一之感，那麼《易》蘊涵著「機體形上學」的思想內涵才能獲得具體的說明。

當代易學的發展，王弼的《周易注》仍存在著某程度的影響力，學者林麗真針對王弼易學思想的主要思想加以闡述，其中包括「體無、用有」及「援《老》入《易》」的主靜說；〔註141〕不過，老子的「自然无為、主靜反躁」存有某種「理勢一致」的傾向，亦即「主靜」的「靜」蘊含「動之靜」的趨勢。至於，林氏雖認為援用《老子》之本體思想者亦如《復·象傳》言「復其見天

〔註136〕參見《張子正蒙注》，頁46。船山言：「性以理言，有其象必有其理，惟其具有太和之誠，故太極有兩儀，兩儀合而為太極，而分陰分陽，生萬物之形，皆秉此以為性。」
〔註137〕參見賴貴三：《臺灣易學人物志》，頁733。
〔註138〕參見賴貴三：《臺灣易學人物志》，頁593。
〔註139〕參見賴貴三：《臺灣易學人物志》，頁594。
〔註140〕參見《周易外傳》，頁904。
〔註141〕參見賴貴三：《臺灣易學人物志》，頁820。

地之心」的說法；〔註142〕但是，《易‧復》所言之「復」，筆者認為它並不是由「無」至「有」的歷程，而是由「幽」至「明」的屈伸往來之理。這麼一來，張載於《正蒙‧大易》主張：「《易》言幽明、不言有無」的說法，此恰可為船山於《周易外傳‧大有》言「體有、用有」提供《易》之機體形上學的「實有論」基礎。大致說來，船山於易學史上的地位，就如譚嗣同稱許他為真能通天人者的美譽。〔註143〕關於船山易學對當代思想的影響如何，底下敘述之。

（二）船山易學在當代思潮中的地位

錢穆先生在《中國學術通義》中，他如何就理學的面向以看待船山思想的進路？對此，他說：「船山在理學方面雖有許多不同意程朱而一尊橫渠之處，但其為學路向，則仍還是朱子遺統。」〔註144〕按此，錢氏首先將船山歸類於理學家的行列之中，然後再就史學的觀點給予船山評價，並將其納為朱子的遺統；其實，船山與朱子於論《易》的面向上，二者有明顯的分野，此就如學者黃懿梅言：「在朱子《易本義》中說：『繼，言其發也。』這是就天事而言。船山『繼』的概念與朱子不同，『繼』是天人相續之際。是天事與人事相授受之間。」〔註145〕關於「繼」之義的問題，這涉及到船山與朱子二人對「理」、「氣」之關係的看法；首先，朱子雖言「理氣不雜不離」，但當「理氣不雜」時，則此時的「理」就如他言山河陷了而「理」卻只在這裡的情況；〔註146〕因而，當朱子強調「理」的先天、超越義時，則它僅及天事而無關所「繼」的對象。相對地，船山所言之「理」是為「氣之理」，例如天人之理、「同歸一致」之理，皆為「氣」之發用的機體生化環節，而此亦為船山論《易》的「人文創化」特色所在；因而，船山所言之「理」是寓於「即天窮理」之中，而不像朱子言「理」，其是可孤懸存在。

大致說來，錢穆先生是就船山易學的「文本」以理解船山的思想，或者說，他以思想史的觀點對船山易學的見解加以合理化。不過，關於船山言「道

〔註142〕 參見賴貴三：《臺灣易學人物志》，頁 820。

〔註143〕 參見梁啟超：《論中國學術思想變遷之大勢》（臺北：台灣古籍出版，2002年），頁 142。

〔註144〕 錢穆：《中國學術通義》（臺北：臺灣學生書局，1984年），頁 89。

〔註145〕 簡明勇、黃懿梅、王孺松、李國英：《中國歷代思想家（十五）：顧炎武‧王夫之‧李顒‧顏元》（臺北：臺灣商務印書館，1999年），頁 76。

〔註146〕 參見（宋）朱熹著、朱傑人，嚴佐之，劉永翔主編：《朱子全書——第 14 冊》（上海：上海古籍出版，2002年），頁 116。

器相須」的問題，何以錢氏將此說釋為「唯器論」呢？〔註147〕對此，筆者認為錢氏突顯「以器函道」來闡述船山言「道器相須」的意涵，因為當船山統形上、形下於一「形」時，〔註148〕則「道」即寓於形之中。其次，船山再由形器之「用」以推「體」的存在，一種「由用以得體」的方法思維運用。最後，船山更進一步強調「體以致用、用以備體」之「體用相函」的主張。〔註149〕然而，所謂形而上之「道」，它本是超乎現實的，就如「有象無形」之「幾」動，非可藉由耳目見聞窺之；因而，錢氏認為船山之「由用以得體」的觀點，僅是純粹方法論的剖辨應用，〔註150〕非能據此尋求一個「體」的究竟根源。

關於當代對船山易學之形上思想探討，此要以杜保瑞先生的研究為代表說明；杜氏認為船山的形上思想包含了雙重的方法，亦即「易學」與「氣論」的進路。

所謂「易學」進路，就是要在中國形上學思想上建立一個易學研究的理論視野；〔註151〕至於，所謂「氣論」進路，就在於宋明儒以誠、以易、以善、以理、以太極、以生生等等來鞏固本體論而與佛、道爭辯。〔註152〕事實上，杜氏的「易學」進路是順著船山《周易內傳發例》所提示的思想脈絡做進一步整理和闡述，而關於「氣論」進路的內容，此是藉由《張子正蒙注》、《思問錄》及《周易外傳》等書內容來發揮。大致說來，船山的形上思想是體現在「一本而萬殊」的意義上，而「一本而萬殊」其實已兼涵杜氏所言「易學」和「氣論」之形上思想進路的精神；此外，不論以「太和之誠」或「性一情萬」作為船山形上思想的方法切入點，皆能產生一個「部分─整體」關係的機體動態發用流行，因為船山論《易》的核心價值是在於追求天人一致之感、天

〔註147〕參見賀麟：〈文化與人生〉，《民國叢書・第二編（43）》，頁 117～118。見氏言：「錢穆先生根據船山『天下惟器而已矣，道者器之道，器者不可謂之道之器』的說法便釋船山此說為『唯器論』，那不啻說船山只知用而不知體。」

〔註148〕參見《周易外傳》，頁 1029。

〔註149〕參見《周易外傳》，頁 1023。

〔註150〕參見錢穆：《中國思想史》，頁 247。見氏言：「……而把此後種種現實變化，勉強附會牽合。不合的，則加以排拒與蔑棄。此即船山所謂施丹堊於空虛，妄立一體而消用以歸之。船山這一剖辨，是純粹思想方法上的剖辨。依照船山論點，自能引人更注意到當前的與向後的，而較少注意其開頭處與原始處。」

〔註151〕參見杜保瑞：《論王船山易學與氣論並重的形上學進路》（臺北縣：花木蘭文化出版社，2010 年），頁 36。

〔註152〕參見杜保瑞：《論王船山易學與氣論並重的形上學進路》，頁 50。

人相通之道。

　　不過，船山於闡述通天人之道的過程中，他採用怎樣的思想方法呢？船山認為天理是不偏離人情而孤立存在的，或者說，天理是寓於包括人之日常生活飲食的欲求之中；〔註153〕然，假如高舉天理的旗幟而倡言所謂的禁慾主張，此將使天理流於或虛、或寂的偏執一端，而這同時也使天理、人欲截然分而為二，結果是天理與人情不能相得。因此，林安梧先生據此開啟了船山思想中有所謂「兩端一致」之理的研究，並以「人性史」作為其探討船山哲學的課題；然而，林氏認為所謂「兩端」之義為何？他說：「所謂的二端不是截然的二端，而是對比的二端，對比的此端即辯證的涵著彼端。」〔註154〕按此，所謂「二端一致」中的「二端」，在質性上，其並不是同質性的，例如以理、欲為二端，或以理、事為二端，那麼理和欲、理和事其皆為異質性的對比；亦即，當天理行乎人事時，此中則蘊涵著一種辯證綜合的活動。

　　其實，船山的「兩端一致」之理並不只是侷限於人性史的探討，而是能涵蓋其他的課題在內，例如蔡家和先生則認為當船山的「兩端一致」見解用於《孟子》的詮釋時、即能避免一刀兩斷的詮釋方式；〔註155〕其次，本論文第三章探討「占學一理」時，筆者認為船山言「吉凶得失一道」、甚至言「筮者筮吉凶於得失之幾」，〔註156〕此亦為「兩端一致」之理的體現，因為「吉凶」、「得失」各關涉到天命和德行的面向，而此二者是處於對比辯證的綜合與發展。至於，本論文第四章探討「象爻一致」的經權之理，這涉及到機體歷程的思想方法應用，亦即當「象」被看成為天道之「對象」，那麼「象」就處於以「爻」為「事件」的時空發展之中；因而，「爻」所蘊涵的人道，則將與作為天道的「象」能密切地關聯在一起；這麼一來，由「象」、「爻」而來的「經、權」說明，其亦為「兩端一致」的發用。

　　船山論《易》的思想內涵具有一種機體的發展性，亦即它會隨時代的演進而呈現不同的時代思想特性。曾春海先生認為船山的易學思想，是有別於十九世紀源於科學的機械主義；〔註157〕因而，他以「船山《易》學之生命哲

〔註153〕《周易內傳》，頁415。船山釋〈震〉之六二而言：「……天理仍與人情而相得，則日用飲食、聲色臭味還得其所欲，而非終於枯寂，以遠乎人情。」
〔註154〕林安梧：《王船山人性史哲學之研究》，頁105。
〔註155〕參見蔡家和：《王船山《讀孟子大全說》研究》，頁295。
〔註156〕參見《周易內傳發例》，頁654。
〔註157〕參見曾春海：《王船山易學闡微》（臺北縣：花木蘭文化，2009年），頁103。

學」為其論文的章節主題，並認為西方的生命哲學在於藉由內在的體驗觀點以解釋整個文化。〔註158〕然而，就船山論《易》而呈現的生命哲學，它並非是靜態的描述、而是一種動態的體驗；至於，這樣的體驗是否僅侷限於耳目見聞的層面呢？其實不然，因為《易》具有神化不測的天道發用，而人唯透過體誠存性才能「即天窮理」以求合乎天德；換言之，就船山易學而言，唯有合「誠」、「誠之」以言其《易》學的生命哲學，那才能體現天人之理；如此，由體驗而來的一切生命內涵，包括知性、知善、知繼、知天等，無不繫於吾人內心靈明之心。〔註159〕

《易》言「心」，就如《復·彖傳》言「復其見天地之心。」然而，什麼才是船山所肯認的天地之心呢？對此，此就如船山認為〈渙〉六三之能以柔應剛，是能公而忘私者；〔註160〕因此，《易》之「心」的發用，其並不只是認知而已，而是一種肩負大公無私的行動。至於，關於船山對「知」、「行」之關係的看法為何？學者賀麟認為船山所言之行可兼知、而知不可兼行；〔註161〕這麼一來，那用來知性、知天的靈明之「心」，其既涵蓋「人與自身」之關係、亦包含「人與他人」和「人與神聖性」的關係，因為，唯有行動者對生命有先行體驗，那才能以「心」去知性、知天。

不過，誰是船山易學所推崇的「大公無私」者？顯而易見的，筆者認為船山論《易》中的「君子」是此一神聖價值的承載者；特別地，船山釋《乾·大象》曰：「天行健，君子以自彊不息」而認為君子之體《易》道、用《易》理，皆能善用天德而得宜。〔註162〕因此，船山承繼張載言「《易》為君子謀」的精神，並進一步加以闡發。其次，船山論《易》以強調天人致一之感，此除了突顯「人」在宇宙中的地位外，亦能對應西方當代哲學人類學的精神內涵；亦即「君子」具有效聖者、得天者及體誠者的人類形象，〔註163〕並以人格精神承載公而忘私的神聖價值。因此，本論文第五章「『《易》為君子謀」

〔註158〕 參見曾春海：《王船山易學闡微》，頁 103。
〔註159〕 參見曾春海：《王船山易學闡微》，頁 111。
〔註160〕 參見《周易內傳》，頁 470。
〔註161〕 參見賀麟：〈文化與人生〉，《民國叢書·第二編（43）》，頁 119。
〔註162〕 參見《周易大象解》，頁 697。
〔註163〕 參見《周易內傳》，頁 55。船山言：「純〈乾〉之卦，內健而外復健，純而不已，象天之行。君子以此至剛不柔之道，自克己私，盡體天理，發憤忘食，樂以忘憂，不知老之將至，而造聖德之純也。」按此，船山認為《易》言「君子」是能兼具效聖者、得天理者、以及體〈乾〉元之「誠」。

的哲學人類學思維」的主旨，即在於揭示關於船山論《易》中的人類圖像，且申述船山言「聖人贊《易》以竢後之君子」之義，〔註164〕而使船山論《易》的「人文創化」意涵能與西方當代的哲學思潮接軌。

五、小　結

　　總結上述，船山的易學之所以讓筆者感到興趣，這其中的原因甚多，但船山於易學上的學術自信就足以讓個人傾心、效法；特別地，他於《周易內傳發例》的結尾對自己一生的易學思想作了一個清晰、明確的說明。其次，船山強調自己對「四聖一揆」之易學的正統性的護衛，並樹立起承繼和發揚的使命感；尤其，他對包括漢代象數、以及那些以《周易》之名而實際參雜道教養生思想的《參同契》，〔註165〕提出正本溯源之道而從中指出其弊端。〔註166〕至於，船山論《易》的「人文創化」思想時，他首先直述《易》的思想創新見解，並藉此彰顯《繫傳》言「生生之謂《易》」的機體意涵，這其中包括了涵蓋面較廣的觀念，例如「乾坤並建」、「占學一理」、「象爻一致」等等；亦包含那些小範圍但卻是重要的觀念，例如「太極有於《易》以有《易》」、「一本萬殊」及「同歸一致」等等。其次，船山藉由易學思想排斥他說而彰顯己說的內涵，而此亦包括了二層面：其一，船山藉論《易》以駁斥佛、道之執「體」於一端，而不明「體用相函」之理；其二，他的人文創化精神在於矯正王學末流之弊。

　　大致說來，船山易學於當代思潮中所面對的課題，它是跟其他的哲學主

〔註164〕　《周易外傳》，頁1114。

〔註165〕　參見（東漢）魏伯陽著、（宋）朱熹等注：〈周易參同契序〉，《周易參同契集釋》（北京：中央編譯出版社，2015年），頁2。見氏言：「惟此還丹之理，《參同》皎然，遂見諸賢所注，悉皆隱密。余玩其術，頗得其旨，勞苦不辭，所失無怨，志在金鼎，而玩《參同》，被褐常思雲林，性好常存道教。雖在世俗，其心不群，思慕長生，而依仙術，道不違願。」按此，《參同》一書假《周易》之理以言道家長生之術。

〔註166〕　參見《周易內傳》，頁523。船山言：「《周易》者，準天地之神以御象數，而不但以象數測已然之迹者也。後之為《易》者，如卦氣，如游魂、歸魂、世應，如納甲、納音，……雖亦一隅之理所或有，而求以肖無方之神，難矣哉！」船山另言：「……後世之竊《易》者，或濫於符命，如〈乾鑿度〉；或淫於導引，如〈參同契〉；或假以飾浮屠之邪妄，如李通玄之注《華嚴》；……。」（參見《周易內傳》，頁557）。按上述之言，船山藉由駁斥漢代學者對《周易》之誤用、或強加附會及扭曲，以尋求其正本清源之道。

題類似；亦即，包括主觀、客觀，唯心、唯物，一元、二元，以及道德形上學、或機體思想之歸屬的糾葛。不過，筆者認為船山的易學中並沒有主、客二分的問題，因為就船山易學中的主、客關係而言，大致可如此理解，亦即主體函客體、再以「主客相函」作為新主體以函新的客體；如此持續進行，而在此機體生化中的「主體」，它並非是孤立單一的，而是在「體誠存性」的過程中呈現一種經驗體驗的整體直覺現象。其次，船山既不是道德主義者或主體主義者、亦不是人類中心」主義者，〔註167〕而實可稱之為「通天人」主義者。另外，船山雖主張合「形上」、「形下」於一「形」，但這裡的「形」並不偏限於「道德」的仁義價值而已。

就船山易學的當代思想意義而言，其在某程度上是能與英國哲人懷特海的機體哲學相呼應。懷特海的機體哲學強調的是藉由「部分—整體」的動態關係來取代亞里斯多德之強調「主—客」關係；〔註168〕因而懷氏認為唯有擺脫亞氏之奠基於「主—客」關係的實體範疇才能免於唯我論的困境。〔註169〕類似地，根據上述「主客相函」的說明，船山的易學思想亦不存在有所謂主、客對立的問題。因此，若以「即氣言體」的氣論來看待船山的易學方法，則此相當於「一本而萬殊」的機體生化流行歷程；如果以天人之理的觀點來探討，那麼所謂「性一情萬」是處於機體生化的環節之中，而在時段中的機體發用，是能體現「兩端一致」之理的機體綿延、或稱「機體時段（duration）」的發展。

當今船山易學思想的爭議點，在於其思想特性是歸屬於主觀或客觀，唯心或唯物的認定紛爭，而本論文即針對此一困境以尋求解決之道。筆者認為船山在易學上，是以「誠」體現中國機體形上學的思想本質和內涵，但他提出的「誠」已不只是《中庸》所言之「誠」的內涵，而是結合《乾·彖傳》言「保合太和」的太和精神，並以「太和之誠」稱之。然，在船山「太和之

〔註167〕參見《周易稗疏》，頁782。船山言：「故曰『〈乾〉知大始，〈坤〉作成物。』以人言之，則疆固而任能者，五穀六牲之養，地之材質所成；而虛靈知覺，則天下不息之神，流行於官竅。陽氣一散，則有耳而不能聞，有目而不能見，有脾而不能思，有肝而不能謀，有肺而不能慮，有腎而不能識。」按此，「〈乾〉知、〈坤〉能」行乎天地萬物而為功，而非獨厚「人」這一存有者；而人亦不宜以一己之意以臆測〈乾〉知、〈坤〉能之神化不測。因此，學者不該以「人類中心主義」的思維來看待船山的易學內涵。

〔註168〕參見（英）A. N. Whitehead 著，傅佩榮譯：《科學與現代世界》，頁164～167。

〔註169〕參見（英）A. N. Whitehead 著，傅佩榮譯：《科學與現代世界》，頁166～167。

誠」的脈絡闡述下，他的易學既不是客觀的宇宙論、亦不是主體的道德形上學；大致上說，筆者認為船山揭示了「《易》為君子謀」的哲學人類學主張。〔註170〕船山承繼張載言「《易》為君子謀」的精神，並進一步加以闡發；尤其，當船山在易學上強調「天人致一」之感時，此中不但突顯「人」在宇宙中的地位，同時亦能呼應西方當代哲學人類學的精神內涵。不過，船山易學並不著眼於「人」的廣泛意義探討，而是聚焦在「君子」的身份和角色上；對船山而言，君子是兼具效聖者、得天者及體誠者的人格形象，並以人格承載公而忘私的神聖價值。〔註171〕因而，船山論《易》的「人文創化」意涵除了深化中國哲學的內涵外，同時亦能開啟一個與西方思想對話的契機。

〔註170〕 參見《周易內傳》，頁310～311。船山釋〈明夷〉六五之《象》而言：「志節之與學問，道合於一而事分為二。遇難而恣情曠廢，無明道之心，志節雖立，獨行之士耳，非君子之所謂貞也。」按此，船山藉箕子以言君子之貞，而「貞」也體現了君子於宇宙中的獨特地位；尤其，君子在突顯一己之志節的同時，他亦明白天命之所在。因此，為《易》所謀之君子，他於率性之中仍不悖道的機體完整性。

〔註171〕 參見《周易內傳》，頁224。船山釋〈剝〉上九而言：「群邪得志，君子方超然卓立於其外，不歆其富貴，不詘其威武，雖無撥亂反正之功，而陰以留正氣於兩間，則名義不亡於人心。」按此，君子之以卓然獨立的志節人格，而承載天地之間的神聖正氣價值。

第二章 「乾坤並建」的人文意涵

　　船山在易學的方法上，他首先提出以「乾坤並建」為宗。〔註1〕然，環顧中國易學史，船山特別推崇文王之以〈乾〉為首的《周易》創造，並透過「乾坤並建」來對其進一步地闡述。至於，船山一生在易學上的努力為何？大致說來，他無不在尋求《易》於通天人之道的論述，並以此作為一己終身之人文世界的展開。關於「通天人之道」的意涵為何？這在哲學上既不是以「什麼」（What）作為問題本質追問的思考、也不是透過「如何」（How）可能的方式探討哲學問題的先天根基，而是強調以「由用得體」作為易學機體思想的詮釋。〔註2〕然而，《易》於陰陽二氣絪縕中，其又如何彰顯人文創化的精神呢？船山認為：「《易》之為學，以求知天人之全體大用」，〔註3〕而其目的在於顯天道、即以昭人道。〔註4〕因而，學《易》的過程首先要從大易生化流行的機體歷程中，並理解太和絪縕之理的發用；簡言之，學易者要能從船山之「實有論」的主張中探討太和之理的含意為何？〔註5〕船山於《周易外傳》論〈大有〉九二之《象》說：

　　　　《象》曰：「大車之載，積中不敗。」蓋言有也。陰陽之理，建之者

〔註1〕參見《周易外傳》，頁683。
〔註2〕參見《周易外傳》，頁861。船山於《周易外傳・大有》言：「天下之用，皆其有者也。吾從其用而知體之有，豈待疑哉！用有以為功效，體有以為性情，體用胥有而相需以實，故盈天下而皆持循之道。」
〔註3〕《周易內傳發例》，頁670。
〔註4〕《周易內傳發例》，頁668～669。
〔註5〕稱船山學為「實有論」，這僅是從其提出「用有、體有」的觀點而言，而非謂船山之思想有類似西方的知識論、或形而上學可構成一門學問的完整性。

中，中故不竭；行之者和，和故不爽。不爽不竭，以灌輸於有生。

陽行不息，陰順无疆，始以為始，中以為中，迭相灌輸，日息其肌

膚而日增其識力。故稺之與壯，壯之與老，形三變而神三就。繇其

並生，知其互載，則群有之器，皆與道為體者矣。故形非神不運，

神非形不憑。〔註6〕

按上述之言，船山從機體的意涵以闡發大有卦言「有」的意義；然「有」之
義為何？此「有」是指承繼一陰一陽之道以成萬事萬物之理，亦即太和絪縕
之理。但是，如何於〈大有〉之陰陽二氣，而可以產生「理」的效用呢？船
山認為因六畫卦可分為上、下三畫之卦，亦即五、二爻不但陰陽相應，同時
六五之「虛」也能納九二之「實」，則所建之「中」即能體現於虛、實二端
之往來、消長中。不過，這裡提及的「虛」，它並不意味著「無」；相對地，
「實」也不是指「有」，因為船山接受張載主張：「《易》言幽明，不言有無」
的說法。〔註7〕既然《易》不言有無、而言幽明，〔註8〕那麼陰陽二氣處於
大化流行、保合太和，且由大有卦的「五之陰」應乎「二之陽」，而呈現「中」
與「和」的機體形上義。因此，所謂「中故不竭」、「和故不爽」，此皆說明
陰陽之能臻乎「兩端一致」的效用。

然而，如何由「中和」的意義以說明《易》於機體發用之時，具有「兩端
一致」的機體形上義呢？船山言：

健順剛柔，相須以濟，必感於物以生其用，而二端本太和，感之斯

合矣。以知聲色、臭味、君臣、父子、賓主、賢愚，皆吾性相須以

合一之誠，不容滅也。〔註9〕

〔註6〕《周易外傳》，頁861～862。

〔註7〕《周易內傳發例》，頁659。

〔註8〕老子《道德經·第一章》言：「無名天地之始，有名萬物之母。故常無欲，以
觀其妙；常有欲，以觀其徼。」按此，老子所言「無欲」、「有欲」則各自形
成一生命情態的範疇。船山認為老子的「有、無」之說，將各自執於一端，
而無「二端一致」之理的效用。另外，船山在《周易外傳·大有》釋《道德
經·第十一章》言「三十輻共一轂，當其無，有車之用。」按此，他說：「夫
所謂無者，未有積之謂也。未有積，則車之無即器之無，器之無即車之無，
幾可使『器』載貨而車注漿？」（《周易外傳》，頁862）。故船山論《易》是不
言「有、無」，並以「幽、明」替「有、無」而駁斥佛老之說。

〔註9〕《張子正蒙注》，頁365。此為船山釋張子《正蒙·可狀篇》言：「二端，故有
感；本一，故能合」之意。

按上述所言，由「乾坤並建」以陰陽至足統六十二卦之變通，〔註 10〕而各卦
爻於相應往來之中，皆因爻之動而生其用，且存乎其中的「兩端一致」之理，
其恰體現了「太和之誠」，〔註 11〕並以或顯、或隱之方式來發用；因而，賢、
愚者之才性雖有別，然究其初生之德卻無差別。至於，何謂「中和」？此即
《乾‧彖傳》言：「乾道變化，各正性命，保合太和，乃利貞」中的「保合太
和」；亦即，〈乾〉以剛健而處於「機體綿延」中的現行實有（actual entity）發
用時，〔註 12〕其皆能體現「兩端一致」之理。因此，就「誠」以〈乾〉元統
萬化而資以始時，〔註 13〕則合理氣為「性」、合道德的君臣有「義」、及五官
聲色皆能「理欲合一」。

　　大致而言，六十四卦之卦爻皆涉及人事而衍生的現行實存，而此實存雖
具人道之迹，但其卻不離天道。因此，以「建中」及「行和」所揭示的「兩
端一致」，其運行於「機體綿延」中而產生不竭不爽的生生效用，並分享「太
和之誠」的本質性；類似地，對照於形、神的問題，若以「神」作為大車之
載之不可見的精神形式，那麼「形」則為大車之載中的可見物質內容。不過
「形」與「神」是始終處於一致的情況，因為若「形」缺乏「神」的參與，
那麼「形」僅是一堆孤立的物質而無法自行作用；相對地，如果沒有「形」
作為憑藉的話，那麼「神」就流於凌空無根的想像。因而，「形」與「神」，

〔註 10〕參見《周易內傳》，頁 43。
〔註 11〕學者陳來言：「在天，氣之實體即誠、即太極」（見氏著：《詮釋與重建：王船
　　　　山的哲學精神》，頁 175，北京，北京大學出版社，2004 年）。辛亞民說：「太
　　　　虛只是對太和道體的某一方面的特性說明，以太和說道體，則是『總持』地
　　　　說，統一地說。」（見氏著：《張載易學研究》，頁 199，北京，中國社會科學
　　　　出版社，2015 年）。筆者認為若船山以太和說誠體，那麼就有所謂「太和之
　　　　誠」的指稱。
〔註 12〕Cf., A. N. Whitehead, "*Process and Reality-An Essay in Cosmology*", p.18.懷特海
　　　　說：「現行實有，又稱之為現實機緣（actual occasion），它是構成世界的最終
　　　　實在之事物。不可能在這些現行實有的背後再找到更實在的事物了。現行實
　　　　有自身相互區別：……雖然這些現行實有在重要性有差等，在功能上可區別，
　　　　但在現實性所體現的原則上，所有現行實有都處於相同的地位。最終的事實，
　　　　是一切皆為現行實有。這些現行實有都為點滴的經驗，皆為複合的，並相互
　　　　依存的。」若將船山釋張子之「二端一致」的內涵，對照於懷特海的這段話
　　　　來理解的話，那麼船山所言之聲色、臭味、君臣、父子、賓主、賢愚皆可視
　　　　之為現行實存，關於人倫關係上的君臣、父子，與才性上的賢愚，其在人群
　　　　上的重要性、功能性雖可加以區別，但這些現行實存於「二端一致」之原則
　　　　的意義下，它們卻是處於相同的地位。
〔註 13〕參見《周易內傳》，頁 68。

二者缺一不可，且必須彼此相互為用。基本上，船山在易學上提出的方法，皆具有「兩端一致」的特性，並能與當代機體哲學的思想質性相呼應；概言之，當筆者對船山的易學方法再重新審視，並從中檢視其時代的新內涵，那麼此亦為其易學哲學的「人文創化」之一環。

　　此外，《乾‧彖傳》曰：「大哉乾元！萬物資始，乃統天。」按此，乾元乃起於天地之初而發用，所以它具有動而不息的太和清剛之氣；〔註14〕然，其亦具有「太和之誠」，故當一陽初動之際，而能如〈復〉初九謂「不遠復」之德。因此，當船山釋「乾元」之義時，他如何就天人以言「氣」和「德」？船山曰：

> 木、火、水、金，川融、山結，靈、蠢、動、植，皆天至健之氣以為資而肇始。乃至人所成能，信、義、知、勇，禮、樂、刑、政，以成典物者，皆純〈乾〉之德。〔註15〕

事實上，就機體哲學而言，不論自然景象及其現象、或人事之德刑和制度等等，這些皆為現行實存的一員，並位於現實的時空中而不停地發展及變化；不過，就船山而言，上述諸多的現行實存，其是否能單憑「乾元」的剛健之用而立其功嗎？對此，我們如何從船山釋《坤‧彖傳》「至哉坤元！萬物資生，乃順承天。」以知其由？他說：

> 陰非陽無以始，而陽藉陰之材以生萬物，形質成而性即麗焉。相配而合，方始而即方生，〈坤〉之「元」所以與〈乾〉同也。「至」者，德極厚而盡其理之謂。乃其所以成「至哉」之美者，唯純乎柔，順天所始而即生之無違也。〔註16〕

照上述之言，人文世界的一切德行及制度、或是人性論的根源，這些都不只是靠「乾元」的剛健就可達至其功，而必須要在「坤元」的柔順配合下，才能性日生、德日生，並能創造出日生其德的人文之美。因為就《易》強調「陽主生、陰主成」的意義而言，此中蘊含著「陰陽合德」的人文創化精神；同樣地，天道之流行，亦不是孤陰、或孤陽之獨自創造即能有所作為的。然而，陽健陰順之理又如何說明「天人之道」的內涵？船山曰：「《周易》並建乾坤為諸卦之統宗，不孤立也。然陽有獨運之神，陰有自立之體；天入地

〔註14〕參見《周易內傳》，頁50。
〔註15〕《周易內傳》，頁50～51。
〔註16〕《周易內傳》，頁76。

中，地函天化，而抑各效其功能。」〔註17〕按此所言，陽之健而方知其具獨運之神，陰之順而始知其藉形質以成體；因此，船山的「乾坤並建」主張之所以可能的理由，那是在於「乾元」及「坤元」於天地之初，健順之理即存乎其中，而此陰陽健順之理，其可從三個主要面向來加以詳述之；而此包括：一、乾坤相錯之理數；二、乾知坤能之德業；三、乾坤並建而捷立。以下分述之：

一、乾坤相錯之理數

《繫傳》曰：「乾坤其《易》之蘊邪！乾坤成列而《易》立乎其中矣。」所謂「蘊」，它指乾坤之陰陽具太和絪縕而密不可分；然，當乾坤成列，則太和之理必存乎其中。《繫傳》又曰：「《易》與天地準，故能彌綸天地之道。」按船山釋「彌綸」而言：「『彌』，徧也；而『綸』，聯合而盡其條理也。」〔註18〕既然《易》與天地準，那麼天地之量即是《易》之總量；換言之，船山認為：「《易》以稱天地之量，而不能為之增減。」〔註19〕不過，此義為何？船山言：

> 增者外附，而量不容；減者內餒，而量不充。〈乾〉无六陰，陰從何而來？而〈坤〉為增矣。〈坤〉无六陽，陽從何來？而〈乾〉為增矣。相勝者，〈夬〉、〈姤〉一陰，而五陰何往？〈復〉、〈剝〉一陽，而五陽何歸？相雜者，陰陽之或多或少，已見者在，而未見者何亡？〔註20〕

按上述所言，船山認為天地陰陽在數量上，具有「總量守恆」的結果，但這似乎僅能視為一種形上學的理念假定，因為我們對它無從證明、亦無法加以否決；不過，若就我們親眼所見而言，一卦之中，它能為我們所見者，是一卦之六爻；至於，它是否另有不可見的六爻存在？船山於上述透過〈乾〉〈坤〉、〈夬〉〈剝〉、〈復〉〈姤〉的相互對照，而能讓我們理解到每一組卦爻都包含六陽、六陰的存在。然而，船山之以「乾坤並建」為《易》的首要方法，其理由為何？此中理由，即強調《易》卦有陰陽、幽明、隱顯及嚮背等特點；簡言之，即《易》卦六陰六陽，陰陽兩兩相濟構成一卦十二位之整體，

〔註17〕《周易內傳》，頁74。
〔註18〕《周易內傳》，頁519。
〔註19〕《周易外傳》，頁1055。
〔註20〕《周易外傳》，頁1055。

故「陰陽嚮背十二位，自然之理數也」，非人主觀所為。雖然《易》的每一卦爻，其可見之爻有六，而不可見者亦有六；但是，六十四卦中唯〈乾〉為純陽、〈坤〉為純陰，所以船山提出「乾坤並建」主張，並認為由乾坤之陰陽至足者而可統六十二卦之變通。〔註 21〕

此外，關於船山之以《周易》並建〈乾〉、〈坤〉的做法，而非近代學者方東美先生強調《易》之以〈乾〉為首的主張所能理解的。〔註 22〕因為船山藉由「乾坤並建」主張，而對《繫傳》之言「仰以觀天文，俯以察於地理，是故知幽明之故」、以及言「神以知來，知以藏往」的說法，〔註 23〕有更進一步的闡述。船山說：

> 夫由〈乾〉而知道之必有六陽也，由〈坤〉而知道之必有六陰也，〈乾〉〈坤〉必有而知數位之十二皆備，居則德而見者撰也。是故有往來而无死生。往者屈也，來者伸也，則有屈伸而无增減。屈者固有其屈以伸，豈消滅而必无之謂哉？〔註 24〕

根據上述，此是船山申述張子言：《易》言幽明，不言有無」的說明。〔註 25〕然而，船山上述又言「有屈伸而无增減」，其義為何？船山言：「屈伸者，非理氣之生滅也；自明而之幽為屈，自幽而之明為伸；運於兩間者恆神，而成乎形色者有屈。」〔註 26〕按此，我們知道〈乾〉之可見者六陽爻，其為「伸」；而不可見者六陰爻，其為「屈」。若以船山所言之「屈」為往、為幽，而以其所言之「伸」為來、為明，則存乎於兩間的屈伸、幽明、往來之現象，其皆能體現「兩端一致」的精神，同時也是「太和之誠」的流行展開。至於，船山於上述言「居則德而見者撰也」，其義又如何？其實，《易》即以屈伸、往來的「機體生化」而流行，其中凡有可見之撰，其無不是現行實存的現實發用。至於，船山言「誠」的意義為何？另外，船山解釋「誠者物之終始，不誠无物」的主張又如何？〔註 27〕大致說來，船山之所謂「可見之撰」，此即「誠者

〔註21〕參見《周易內傳》，頁 43。
〔註22〕參見方東美：《新儒家哲學十八講》，頁 152。方東美先生說：「後來王船山講《易》，是乾坤相俱併生。但這是王船山個人的見解。在事實上我們談周易，『周易』與『連山』、『歸藏』根本不同之處，就在於它是首〈乾〉。」
〔註23〕《周易內傳》，頁 558。
〔註24〕《周易外傳》，頁 1055。
〔註25〕《周易內傳發例》，頁 659。
〔註26〕《張子正蒙注》，頁 273。
〔註27〕《周易外傳》，頁 1056。另見《中庸》言：「誠者物之始終，不誠無物。」（參

之物」；而我們藉由「誠者之物」的探討，此恰可揭開船山之「實有論」的思想內涵。底下，筆者針對船山言「不誠无物」的意義詳論之。

船山雖在《周易外傳·大有》提出「體有、用有」的主張，但他如何在《周易內傳·復》才明確地將「體之充實」歸於「誠」之體？〔註28〕船山言：

> 一陽初生於積陰之下，而謂之復者，陰陽之撰各六，其位亦十有二，半隱半見，見者為明，而非忽有，隱者為幽，而非竟無，天道人事，無不皆然，體之充實，所謂誠也。十二位之陰陽，隱見各半，其發用者，皆其見而明者也。……幾者，誠之幾也，非無其誠而可有其幾也。是則爻見於位者，皆反其故居，而非無端之忽至矣。〔註29〕

按上述之言，所謂「誠」之體，它即是包含天地之或隱、或見於其中。因而，當其為可見之撰時，這並不是突然而見到的；當其處於不可見之時，這僅是隱而不顯而已，但並非已滅寂而了無蹤跡。因此，船山曰：「誠則形，形乃著明，有成形于中，規模條理未有而有，然後可著見而明示于天下。故雖視不可見，聽不可聞，而為物之體歷然矣。」〔註30〕按此略知，當十二位之陰陽於發用之時，皆能形著而明；但是，不論形著而明、或隱而幽者，各皆能揭示一規模條理；亦即，見而明者有「見明」之條理，隱而幽者有「隱幽」之條理。然而，什麼是「見明」之條理？此表示其「用有」，此即指「見而有」之條理；至於，「隱幽」之條理，船山上述稱之「規模條理未有而有」。至於，「未有而有」即表示其「體有」，此意味著時機尚未成熟，而不足以讓它出現；因此，當處於隱而幽之時，其條理雖不為感官所見、所聞，但誠之體仍無所欠缺。

然而，就卦中某一爻而言，若見而明者為陽爻，則隱而幽者必為陰爻；反之亦然。因此，當船山上述言：「爻見於位者，皆反其故居」，這表示陽爻、陰爻之相錯其位之反復。至於「誠之體」，即表示其包含「見而有」與「未有而有」之條理，並為此二者之對比辯證的綜合。大致說來，若以「誠」作為陰、陽爻之相錯其位的辯證基礎，那麼「誠」即蘊含著船山「人文創化」的

　　　　見：（宋）朱熹：《四書章句集註》，頁34）。
〔註28〕參見曾昭旭：《王船山哲學》，頁326。曾昭旭先生說：「就其真實無妄，純一不二而言，名之曰誠體。此義為《中庸》所特言，濂溪、橫渠、船山皆盛發之。」
〔註29〕《周易內傳》，頁225。
〔註30〕《思問錄內篇》，頁422。

精神內涵，而此一精神即藉「藏有知有」以體現船山之實有論的思想；此外，何以上述言「幾者，誠之幾」可視為船山藉以闡述「用有」、「體有」的通天人之道？船山於釋「幾」之義而曰：「事無其形，心有其象。」〔註31〕此意除表達了「事」與「理」之兩端一致的精神外，亦闡述了「藏有知有」的辯證思維。

其實，所謂「心有其象」之「象」是指「未有而有」，然其可由「兩端一致」之理而形著為「明而有」，所以「心有其象」之「象」雖未必可言詮，但皆可誠于為，〔註32〕而不是處於或無、或虛的寂滅一端。因此，船山認為：「不誠，非妄而何！」〔註33〕簡言之，不誠即妄；既妄，則虛而非有，所以船山言「不誠无物」之意於此甚明！

上述所言，皆藉由陰陽之撰各六而推衍出「誠」的意涵；接下來，是以一卦之中，所備之交六陽六陰而為十二；所備之位亦六幽六明而為十二。〈乾〉〈坤〉之嚮背而體現了《繫傳》言：「乾坤其《易》之門邪！」與「《易》有太極。」的內涵。因此，〈乾〉〈坤〉、《易》及「太極」三者具有密不可分的關係；特別地，唯透過船山「乾坤並建」的易學方法，才能領會其於闡述「太極」的人文創化精義之所在。底下，船山於論周子〈太極圖〉言：

> 太極，大圓者也。圖但取其一面，而三陰三陽具焉。其所不能寫於圖中者，亦有三陰三陽，則六陰六陽具足矣。特圖但顯三畫卦之象，而《易》之〈乾〉〈坤〉並建，以顯六畫卦之理。乃能顯者，交之六陰六陽而為十二，所終不能顯者，一卦之中，嚮者背者，六幽六明，而位亦十二也。十二者，象天十二次之位，為大圓之體。太極一渾天之全體，見者半，隱者半，陰陽寓於其位，故轂轉而恆見其六。

〔註31〕《張子正蒙注》，頁93。此為船山釋張子《正蒙・神化篇》言：「幾者，象見而未形也。」不過，船山以「事無其形」與「心有其象」相對照，呈現一種辯證的意涵。對此，船山於《周易外傳》言：「未有弓矢而無射道，未有車馬而無御道，未有牢醴璧幣、鐘磬管絃而无禮樂之道。」（《周易外傳》，頁1028。）按此略知，射道雖為一無形之「事」，但有「射道之理」存焉；若能明此「射道之理」，那麼弓矢之事豈有難哉！因此，船山在此表達了「事」與「理」之兩端一致的精神。

〔註32〕參見《思問錄內篇》，頁423。船山言：「誠于為，則天下之疊疊者皆能生吾之心。物，無非天象也。變，無非天化也。吉凶、得失、亨利、悔吝，無非天教也。或導之以順，或成之以逆，無不受天之詔。……誠于為而已矣。」

〔註33〕參見《張子正蒙注》，頁138。船山言：「釋氏以天理為幻妄，則不誠。」

〈乾〉明則〈坤〉處於幽，〈坤〉明則〈乾〉處於幽。《周易》並列
之，示不相離，實則一卦之嚮背而〈乾〉〈坤〉皆在焉。非徒〈乾〉
〈坤〉為然也，明為〈屯〉、〈蒙〉，則幽為〈鼎〉、〈革〉，無不然也。
〔註34〕

按上述之言，船山對周子〈太極圖〉的解說，目的在於揭示由大圓（太極）發
用而來的〈坎〉、〈離〉之三畫卦，其於可見之面為三陰三陽；並據此推測其不
可見之面，亦有三陰三陽，而合為六陰六陽。然後，船山提出「乾坤並建」，
並以之顯六畫卦之理。至於，六爻之理為何？船山曰：

《易》三才而兩之。初、二，地位；三、四，人位；五、上，天位；
其常也。而《易》之為道，無有故常，不可為典要；唯〈乾〉、〈坤〉
為天地之定位，故分六爻為三才。〔註35〕

按上述之言，《易》雖為道屢遷，周流六虛，不可為典要，但何以《易》以「乾
坤並建」為宗，始能彌綸天地之化？船山認為盈天地之間皆陰陽，〔註36〕而
〈乾〉、〈坤〉最能反映陰陽之理。陰陽因時而生，不存在所謂「陽先陰後」、
或「陰先陽後」的前後歷時關係，故《易》之卦其陰陽相錯其位，變動不居而
神化不測。其次，船山釋張子言「乾稱父，坤稱母」而曰：「故父母之名立，
而稱天地為父母，迹異而理本同也。」〔註37〕按此，〈乾〉、〈坤〉不僅反映天
道的內涵，同時卦之六爻皆函天、地、人三才之道；而象徵〈乾〉父、〈坤〉
母的陰陽，在卦位中以或隱、或顯呈現的「迹」雖不同，但其中蘊涵的天人之
理並無殊異。

　　此外，就船山而言，太極與《易》的關係為何？船山曰：「『《易》有太
極』，不謂『太極有《易》』也。惟《易》有太極，故太極有《易》。」〔註38〕
對此，筆者認為前段所言「《易》有太極，不謂太極有《易》」，這可視為船
山之「由體致用」的天道流行主張，亦即「機體生化」之發用的內涵；至於，
後段「惟《易》有太極，故太極有《易》」，則可看成是通天、人之道的發用。
不過，有些學者則從邏輯思辨以剖析二者之關係，而說《易》的概念可能大

〔註34〕《周易內傳發例》，頁658。
〔註35〕《周易內傳》，頁45。
〔註36〕參見《周易內傳》，頁525。
〔註37〕《張子正蒙注》，頁353。
〔註38〕《周易外傳》，頁1024。

於「太極」而才說「有」、〔註39〕或言《易》的概念即相同於「太極」而可以說「有」。〔註40〕相對地，船山則從太極之體不滯而言：「太極有於《易》以有《易》，《易》一太極也。」〔註41〕此「機體生化」不已的領會，其更能完整地詮釋《易》的本質。

然而，〈乾〉、〈坤〉與《易》的關係又為何？首先，我們有必要了解船山釋《繫傳》言「乾坤其《易》之門」的意涵？他於《周易內傳發例》曰：

> 爻【又】謂之「門」，言其出入遞用，以爻之十二位具於嚮背者言也。故曰，「《易》有太極」，言《易》具太極之全體也；⋯⋯變通無恆，不可為典要，以周流六虛，則三十六象、六十四卦之大用具焉。〔註42〕

按上述之言，〈乾〉、〈坤〉以「爻」為《易》之門，此即生生之門；不過，當代學者高亨將《易傳》所言之「生」與老子之言「道生一，一生二，二生三，三生萬物」的「生」之義等同起來；〔註43〕他特別強調老子之「抱陽而負陰」的思想。〔註44〕然而，老子所言「道生萬物」與船山釋《繫傳》「生生之謂《易》」的「生」是否相同？首先，船山指出老子之「道」與「陰」、「陽」之關係而曰：

> 陰歸於陰，陽歸於陽，而道在其中。則於陰於陽而皆非道，而道且游於其虛，於是老氏之說起矣。觀陰之竅，觀陽之妙，則陰陽瓦解，而道有餘地矣。〔註45〕

按上述，船山認為老子之道是為「抱陽負陰」之道，所以老子之道在「虛」。

〔註39〕參見陳郁夫：《周敦頤》（臺北：東大圖書公司，1990年），頁38。

〔註40〕參見陳郁夫：《周敦頤》，頁38。

〔註41〕《周易外傳》，頁1024。學者朱伯崑說：「王（船山）氏的太極說，來源有二：一是張載的一物兩體說，一是朱熹的物物一太極說。但並非揉合兩家的觀點，而是批判地吸取兩家的優點。通過元明以來易學哲學的太極之辨，發展了歷史上關於（世界）本源的學說。」（參見：《易學哲學史・第四卷》，頁209）。

〔註42〕《周易內傳發例》，頁658。

〔註43〕參見高亨：《高亨《周易》九講》（北京：中華書局，2011年），頁100。見氏言：「《易傳》作者對于宇宙形成過程的看法與老子基本相似。道生一，一生二，二生三，三生萬物，萬物負陽而抱陰，冲氣以為和（四十二章）。」

〔註44〕《周易外傳》，頁980。另，參見《道德經・第四十二章》言「萬物負陽而抱陰，冲氣以為和。」

〔註45〕《周易外傳》，頁1002～1003。

既然老子言「道在虛」，故此「虛」亦為「器之虛」。〔註46〕然而《序卦傳》言：「盈天地之間者唯萬物。」而此處之「萬物」，即陰、陽之氣所凝而成之「器」；此器為實而非虛。因此，老子所言之「生」，乃「絀有以崇無、獎無以治有」，〔註47〕而最終僅流於「生」之概念的唯心一端主張，此又如何起陰、陽之「兩端一致」的生生效用。不過，《易》言「生」之義為何？船山曰：

> 道者，物所眾著而共繇者也。……故盈虛兩間皆道也。可見者其象也，可循者其形也。出乎象，入乎形；出乎形，入乎象。兩間皆形象，則兩間皆陰陽也。兩間皆陰陽，兩間皆道。夫誰留餘地以授之虛而使游？〔註48〕

按上述之言，所謂盈兩間之「道」，其與「器」是不相離的。因為船山認為形上之「道」與形下之「器」，皆盈於兩間，而可統之乎一「形」。〔註49〕然而，就機體思想而言，「器」則相當於懷特海之所謂的「現行實有」；〔註50〕因而，由「象」變「形」，由「形」化「象」，此皆為「器」處於「機體綿延」之中的生化流行，並蘊涵著「象」與「形」之「兩端一致」的人文創化之形式。事實上，船山所提「乾坤並建」的主張，這在易學上已具有「兩端一致」的根源性形式；換言之，就船山之「乾坤並建」的效用，它不只能起天道的「機體生化」流行，亦能起人道於「機體綿延」中的性情功效。大致上，唯《繫傳》言：「乾坤其《易》之蘊邪！」方始能盡船山言「乾坤並建」之妙。何以知悉《易》之「神妙不測」的特性呢？船山釋張載《正蒙·大易》言「聚且散，推盪所以妙乎神」而說：

> 其聚其散，推盪之者，神為之也，而其必信乎理者誠也。……乾坤並建，而大生廣生以備天下之險阻，位有去來，時有衰王，推之盪之，日月、雷風、男女、死亡、榮謝，同歸而殊塗，萬化不測而必

〔註46〕《周易外傳》，頁 1029。
〔註47〕參見《周易外傳》，頁 1025。
〔註48〕《周易外傳》，頁 1003
〔註49〕《周易外傳》，頁 1029。
〔註50〕參見《周易外傳》，頁 1028。船山言：「故《易》有象，象者像器者也；卦有爻，爻者效器者也；爻有辭，辭者辨器者也。故聖人者，善治器者也。」船山所謂「盈天地之間皆器矣」的說法（參見《周易外傳》，頁 1026），此可將「器」看成是宇宙天地之最單純的「現行實存」，如此，船山的思想於此就有可能與懷德海的機體哲學會通。

肖其性情，神之妙也，非象所得而現矣。〔註51〕

根據上述，陰陽之或聚、或散，推盪往來，變通無恆，而神化不測；然，天道變化雖不測，但於「機體生化」運行，其中誠有可信之理。至於「乾坤並建」之理，此乃〈乾〉、〈坤〉絪縕以通天、人之道；然而，〈乾〉〈坤〉於「機體綿延」中如何以「並建」而體現《易》之「蘊」呢？船山於《周易內傳發例》說：「《易》以綜為用，所以象人事往復之報，而略其錯，故嚮背之理不彰。」〔註52〕其實，〈乾〉、〈坤〉以相錯而具嚮背之理；而由「乾坤並建」所統之卦，包括〈家人〉〈睽〉、〈蹇〉〈解〉等，則已具錯綜並行之妙。〔註53〕船山又言：「絪縕升降，互相消長盈虛於大圓（太極）之中，則〈乾〉、〈坤〉盡之，故謂之『蘊』，言其充滿無間，以爻之備陰陽者言也。」〔註54〕〈乾〉之純陽、〈坤〉之純陰，彼此以剛柔相摩相盪，以成六十二卦之雜；是以日月、雷風為天道兩端，以及男女、死亡、榮謝為人道兩端，二者皆循「同歸殊塗」而「兩端一致」以通天、人之道。

大致說來，船山所揭示的乾坤相錯之理數，其若非以「乾坤並建」而怎能盡《易》之「蘊」呢？換言之，唯有〈乾〉之健行、〈坤〉之柔順，而六陰六陽始能萬化不測而神妙不已；因而，「乾坤並建」之為功，在於上述所言「神之妙也，非象所得而現矣」，亦即其神妙之處並非表面之現象所足以彰顯的。有鑑於此，下一節就針對「乾知坤能」的課題來探討，並深入闡述其於船山論《易》之人文創化上的地位。

二、乾知坤能之德業

《乾·彖》曰：「元亨利貞。」然，其義及引申之義為何？船山言：「元、亨、利、貞者，〈乾〉之德，天道也。君子則為仁、義、禮、信，人道也。理通而功用自殊，通其理則人道合天矣。」〔註55〕按此，所謂「理通」之「理」，其義又如何？船山言：「盡人而合乎天德，則在天者即為理。」〔註56〕按此，所謂「盡人」之義，此意味著君子窮理而能體仁、義、禮、信之人道四德；換

〔註51〕《張子正蒙注》，頁 312。
〔註52〕《周易內傳發例》，頁 658。
〔註53〕參見《周易內傳發例》，頁 658。
〔註54〕《周易內傳發例》，頁 658。
〔註55〕《周易內傳》，頁 59。
〔註56〕《周易內傳發例》，頁 675。

言之，天道不離人道，並唯有透過人道才能彰顯天道，而天、人之「理」即存乎其中。不過，何以人道之四德不言「智」乎？船山言：

> 《乾·象》云：「大明終始，六位時成」，則言智也。……是故夫智，仁資以知愛之真，禮資以知敬之節，義資以知制之宜，信資以知誠之實；故行乎四德之中，而徹乎六位之終始。終非智則不知終，始非智則不知始。故曰「智譬則巧也」，巧者聖人之終也。曰「擇不處仁，焉得智！」擇者仁之始也。是智統四德而徧歷其位，故曰「時成」。各因其時而藉以成，智亦尊矣。雖然，尊者非用，用者非尊，其位則寄於四德而非有專位也。〔註57〕

按上述之言，仁、義、禮、信四德可德而智不可德。〔註58〕四德之所以可德，在於其有一條理依據。孟子在《萬章篇·下》說：「始條理者，智之事也；終條理，聖之事也。」〔註59〕可見四德的實踐條理，其自始至終都依附於「智」，而以尋求其中的脈絡。《孟子》書中又言：「智，譬則巧也；聖，譬則力也。由射百步之外也，其至，爾力也；其中，非爾力也。」〔註60〕聖人之德可與天齊，而其自誠而明、自明而誠，〔註61〕此非「智」之巧，則不足以為功。因而，由上述言「仁資以知愛之真」，故唯仁者始能知愛。因為仁者之「誠」必透過「智」的判斷，其最終才能明白愛的真諦；同樣地，義、禮、信三德，其亦須在「智」的參與之下而發揮德行的實踐功效。因此，船山認為「智」並不屬於四德之中的任一德，但它對四德的作用卻無所不在的；這麼說來，「智」乃通天、人之道的重要關鍵。不過，關於「智」的意義，船山又如何說明呢？船山曰：

〔註57〕《周易外傳》，頁824。
〔註58〕參見《周易外傳》，頁824。
〔註59〕（宋）朱熹：《四書章句集註》，頁315。見氏《集註》言：「條理，猶言脈絡，……智者，知之所及；聖者，德之所就也。」
〔註60〕（宋）朱熹：《四書章句集註》，頁315～316。
〔註61〕參見（宋）朱熹：《四書章句集註》，頁32。《中庸》言：「自誠明，謂之性；自明誠，謂之教。誠則明矣，明則誠矣。」聖人德智兼備，故必能「誠」與「明」之兩端一致，以通天人之德。張載於《正蒙·誠明篇》言：「『自明誠』，由窮理而盡性也；『自誠明』，由盡性而窮理也。」按此，張子以「誠」在盡性，而「明」在窮理；「盡性」與「窮理」亦能兩端一致。船山釋此曰：「存養以盡性，學思以窮理。」按此得知，「存養」與「學思」亦能兩端而一致。（（宋）張載撰、王夫之注：《張子正蒙注》，頁82，臺北，世界書局，2010年。）

> 知者未嘗忘也。甫有其知，即思能之，起而有作，而知固未全也。
> 因事變而隨之以遷，幸而有功焉，則將據其能以為知，而知遂爽其
> 始。故知，至健者也，而成乎弱。弱而不能勝天下，則難矣。〔註62〕

按上述所言，用「知」者本來就不會半途而「忘」的；不過，人既略於知彼、亦輕於知己，所以常於一知半解之際，就急於表現個人能力，並企圖有所作為，而忘了一己之知並不完整。人間世事變化難測，因機緣而有僥倖立功者；然，人常於偶然事成後，而將此世俗之知歸為治國、修身之經緯；殊不知，所謂「大明終始」者，此不可能僅明於「終」、而卻不明於「始」；簡言之，不明「終」者其必不明於「始」。此即船山所謂「知爽其始」之義。既然「知」從一開始就出差錯了，那麼剛健至極的「知」，就由健變弱；知力弱了，那麼就無法求通天、人之理。然而，船山如何說明「知」之義在於「未嘗忘」？

船山言：「夫天下之大用二，知、能是也；成乎體，則德業相因而一。知者天事也，能者地事也，知能者人事也。」〔註63〕天地之事無有「知」而無「能」、有「能」而無「知」者，知、能必須相互為用以成乎體，那麼〈乾〉知〈坤〉能之德業始能相因而一。至於，如何體現「知」之「未嘗忘」之健？筆者認為船山之以《中庸》釋《文言》而言：

> 仁、義、禮、信，推行於萬事萬物，無不大亨而利正，然皆德之散
> 見者《庸》所謂「小德」也。所以行此四德，仁無不體，禮無不合，
> 義無不和，信無不固，則存乎自彊不息之〈乾〉，以擴私去利，研精
> 致密，統於清剛太和之心理，《中庸》所謂「大德」也。四德盡萬善，
> 而所以行之者一也，〈乾〉也。故曰「〈乾〉元亨利貞」，唯〈乾〉而
> 後大亨至以无不利也。〔註64〕

按照上述，船山以據《中庸》而言「小德」和「大德」之分；〔註65〕然，小、

〔註62〕《周易外傳》，頁985。
〔註63〕《周易外傳》，頁983。
〔註64〕《周易內傳》，頁59。以上為船山釋《文言》之言：「元者善之長也，亨者嘉之會也，利者義之和也，貞者事之幹也。君子體仁足以長人，嘉會足以合禮，利物足以和義，貞固足以幹事。君子行此四德者，故曰『《乾》元亨利貞。』」
〔註65〕參見（宋）朱熹：《四書章句集註》，頁26。《中庸》言「《詩》曰：『嘉樂君子，憲憲令德，宜民宜人，受祿于天；保佑命之，自天申人』，故大德者必受命。」按此，人受命於天者，此必與天合；人要合於天者，才能如復卦言「復其見天地之心」，故人之情不能與天有所隔閡，亦為「大德」之義。至於「小

大之義何別？這可由《乾‧文言》曰「夫大人者，與天地合其德，與日月合其明，與四時合其序，與鬼神合其吉凶，先天而天弗違，後天而奉天時」而略知。〔註66〕大致言之，《易》言大人者，其必能秉持天地之心，並能抑制己欲而大公無私，而能與天地合德，故先天、後天皆天命之所及，順時而弗違；然而，若修己為仁之心不夠堅定，且私欲雜念未淨，那麼就會產生仁不體、禮不合、義不和、信不固的情形，而由此衍生的就像船山釋《周易外傳‧賁》而言「文自外起而以成乎情，則忠信不足與存」的現象。〔註67〕若以〈賁〉飾為禮，則情況相當於「為仁由人而非由己」的有待之心。有待者並無法絜情於天地，以致其與天地必有所隔閡。

　　至於，大人者、或君子因其踐行「大德」，所以能體現《復‧彖傳》言「復其見天地之心」的無待、無隔之情。所謂「無待」才能無心，因而能以天地之心為心；所謂「無隔」，即不為一端所滯，並周流六虛、變通無恆，故〈乾〉德方能盡萬事萬物之善。至此，「知」以剛健行於仁、義、禮、信四德，且自強不息而不忘。然而，若僅以「知」之健行，其是否能成〈乾〉、〈坤〉之可大可久之德業呢？船山言：

> 能固未執一也。方數能之，而恃所能以為知，成乎意見，以武斷乎天下，乃其能亦已僅矣。物具兩端，而我參之以為三，非倚於一偏而不至也，則並違其兩，但用其獨。故能至順者也，而成乎逆。逆而欲與物相親，則繁矣。〔註68〕

按上述所言，能幹者本來就不會執一不化。但人一旦稍有能力之際，就自認為見解過人，好發議論，並在態度上表現出剛愎、武斷，而不知此一能力仍是相當有限的。大體言之，天底下的事物各有其理，而理皆存有正、反兩面。若個人苟非面面俱到，而僅乘興之所至，並以一偏之見而武斷其中之理，這麼一來，理之數即二而三。偏執之見豈能公允中正！因而其將偏於此、或彼之一端，但終究它既不是此、或彼之一端，而是兩端之外的個人獨見。如此，這就失去了「能」的至順之德，並與事物的本性格格不入；況且，與物相違逆者，當然就與物不親，到頭來，事物之理就由簡變成繁了。因此，「能」以順

德」，此可從《中庸》言「君子之道，造端夫婦」之意去領會（朱熹：《四書章句集註》，頁23）。

〔註66〕《周易內傳》，頁72。

〔註67〕《周易外傳》，頁876。

〔註68〕《周易外傳》，頁985～986。

為崇、不以逆為尚；之外，能之順在「簡」，而不在「繁」。然而，「知」之健與「能」之順，二者要如何成天地之德業呢？船山言：

> 乃天有其德，地則有其業，是之謂〈乾〉〈坤〉之所效也。夫知之所廢者多矣，而莫大乎其忘之。忘之者，中有間也。萬變之理，相類相續而後成乎其章，於其始統其終，於其終如其始。非天下之至健者，其孰能彌亙以通理而不忘？故以知：知者惟其健，健者知之實也。能之所窮，不窮于其不專，而莫窮乎室中而執一。〔註69〕

依照上述，知、能合一而成天地之德業。「知」雖能體〈乾〉之健行，然一旦處「忘」而滯而不行，則不能「歷乎天下至難而居天下至易」。〔註70〕尤其，王弼提出「得意在忘象，得象在忘言」的易學方法觀點，〔註71〕以解釋《莊子·外物》言：「荃者所以在魚，得魚而忘荃；蹄者所以在兔，得兔而忘蹄；言者所以在意，得意而忘言」的含意。〔註72〕王弼由《莊子》書中獲得解《易》的啟示，但船山認為王弼言「忘」是本於老莊虛無之旨而詭於道；〔註73〕其實，船山批評王弼不只是批其「忘」，而同時也不能苟同王弼「得意忘言，得言忘象」的看法，〔註74〕因為按照王弼的見解脈絡，將會產生「意在象外」、「道在象外」的「虛理」現象，故終不能「即象言道」；這麼一來，王弼論《易》的內涵就有悖於四聖之《易》的本旨了。

　　大體言之，王弼之所以提出「忘言」、「忘象」的做法，這與他一意企圖尋求本體論之奠基的努力息息相關；〔註75〕事實上，王弼論《易》的困境，就如牟宗三先生所言：「大抵凡泛言體用處，皆極精透。一涉天道性命之貫通處，則皆浮泛而不切。是即未能盡孔門義理之精蘊與全蘊也。」〔註76〕按此，王弼論《易》之所以不能得孔門之精義，在於其不能正視《易》具有憂患意識

〔註69〕《周易外傳》，頁 983～984。

〔註70〕《周易外傳》，頁 984～985。船山言：「當其為〈乾〉，信之篤而用之恆，不驚萬物之變而隨之以生識，則歷乎至難而居天下之至易。」

〔註71〕參見（晉）王弼著、樓宇烈校釋：《老子周易王弼校釋》，頁 609。

〔註72〕（東周）莊周著，（清）郭慶藩編、王孝魚整理：《莊子集釋》，頁 944。

〔註73〕參見《周易內傳發例》，頁 652。

〔註74〕參見《周易內傳發例》，頁 652。

〔註75〕參見林麗真：《王弼》（臺北：東大圖書公司，1988 年），頁 77。見氏言：「（王弼）方法論上的『言象意』之辨，實與本體論上的『本末有無』之辨息息相關。王弼『忘言忘象以得意』的主張，其實正是『崇本息末』義中所涵攝的一個有關認識論的重要觀點。」

〔註76〕牟宗三：《才性與玄理》（臺北：臺灣學生書局，1980 年），頁 106。

的實情，而僅將「忘」歸為解《易》的方法，終流為一種情態的境界形上義。

就《繫傳》所述，孔子言「何思何慮」以釋〈咸〉九四言「憧憧往來，朋從爾思」之慨。〔註77〕然，《易》並非以「忘」為思為慮，而乃以心之貞、淫而繫於一念之思慮為要，〔註78〕因為此一念之動而吉凶得失相感者無窮。〔註79〕因此，船山於《周易內傳發例》言：「〈乾〉〈坤〉並建，即繼之以〈屯〉：陰陽始交而難生，險阻在易簡之中，示天命之靡常也。」〔註80〕按此，由陰陽相交而衍生的各種現實人事之險阻，其如何以「易簡之道」面對化解？

既然天命之靡常，所以人不能僅憑「忘」而即能化險為夷；相對地，人在面對外在的困境時，他應如何因應與作為呢？船山釋《周易外傳‧需》而言：

> 險易者事也，勞逸者勢為之也。……其能順行而弗失者，恃有為之主者存也。無為之主，則進以逢咎，退以失機。主之者存，則犯波濤而不驚，坐鳴琴而不廢。〔註81〕

按上述，當人面對險阻之困境時，船山認為最需要的是有一可引領的生命價值，此在於效法〈乾〉之健行、〈坤〉之柔順；這麼一來，險、易，勞、逸各有其分際，而其中憑藉的易簡之道，就如《繫傳》所言「同歸一致」之理，能於「往」中見「來」、於「屈」中待「伸」。如此，人之進退、得失就不為險阻之忽至所惑，而處於天命無常的生命方能怡然自持。然而，船山又如何看待生、死的問題呢？他於《張子正蒙注‧序論》言：「張子言無非《易》，立天、立地，立人，反經研幾，精義存神，以綱維三才，貞生而安死，則往聖之傳，非張子其孰與歸。」〔註82〕按此，船山承繼張子之為天地立命、為生民立命的生命價值觀；尤其，他能闡發張子言「存，吾順事；歿，吾寧也」之存天德而建人倫之功。〔註83〕

其次，他以「貞生安死」來看待天命的無常；特別地，他言「犯波濤而不驚，坐琴鳴而不廢」的放達，此類似於《論語‧子罕》記載：「子畏於匡。曰：

〔註77〕《繫傳‧下》曰：「《易》曰：『憧憧往來，朋從爾思。』子曰：『天下何思何慮。天下同歸而殊塗，一致而百慮。天下何思何慮。』」
〔註78〕參見《周易內傳》，頁280～281。
〔註79〕《周易內傳》，頁281。
〔註80〕《周易內傳發例》，頁668。
〔註81〕《周易外傳》，頁842。
〔註82〕《張子正蒙注》，頁12。
〔註83〕《張子正蒙注》，頁357。

『文王既沒，文不在茲乎？天之將喪斯文也，後死者不得與於斯文也；天之未喪斯文也，匡人其如予何？』」〔註84〕按此，孔子在匡這個地方，身雖處危險地而稍有不安；然，當他意識到自己必須承繼文、周之道統，並肩負文化發揚之責時，則歸命於「天」，此又何憂何懼？因此，孔子志於文、周道統而展現護衛文化的大無畏精神，故能臨危不亂、體現「貞生安死」的生命價值內涵。

此外，「同歸一致」之理，此當不限於往來、盈虛、屈伸等現象之歸結，更可推其至於理想和現實、形上和形下，並能通兩端而一致；因此，船山續上述又言：

> 執一而窒其中，一事之變而不能成，而奚況其蹟！至善之極，隨事隨物而分其用，虛其中，析其理，理之所至而咸至之。非天下之至順者，其孰能盡亹亹之施而不執乎一？故以知：能者惟其順，順者能之實也。〔註85〕

按上述所言，所謂「執一而窒其中，一事之變而不能成」，此在於強調思想價值的取向，不當偏執於此、或偏執於彼之一端，因為執於一端者不能順天地萬物之「蘊」，〔註86〕而船山論《易》之「蘊」則可類比於以一「形」統乎形上與形下；〔註87〕不過，船山言「執一窒中」其與《孟子·盡心》言「執中無權，猶執一也」之間有何差異？〔註88〕對此，我們先要明白船山言「執一窒中」其在於對照有一通天人之道的「兩端一致」，並據此而可達致「天人合於性命」之理。

相對地，孟子提出「執中無權」的說法，這基本上是從人道的觀點出發，而此未必觸及所謂的「兩端一致」之理；即使魯國賢人子莫做了「執中」抉擇，〔註89〕但他也許僅止於不偏於極端的中庸之道而已；然而，孟子認為人

〔註84〕（宋）朱熹：《四書章句集註》，頁110。
〔註85〕《周易外傳》，頁984。
〔註86〕參見《周易內傳發例》，頁658。船山於論周子之〈太極圖〉而言：「絪縕升降，互相消長盈虛於大圓（太極）之中，則〈乾〉、〈坤〉盡之，故謂之『蘊』，言其充滿無間」。
〔註87〕參見《周易外傳》，頁1029。
〔註88〕參見（宋）朱熹：《四書章句集註》，頁357。孟子曰：「楊子取為我，拔一毛而利天下，不為也。墨子兼愛，摩頂放踵利天下，為之。子莫執中，執中而近之，執中無權，猶執一也。所惡執一者，為其賊道也，舉一而廢百也。」
〔註89〕參見（宋）朱熹：《四書章句集註》，頁357。見《孟子·盡心章句上》。

對現實的抉擇是不能昧於仁義的權衡，而明哲保身雖是利己的好選擇，但未必是最佳的選擇，因為孔子言：「志士仁人，無求生以害仁，有殺生以成仁。」〔註90〕然，面對利、義之辨時，船山是奠基於「兩端一致」之理而主張「合義而利」；至於，孟子言「執中無權，猶執一也」，其義為何？這在於他批評子莫擇取楊朱、墨翟之「中」、卻不知權變的不當，因為當人面對事情而不能通勢達變的話，那麼人所執之「中」，就相當於執「一」的頑固不化。其實，孟子在人倫的價值上，他著重「經」、「權」關係的道理；尤其，在《孟子・離婁上》言嫂、叔之授受不親一事，〔註91〕能令人明白所謂執「中」之道，並非是一成不變地執守傳統之見，而是能因時、因地而做出合情、合理的明智抉擇，如此，人才能避免「執中無權」的固執不通。

此外，關於道、法兩家之短如何？船山釋《周易外傳・需》而言：「以往涉為功者，需而不需，束濕苟且以求其可成，為申、商之術。以宴樂為務者，需以為需，守雌處錞而俟其徐清，為老、莊之旨矣。」〔註92〕按此，船山藉〈需〉九三言「需于泥」以評申、商之「需而不需」的不智；大致說來，以韓非為代表的法家，就如學者王邦雄所言：「韓非（主張）心性俱惡，道德規範與教育師法兩路皆斷，已無以扭轉這一心性的沈落。惟有訴之於賞罰之法，與君勢威權了。」〔註93〕事實上，當君王講求以法、術、勢治國，而視仁義禮智等德行於無用之時，那麼人性的沈淪，則反映在唯利是圖的功利追逐上；因而，當商鞅立斬首封爵之法時，則民求功利而奮不顧身。要之所言，法家思想只倡言現實、形下之功利思想的此端，而昧於形上之理想價值的彼端。相對地，何以船山以「需以為需」而評老、莊之旨？大致言之，「需以為需」乃謂老、莊思想之主張僅安於「需」之一端；而守雌處錞之「需」其並無法積極回應現實困境的挑戰，特別地，《莊子・人間世》言「知其不可奈何而安之若命，德之至也。」〔註94〕此中反映莊子的應世的態度是出於不得已的。此外，船山如何釋《周易外傳・大有》而評論老子之以「無」為體的不當；他說：

老子曰：「三十輻共一轂，當其无，有車之用。」夫所謂无者，未有
積之謂也。未有積，則車之无即器之无，器之无即車之无，幾可使

〔註90〕（宋）朱熹：《四書章句集註》，頁163。見《論語・衛靈公》。

〔註91〕參見（宋）朱熹：《四書章句集註》，頁284。

〔註92〕《周易外傳》，頁841～842。

〔註93〕王邦雄：《韓非子的哲學》（臺北：東大圖書公司，1983年），頁107。

〔註94〕（東周）莊周著，（清）郭慶藩編、王孝魚整理：《莊子集釋》，頁155。

> 器載貨而車注漿？游移數遷，尸弱而棄強。游移數遷，則人入於鬼；
> 尸弱而棄強，則世喪于身。息吾性之存存，斷天地之生生，則人極
> 毀而天地不足以立矣。〔註95〕

按上述之言，船山釋〈大有〉之九二「象」言「大車之載，積中不敗也」時，其在於強調天、人之道的闡發，要人保持積中之有而非無；而船山的天、人之道，乃奠基於「用有、體用」的要求上。反之，老子在《道德經·第十一章》言「有之以為利，無之以為用」的主張是不為船山所認同，因為無形之器是無法發揮大車的形、神相倚之用。事實上，老子之奠基於「虛」、「無」而提出「絕聖棄智、絕仁棄義」的價值主張，〔註96〕此不但割裂了人天生的彝倫之道，也使人不能正視生命群體於現實中的生存憂患。

大致說來，老子思想的「用無」之道，其僅適用於個人之形上精神的提升，但卻忽略了人群社會的現實關懷；因而，老、莊這種著眼於小我之形上境界的努力，而卻無視於現實大我生存的考量，故最終也將流於生命的一端；換言之，凡將形上、形下，現實、理想分作兩截者，船山認為此是無法成就天地疊疊之德業；然究其原因，是在於「知」不能至健，而「能」不能至順使然。至於，船山於其易學上雖提出「乾坤並建」以為宗，且〈乾〉知、〈坤〉能之相互為用；然而，於「知」與「能」發用之際，二者是否存在先後次序？船山言：

> 獨〈乾〉尚不足以始，而必並建以立其大宗，知、能同功而成德業。
> 先知而後能，先能而後知，又何足以窺道閫乎？異端者於此爭先後
> 焉，而儒者效之，亦未見其有得也。夫能有迹，知无迹，故知可詭，
> 能不可詭。異端者於此，以知為首，尊知而賤能，則能廢。知无迹，
> 能者知之迹也。〔註97〕

在探討上述問題之前，我們先了解如何由〈乾〉知、〈坤〉能以通天、人之道？對此，船山言：「夫人者，合知、能而載之一心也。故曰『天人之合用』，人合天地之用也。」〔註98〕其實，所謂「合知、能載之一心」的「心」，其應如《復·彖傳》言「復其見天地之心」的「心」一樣；惟有如此，那才不會出現「尊知而賤能」而流於一偏之見。然而，何以船山會認為：以「知」

〔註95〕《周易外傳》，頁862。
〔註96〕參見《道德經·第十九章》。
〔註97〕《周易外傳》，頁989～990。
〔註98〕《周易外傳》，頁984。

為首，則「能」即廢呢？

　　船山釋《繫傳》言「〈乾〉知大始，〈坤〉作成物」而曰：「无思无慮而思慮之所自徹，塊然委然而不逆以資物之生，則不可以知名而固為知，不見其能而能著矣。」〔註99〕按此，天地之心乃無心，所以天地之盈虛、往來皆為「同歸一致」之理；如此，合知、能而載之於心，其何必有思有慮、又何必逆萬物之生？因此，當以尊知而賤能之用時，則「知」之名雖彰，但「能」卻未能著顯；這麼一來，人心即陷入俗心，也遠離了天地之心。因此，以「知」為首，則人心為思慮所牽絆而不能行於至健；既然「知」之行無以至健，而僅憑「能」之至順，此又何以成天地之德業？若依船山上述所言，「能」終必廢止，此乃毋庸置疑之事。

　　關於船山上述言「知无迹，能者知之迹」，此中除闡述「知」以至健、「能」以至順外，更是針對佛、老之言空、言虛之偏以明「知、能相倚」之理；因而，船山續上述而說：

　　　　廢其能，則知非其知，而知亦廢。於是異端者欲並廢之。故老氏曰：「善行无轍迹」，則能廢矣；曰：「滌除玄覽」，則知廢矣。釋氏曰：「應无所住而生其心」，則能廢矣；曰：「知見立知即无明本」，則知廢矣。知能廢，則〈乾〉〈坤〉毀。故曰：「〈乾〉〈坤〉毀則无以見《易》」。〔註100〕

根據上述，惟有「合知、能載之一心」以通天、人之道，那麼《易》才能以「同歸一致」之理昭顯於人世；然而，佛、老之智，或知「幽」而不知「明」、或時有「忘」而滯其一端，故皆與《易》之理相悖。老子於《道德經・二十七章》言：「善行無轍迹。」按此，善於做事的人，不輕易外露痕跡；不過，老子這種「為無為」的主張，〔註101〕則會令人不知其何所為而「為」。

　　其實，老子於「為」與「不為」之二端間，他又提出異此二端的「為無為」主張，最後「能」因不能「至順」以致廢了。老子又於《道德經・第十章》言：「滌除玄覽。」按此，洗淨塵汙垢穢，復返照像孩提之心一般的澄澈。然而，人的生命是個有機體，今日之我雖非昨日之我，但「我心」即「道心」，而此義並不在於「我心」的孤芳自賞，而是要能符應「乾坤合道」以

〔註99〕《周易外傳》，頁984。

〔註100〕《周易外傳》，頁990。

〔註101〕參見《道德經・第六十三章》。

彰顯知、能之德業；這麼一來我心不應為了「滌除」而滯於「玄覽」，否則它就如船山所言：「知廢了」。至於，何以船山認為按《金剛經》言「應无所住而生其心」，而「能」則廢呢？就《易》言「同歸一致」之理，則「心」著迹者，應於往來、消長、屈伸二端，而非「心」之所至而隨時可新增一端，所以〈坤〉能於此廢矣。最後，何以上述言「知見立知即无明本」？事實上，〈乾〉知乃无思无慮而思慮之所自徹。〔註102〕船山批評佛家言「知見」即「無明本」的說法；然，若以「知」為「本」，則「知」就有所滯。因而，當以「知」立「本」，那麼「知」就廢了。

歸結上述之言，船山認為：佛老之言虛、言無、言空、言無明，其皆不足以成就天地之德業。然而，船山於此對佛、老之思想的批評，這是否能讓後學者更了解《易》之屬於人文創化的生命內涵呢？對此，筆者可藉由對王國維《人間詞話》中關於詩境之「隔」與「不隔」的看法而有深入的理解，〔註103〕並進一步引申至《易》的探討上；簡言之，當「〈乾〉知、〈坤〉能之合」與「心」彼此相感而處於「不隔」無滯之際，那麼天道、人道即能亨而通，而這恰體現《易》之機體特性的思想內涵。事實上，《易》不只是強調大宇宙處於和諧、且以「機體生化」而運行不已，其更揭示每一生命個體的小宇宙亦為一和諧的有機生命體；特別地，《易》的每一卦皆反映出小、大宇宙是以「天人合德」而共存的有機體。

因此，所謂「天人合德」是意味著「合知、能載之一心」的此「心」，其能與天地處於相感而不隔的狀態中以亨通；至於，於《易》之六十四卦中藉「感」以取卦名者，那即是〈咸〉。《咸·彖傳》曰：「天地感而萬物化生，聖人感人心而天下和平，觀其所感，而天地萬物之情可見矣。」〔註104〕據此，船山釋此段而言：「天地聖人無心以感而自正，〈咸〉之為道，固神化之極致也。」〔註105〕聖人以天地之心為「心」，故能以無心、自正而感。至於，〈咸〉道如何起神化之極致效用呢？筆者於下一節探討「乾坤並建而捷立」之時，再論述之。

〔註102〕參見《周易外傳》，頁984。
〔註103〕參見祖保泉、張曉雲：《王國維與人間詞話》（臺北：萬卷樓圖書公司，1993年），頁95～96。
〔註104〕《周易內傳》，頁277。
〔註105〕《周易內傳》，頁277。

三、乾坤並建而捷立

我們在上述已探討過「乾坤相錯之理數」、以及「乾知坤能之德業」，至於「乾坤並建而捷立」則為船山之易學的獨特思想主張；不過，關於「捷立」一詞，其義為何？事實上，船山所言「捷立」的含意，它必須從乾坤相錯、以及乾知坤能於人文世界的深化而被理解；這麼一來，船山的易學思想才能以整體的「機體生化」來呈現。為了具體說明〈乾〉、〈坤〉在《易》之六十四卦中的地位如何，本節將細分為三個環節來探討，亦即：（一）乾坤與六十二卦之關係；（二）乾坤相交以成其性命；（三）一即一切的性論。以下敘述之：

（一）乾坤與六十二卦之關係

若以「象」言之，則《易》的六十四卦中，不僅〈乾〉〈坤〉二卦相錯，而〈大過〉〈頤〉、〈中孚〉〈小過〉、〈坎〉〈離〉亦兩兩互為相錯之卦；〔註106〕此外，《易》亦具二十八象五十六卦之綜。因此，船山言：「《易》之為道，自以錯綜相易為變化之經，而以陰陽之消長屈伸、變動不居者為不測之神。」〔註107〕按此，船山認為《易》之為道屢遷，不可為典要；簡言之，《易》既有通志成務的功用，同時亦具不疾而速、不行而至的神妙不測。至於，〈序卦〉之內容是否存在所謂「典要」可遵循呢？〈序卦〉言：

> 有天地然後有萬物，有萬物然後有男女，有男女然後有夫婦，有夫婦然後有父子，有父子然後有君臣，有君臣然後有上下，有上下然後禮義有所錯，夫婦之道，不可以不久也，故受之以恆；恆者久也。
> 〔註108〕

根據〈序卦〉的這些話，此相當符合《易》之後的社會人性發展過程；因此，有些學者按「物極必反」的辯證觀點而給予合理的論述。〔註109〕事實上，船

〔註106〕除了上述的八個相錯卦外，六十四卦中另包括了八個「反對轉」卦；亦即〈泰〉〈否〉、〈隨〉〈蠱〉、〈漸〉〈歸妹〉、〈既濟〉〈未濟〉（參見《周易外傳》，頁1103）。

〔註107〕《周易內傳發例》，頁676。

〔註108〕《周易內傳》，頁637。

〔註109〕參見陳鼓應：《易傳與道家思想》（北京：中華書局，2015年），頁227。見氏言：「《序卦》不僅在物極必反、相反相成的辯證思想上承繼老子，而且在哲學觀點上也多有取自《老子》處。如《序卦》說：『物不可終壯。』這是《老子》所說『物壯則老』（第三十及五十五章）等等。」

山並不認同以「物極必反」之則以釋《易》理，〔註110〕因為《易》除了窮天地、盡人物之際外，它還具有神化不測的特性。

　　然而，於《十翼》之「傳」中，何以船山獨言〈序卦〉非聖人之書呢？〔註111〕關於此，這必涉及到歷代易學家們是如何看待六十四卦之排序的問題？船山言：

> 間嘗（《易》）分經緯二道，以為三十六象、六十四卦之次序，亦未敢信為必然，故不次之此篇。然〈需〉、〈訟〉可以繼〈屯〉、〈蒙〉，而〈訟〉之繼〈蒙〉，以象以數、無一可者，於理尤為不順。故確信〈序卦〉一《傳》非聖人之書，而此篇置之不論。〔註112〕

按上述之言，〈屯〉〈蒙〉、〈需〉〈訟〉為兩兩互為綜卦；然而，此四卦之所以異於〈家人〉〈睽〉、〈蹇〉〈解〉之處，在於後者能示錯綜並行之妙，〔註113〕因為〈家人〉〈解〉、〈睽〉〈蹇〉則兩兩互為錯卦。按「〈訟〉之繼〈蒙〉」，二者既非相綜、亦非相錯；或者，以〈訟〉之繼〈屯〉其情況亦然。因此，船山認為〈序卦〉言《易》之次序，不論以「象」、或以「數」為基準，此中並無必然之理數存在。至於〈屯〉為物之始生、〈蒙〉為物之稚、〈需〉為物之食，此三者猶順乎社會人性的發展，因而當〈蒙〉脫離物之稚時，〈訟〉則隨即產生；然，此豈必有爭〈訟〉之理？這理由是為船山所非議及詬病的。

　　其次，近代某些易學家從〈序卦〉中歸納出某種思維法則而賦予它一種辯證邏輯的意義；〔註114〕然而，若藉歸納而獲得〈序卦〉的邏輯意義，則它們彼此之間是否存在必然的一致性呢？船山言：

> 其為說也，有相因者，有相成者，有相反者。相因者，「物生必蒙」之類也；相成者，「物稚不可不養」之類也；相反者，「物不可苟合」之類也。因之義窮而託之成，成之義窮而託之反，唯其意之可擬，說之可立，而序生焉，未有以見其信然也。〔註115〕

按上述所言，〈序卦〉所歸結的邏輯型態，大約包括相因、相成及相反；換言之，這些原則意味著〈序卦〉的內涵，它是可透過人為的理智分析來明確

〔註110〕　參見：《周易內傳發例》，頁667。
〔註111〕　參見《周易外傳》，頁1091。船山言：「〈序卦〉，非聖人之書也。」
〔註112〕　《周易內傳發例》，頁676。
〔註113〕　《周易內傳發例》，頁658。
〔註114〕　參見陳鼓應：《易傳與道家思想》，頁226。
〔註115〕　《周易外傳》，頁1092。

把握的；不過，《易》的本質在於「太極有於《易》以有《易》」的陰陽變動不居，〔註116〕所以其中必存在天地感萬物、聖人感人心的「情感直覺」。就卦爻的變動而言，朱熹認為〈无妄〉自〈訟〉變而來；〔註117〕其次，〈序卦〉言：「剝窮上反下，故受之以復。復則不妄矣，故受之以无妄。」然而，船山卻說：「若〈无妄〉之承〈復〉，〈萃〉之承〈姤〉，陰陽速反而相報，非相成明矣。而曰『復則不妄』，『相遇而後聚』。如是者，成義不立。」〔註118〕事實上，〈无妄〉與〈復〉，二者之內卦同為〈震〉、外卦則〈乾〉、〈坤〉之陰陽相反，此乃陰陽屈伸、消長以顯變動之幾，而此中是否能用「復則不妄」之觀念來加以肯定判斷？這純然是基於學者個人對〈卦序〉的一己看法及主張；既然〈序卦〉一「傳」，學者可能會以一己之意而擬撰，那麼〈序卦〉是否能彰顯「乾坤並建而捷立」的精神呢？船山言：

> 〈乾〉〈坤〉並建而捷立，《周易》以始，蓋陰陽之往來无淹待而嚮背无吝留矣。……有所待非道也；續有時則斷有際，續有斷者必他有主，陰陽之外无主也。有所留非道也；存諸无用則出之不力，出其存者必別有情，往來之外无情也。〔註119〕

按〈乾〉之知，乃剛健而自強不息，故於陰陽變通之中，其既不能有所待、也不能有所留；因此，《易》能於无待、无留之中以通天、人之道。然而，此无待、无留是出於「无心」、或「有心」呢？船山言：「陰陽各六，具足於〈乾〉〈坤〉，而往來以盡變。變之必盡，往來无期。无期者，惟其无心也。」〔註120〕因此，《易》之无期、无心，其始能通志成務、才能神化不測；然，據上述所言，學者可從〈序卦〉析其有因、有成、有反者等有迹之則，但卻忽略《易》之神化不測的无迹之變；最終，試問〈序卦〉之為功於《易》如何？

大致言之，〈卦序〉為學者提供六十四卦之統整與理解，亦即於卦與卦之間尋求語義之合理連結的意涵。然而，若要以「乾坤並建而捷立」統合「經」、「傳」而成易學的整體有機體的話，那麼船山為何會將〈序卦〉排除於此之外呢？在回答該問題之前，我們回顧〈序卦〉中內，有言天地、言萬

〔註116〕 《周易外傳》，頁1024。
〔註117〕 （宋）朱熹：《周易本義》，頁112。
〔註118〕 《周易外傳》，頁1092～1093。
〔註119〕 《周易外傳》，頁1091～1092。
〔註120〕 《周易外傳》，頁1093。

物、言男女、言夫婦等，因而遂有學者肯定〈序卦〉為一結合人與自然的有機體；〔註121〕然而，〈序卦〉雖為一有機體，但它是一缺乏「陰陽不測之神化」的有機體，故其不可為典要。

此外，何以〈序卦〉為非聖人之書呢？船山又言：「天有不測之神，在人有不滯之理，夫豈求秩敘於名義，以限天人之必循此以為津塗哉？故曰：〈序卦〉非聖人之書也。」〔註122〕按此，船山之所以否定〈序卦〉為聖人之書，其理由在於其不能契合《易》的精神；換言之，當〈序卦〉被視為《易傳》之一，這是不適當的主張，因為它並無法像其他的《易傳》能適切地闡發《易》的思想與內涵。至於〈序卦〉與其他《易傳》的關係為何？關於此現象，若筆者以王國維在《人間詞話》評論詩境的用詞來類比的話，那麼〈序卦〉與船山所欲闡述的易學機體哲學，二者在思想與精神的層面上彼此是有「隔」的，因為《易》之以「機體生化」而流行不已，而其唯以「不隔」來體現天、地、人的三才之道，那麼才能「乾坤並建而捷立」以大明終始。

事實上，《易》之六十二卦皆能分享「乾坤並建」之陰陽不測而神化的本質，但每一卦皆能以獨特的方式以體現自身作為有機體的特性；〔註123〕值得一提的是，〈咸〉於通天、人之際，其特別用「感」以體人道性情的「有」。然而，如何透過〈咸〉以說明當「乾坤並建而捷立」之際，則「乾知坤能」之德業亦蘊涵其中？其實，泰卦九三之《象》言「无往不復，天地之際也。」此已蘊含天地、陰陽交感之幾；而〈泰〉之感又如何由〈咸〉加以體現說明呢？船山言：

> 且夫泰者，天地之交也，然性情交而功效未起。由〈泰〉而〈恆〉，由〈恆〉而〈既濟〉，由〈既濟〉而〈咸〉，皆有致一之感，必抵〈咸〉而後臻其極。臻其極，而外護性情，欣暢凝定，以固其陰陽之郭廓

〔註121〕參見劉雲超：《天人之際與《易》學詮釋》（濟南：齊魯書社，2015年），頁177。
〔註122〕《周易外傳》，頁1111。
〔註123〕乾坤統《易》卦，而體現出的機體特性，約略有三：（1）陰陽、顯隱、嚮背的關係：每一卦皆六陽六陰，嚮背十二位，正是乾坤六陰六陽相互交錯才形成六子卦與六十二卦。（2）錯綜關係：錯卦表示卦象嚮背、屈伸對立；綜卦表示爻象升降往來，故呈現上下、升降、往來之象。錯綜關係說明六十二卦為乾坤二卦自身的展開。（3）以錯、綜對卦分類，揭示卦序的邏輯關係。錯卦表示陰陽的相應，綜卦表示陰陽的相報。

者，道乃盛而不可加。陽不外護，則陰波流而不知所止，陰不外護，
則陽燄起而不煣其和。自我有身，而後護情歸質，護性歸虛，而人
道乃正。藉其不然，亦流盪往來於兩間，而无所效其知能矣。〔註124〕
按上述之言，〈泰〉雖顯天道而人道隱；然，天道不足以自立，所以《泰·
彖》曰：「小往大來，亨。」此外，船山又言：「此其所以通於晝夜寒暑，而
建寅以為人紀，首攝提以為天始，皆莫有易焉。何也？以人為依，則人極建
而天地之位定也。」〔註125〕據此，〈泰〉為一變動不已的有機體，由〈泰〉
而〈恆〉、由〈恆〉而〈既濟〉、由〈既濟〉而〈咸〉，〔註126〕這麼一來，當
天地感萬物之際，人即位於其中。《咸·彖》曰：「亨利貞，取女吉。」此則
僅顯人道，而天道仍未彰。

不過，船山如何透過〈咸〉以顯人道、昭回天道呢？事實上，這也是船
山之論《易》而特有的「人文創化」思想。尤其，船山認為：以人為依，臻
〈咸〉之極，即能護陰陽之郛廓；換言之，此在於以一己之身「護情歸質，護
性歸虛」。〔註127〕「虛」為一；「質」為實、為多，而「多」又可以「萬」稱
之。因此，按生者之理以言性情，則船山稱之為「性一而情萬」。〔註128〕「性」
乃虛一而動，故〈乾〉知不忘其健；「情」以質載「性」，且情、性兩端一致，
故〈坤〉即「能」以體順。因此，按上述〈咸〉言「護情歸質、護性歸虛」即
能成就了「〈乾〉知〈坤〉能」之德業。底下，我們就說明「性一情萬」如何
體現了「乾坤並建而捷立」的精神呢？

其實，船山之所謂「乾坤並建而捷立」，此雖是針對《易》之卦序而強調
以无待、无留，甚至无期、无心而明陰陽變通无恆、不可為典要之則；然而，
當《易》處於天人之際，《易》道之發用，它是否有一開端、或者是以太極渾

〔註124〕《周易外傳》，頁 904～905。
〔註125〕《周易外傳》，頁 851～852。
〔註126〕參見《周易外傳》，頁 904。見船山言：「〈乾〉一索而〈震〉，再索而〈坎〉，
三索而〈艮〉，則〈乾〉道成矣。〈坤〉一索而〈巽〉，再索而〈離〉，三索而
〈兌〉，則〈坤〉道」成矣。故曰『〈乾〉道成男，〈坤〉道成女』」。按此，
就三陽三陰之卦變而言，〈泰〉（下乾上坤）為天地始交，其一索為〈恆〉（下
震上巽）、二索為〈既濟〉（下坎上離），至三索為〈咸〉（下艮上兌）為人道成；
因而，天人之道的發用，莫盛於由〈泰〉而〈恆〉、由〈恆〉而〈既濟〉、由
〈既濟〉而〈咸〉。
〔註127〕參見《周易外傳》，頁 904。
〔註128〕參見《周易外傳》，頁 884。船山言：「自未生以有生，自有生以盡於生，靈
一而蠢萬，性一而情萬」。

淪合一而不知其始？船山於《周易外傳》評《莊子》的時間觀而言：「有有者，有無者，有未始者有夫有無者。」〔註129〕事實上，若以有、無以看待《易》的時間，那將僅能在有、無之間選取，而導致「非此即彼」的一端現象；不過，關於《易》的開端問題，船山拋開有、無的判斷思維而去接受張載於《正蒙·大易》的見解，亦即「《易》言幽明、不言有無」。〔註130〕《易》在本質上可類比西方之以懷特海（A. N. Whitehead）為主的機體哲學思想，〔註131〕然，《易》所呈現的天、人思想則遠非西方機體理論所可比擬的；尤其，船山之以「一本而萬殊」發揮程、朱之「理一分殊」的易學深意，〔註132〕並從中突顯所謂「一本」的機體內涵。因為，船山之言「一本而萬殊」，其不但能轉化程、朱之言理、氣、道、器等名稱的意義外，而且更將人道中的才、情、性適時引入；他說：

> 一者，保合和同而秩然相節者也。始於道，成於性，動於情，變於才。才以就功，功以致效，功效散著於多而協於一，則又終合於道而以始，是故始於一，中於萬，終於一。始終一，故曰「一本而萬殊」；終於一而以始，故曰「同歸而殊塗」。〔註133〕

按上述所言，「一者」即體現天、人處於「兩端一致」之理，而由「天」所呈現的大宇宙其能始終與「人」這個小宇宙保持和諧。船山所言之「道」，其與陰陽同體，而所謂「始於道」的「始」，此並非指「道」在作用上有一

〔註129〕《周易外傳》，頁1025。《莊子·齊物篇》言：「有有也者，有無也者，有未始有無也者，有未始有夫未始有無也者。」參見：（東周）莊周著，（清）郭慶藩編、王孝魚整理：《莊子集釋》，頁 79。德國哲學家康德（Immanuel Kant,1724～1804）於《純粹理性批判》書中論證：「世界在時間上，不論有一開端、或無始，最終皆會導致矛盾；此即二律背反的先驗理論衝突。」（參見：吳康：《康德哲學》，頁106～107，臺北：臺灣商務印書館，1973年）。

〔註130〕《周易內傳發例》，頁659。

〔註131〕參見俞懿嫻：《懷特海自然哲學－機體哲學初探》，頁34。見氏言：「機體哲學的真正意義在於以『整體與部分』的關聯取代『主體與客體』的關係，以化解認識論上的困難。」

〔註132〕參見《周易外傳》，頁980。程頤在《周易程氏傳·易序》言：「散之在理，則為萬殊；統之在道，則無二致。」（參見：頁2，王孝魚點校，北京，中華書局，2011年）。朱熹以「理一分殊」的思維方法來闡釋其易學宇宙論。他以「理」解釋「太極」、「道」，再以「分殊」解釋「陰陽」、「器」和「氣」（參見：曾春海：《朱熹哲學叢論》，頁198（臺北：文津出版社公司，2001年）。）

〔註133〕《周易外傳》，頁980。

時間的開端，因為船山於《思問錄內篇》言：「太極動而生陽，動之動也；靜而生陰，動之靜也。」〔註134〕因此，陰陽之道在本質上是「虛明而善動」的，〔註135〕無終、始可言；而所謂「始於道」，這只是基於整體語義理解上的方便，而不是意味著「道」在時間上有一作用的起點。其次，由船山言「成於性，動於情，變於才」的思維，其中即揭示一種隸屬於「性一情萬」的人性直覺，而人對「道」的領會可透過像海德格（M. Heidegger）之所謂「在世存有」的方式來把握。〔註136〕因此，〈咸〉言「護情歸質、護性歸虛」，這是一種「在世存有」的直覺體現。

（二）乾坤相交以成其性命

太極之道乃〈乾〉陽〈坤〉陰之合撰，而道的生化流行，其在始於一、終於一而保合太和，此既是天與人、也是乾及坤之為兩端的和諧一致。因此，「性一情萬」的人性直覺之所以可能，那是要先預設有一整體的機體直覺存在，而關於此整體直覺的表現為何？船山提出「乾坤並建而捷立」以說明之。基本上，船山之人文創化的精神，其首先奠基於「乾坤並建」的主張上，特別地，他在〈乾〉〈坤〉相錯之理數中，體現了「乾坤並建為宗、錯綜合一為象」的大化流行；〔註137〕其次，他在「乾知坤能」之德業的課題探討中，承繼張載之批判佛、老的精神；最後，他提出「乾坤並建而捷立」的易學思想，並以「一本而萬殊」的太和精神超越了程、朱之「理一分殊」的侷限性；尤其，在船山之「一本而萬殊」的思想中，他能將顯人道、召喚天道的人文創化意義更具體地彰顯出來。不過，關於船山之言「性」，他並不是就「人」這個主體來探討，而是從「乾坤並建」的側面以入手；他說：

　　故〈坤〉立而〈乾〉斯交，〈乾〉立而〈坤〉斯交。一交而成命，基

〔註134〕《思問錄內篇》，頁402。

〔註135〕參見《周易外傳》，頁1044。船山言「所以生者，虛明而善動」，這指天地生萬物之道，而這裡的「道」是生化不已，故以「善動」言之。

〔註136〕Cf. Martin Heidegger. *Basic Concepts of Aristotelian Philosophy*, trans by Robert D. Metcalf and Mark B. Tanzer（Bloomington：Indiana University Press, 2009）,p.116.按海德德對「在世存有」的界定，其強調此在（being-there）之在世界之中的變化領會，而這裡的變化是指此在透過對自身更早經驗的情境領會而去掌握生存的存有性；亦即，此在是以一種存有追問的思維框架，將過去的生存經驗納入一個新的視野，並從中把握的存有性意義，此即是「在世存有」的內涵所在。

〔註137〕參見《周易內傳發例》，頁683。

乃立焉；再交而成性，藏乃固焉；三交而成形，道乃顯焉。性、命、
形，三始同原而漸即於實。故〈乾〉、〈坤〉之道，抵乎〈艮〉、〈兌〉，
而後為之性命者，凝聚堅固，保和充實於人之有身。〔註138〕

據上述之言，〈乾〉陽、〈坤〉陰，一交而「命」成，再交而成性；然，「命」
與「性」之間的關係為何？船山言：「命曰降，性曰受。性者生之理，未死以
前皆生也，皆降命受性之日也。初生而受性之量，日生而受性之真。為胎元
之說者，其人如陶器乎！」〔註139〕按此略知，船山所言「天命之性」，其乃具
有一存有論的傾向。〔註140〕然而，何以勞思光先生卻認為船山所言之「性」
已昧於主體自由之義？〔註141〕首先，這理由是源於勞先生認為人之情緒獨能
悖於天道而使他否定「天道」的存在問題；〔註142〕其次，船山透過「性一情
萬」的人性直覺，其已超越了主、客體對立的思維框架，並能從人文創化的
新視野來看待「天命之性」的發用流行問題，而不為術士之言「胎元」所迷
惑，因為「胎元」的意思是指人之成於胎兒之際，其人之性就像陶器那樣，一
旦被製成後就無法改變了；然而，船山認為人之性是「日生日成」，〔註143〕
時時處於可改變之中，且透過改變而能日新其德。這麼一來，船山所之言「天
命之性」具有「機體生化」的創新意涵，而此已與懷特海的機體哲學有異曲
同工之妙。〔註144〕然而，一旦〈乾〉、〈坤〉歷經三交而成「形」的個體，其

〔註138〕《周易外傳》，頁904。

〔註139〕《思問錄內篇》，頁413。

〔註140〕參見勞思光：《中國哲學史‧第三卷下》（九龍：友聯出版社公司，1980年），
頁739。勞氏言：「船山預認一不斷生萬物之『天道』，而將人之『性』視
為從天處分有者，故遂進一步認為人在有生之後，天仍不斷注入其『健順
之氣』，故以為『天』日有所『命』於『人』，而人之『性』遂日有所『受』
於天，此即所謂『性日生』之意。」

〔註141〕參見勞思光：《中國哲學史‧第三卷下》，頁740。

〔註142〕參見勞思光：《中國哲學史‧第三卷上》（九龍：友聯出版社，1980年），頁
59。見氏言：「但『天道』既實際運行於萬有中，則萬有似即應承受『天道』
之決定，何以有不順『天道』之方向之可能？解答此問題，便須另設一觀念，
以建立所謂道德生活之二元性（天理與人欲）。……但如此設立二元性後，
基本問題仍未解決，蓋『天道』倘實際決定萬有，則何以人之情緒獨能悖乎
『天道』，仍是一待解決之問題，此處即隱隱通至『自由意志』或『主體自
由』等問題。持『天道觀』者，於此並無確定解說。」

〔註143〕參見（清）王夫之：《船山全書》第2冊，《尚書引義》卷三，頁300。

〔註144〕Cf. A. N. Whitehead, *Process and Reality*, ed. by David Ray Griffin and Donald
W. Sherburne, p.88. 懷特海說：「在康德看來，世界是從主體發生的；而對機
體哲學來說，主體是從世界—從『超體』而不是從『主體』—發生的。因而

又如何體現「乾坤並建而捷立」的整體直覺呢？

因此，船山言：「〈艮〉者，〈乾〉道之成男也。陰无成而有終，故〈兌〉不足以象身；陽涵陰而知始，故〈艮〉足以象身。」〔註145〕按此，〈兌〉雖无成有終、而不能象身，但其命、性、形兼俱而不遺，故《兌·象》言「亨利貞」。其次，《艮·象傳》曰：「時止則止，時行則行，動靜不失其時，其道光明。」此乃以陽涵陰而知始，故〈艮〉足以象身。這麼一來，船山據「乾坤並建而捷立」之整體直覺的機體思維，他不僅著重此卦與他卦的陰陽變化關係，同時亦正視「個體」之卦於自身之本質敞開的關係；然此中意義為何？曾昭旭先生對此說：

> 雖當前只有一幾發見，而實則宇宙之全體即於此一幾而具在。此
> 即船山「乾坤並建」說之最深義蘊。據此，船山乃進一步切言每
> 一幾之現前皆是乾坤全體之「捷立」，蓋捷立者，即當幾發見之謂
> 也。〔註146〕

按上述之言，個體之卦雖作為一小宇宙，然由此「個體」而敞開的「自身」特性，皆能函大宇宙之特性於一己自身之中；簡言之，由「個體」所發見的個體性，其能處處體現宇宙之全體的整體性。

（三）一即一切的性論

就船山提出的易學主張中，有哪些見解最能代表「一即一切」的兩端一致思想呢？筆者認為這可從兩課題來探討，亦即：（1）性日新日成；（2）形色即天性。以下敘述之。

『客體』這個詞意指一個實有，它是潛在的構成感覺的成分，『主體』這個詞則意指由感覺過程所構成並包含這一過程的實有。」（參見（英）A. N. Whitehead，李步樓譯：《過程與實在－宇宙論研究》，頁138）。關於懷氏之所謂超（主）體（superject）的意義為何？對此，唐君毅先生說：「然在一事承宇宙已成之諸他事而起，以有其客體或對象時，此一事之主體亦即與客體或對象，同時在此事中成立。因無主體，亦無客體。我在看我所寫之字時，……其完成時，即字為其所完成攝握（prehension），其自身如超升於此客體或對象之字之上，而成為不再與之相對之主體時。此時之主體，在懷氏則名之為一超主體（Super-subject）。主體成超主體時，而一事完成，亦即一現實情境之完成，一事亦即消逝為已成世界的一部（分），而繼起者，則為繼此已成之世界而生之新事。」（參見：唐君毅：《哲學概論·下》，頁938〜939，臺北：臺灣學生書局，1982年）。

〔註145〕《周易外傳》，頁905。
〔註146〕曾昭旭：《王船山哲學》，頁63。

（1）性日新日成

船山於易學上所言之「性」，其受張載於《正蒙‧誠明篇》言：「心能盡性，『人能弘道』也；性不知檢其心，『非道弘人』也。」〔註147〕的思想影響甚大。因為當人思索「心能盡性」與否時，那表示「心」之所為，其有可能不能盡性；而「心」可能盡性、也可能不盡性，這其中的原因與「性不知檢其心」關聯密切。至於，船山如何具體闡述「性不知檢其心」之義呢？船山言：

> 一如男女相感於一旦，初不必有固結之情，而可合以終身。聖人見此情也，則知感以貞而貞即應，感以淫而淫即應，性不知檢其心，天下易動而難靜，則外之所感即為中之所說而安，而天地萬物屈伸之幾、情偽之變，在乍動之幾，勿忽為無關於神理；則天地變而時中之道即因以成能，萬物興而得失之應即決於一念。〔註148〕

按上述所言，男女相感於一旦，其感在於或貞、或淫，而此貞、淫之感則決於「心」之一念，而非決於「性」；然而，何以「性不知檢其心」？船山言：「性則與天同其無為，不知制其心也；故放心而不存，不可以咎性之不善」。〔註149〕據此，「性」無為，而「心」則有為；性乃天命之降，因而性之動是動之動，性之靜則是動之靜，故稱其易動而難靜。然而，「心」如何盡「性」呢？其實，盡「心」乃在於盡人之道，而所謂「盡人而求合乎天德，則在天者即為理。」〔註150〕簡言之，人能以「心」檢「性」，〔註151〕並求能盡性，此即聖人之窮理盡性的本義。基本上，船山所言之「性」具有一種存有論的傾向，即是處於不斷生成和變化之中；既是如此，「心」又如何能檢「性」而以盡「性」呢？船山言：

> 知見之所自生，非固有。非固有而自生者，日新之命也。原知見之自生，資于見聞。見聞之所得，因于天地之所昭著與人心之所先得，自聖人以至于夫婦，皆氣化之良能也。能合古今人物為一體者，知見之所得，皆天理之來復而非外至矣。故知見不可不立也，立其誠也。介然恃其初聞初見之知為良能，以知見為客感，所謂不出于穎

〔註147〕《張子正蒙注》，頁124。
〔註148〕《周易內傳》，頁278。
〔註149〕《張子正蒙注》，頁124。
〔註150〕《周易內傳發例》，頁675。
〔註151〕《思問錄內篇》，頁403。

　　　　者也，悲夫！〔註152〕

為了對上述有一完整地理解，我們首先指出船山如此說：「性者生也，日生而日成之也。」〔註153〕然而，受降于「命」之性，其雖能日受日生，但並不意謂「心」之主體足以保握住這日生之性，並使所知、所見能獲得充分實現。〔註154〕因為，當「心」作為一種感知或認知主體時，它必須有其所對、或所感的客體；這麼一來，主、客體透過彼此的相互作用而達到日生日成的效用。不過，當主、客體於日生日成之際，主體之「心」卻未必始終保持其同一性而認知客體，因為「心」於認知活動過程中，它時時要檢核「性」的分有發用，並從中尋求窮理盡性之道。據此略知，船山上述言「知見之所自生，非固有」，此是針對「心函性」以起作用而言；〔註155〕事實上，當「心函性」以起日生日成之作用時，那麼今日之主體已非原先的主體了。

　　既是如此，船山於「心函性」的主張中，其是否存在一個一成不變的主體呢？對此，我們從船山上述言「非固有而自生者，日新之命」來加以理解，因為「性」本固有，而「心函性」則非固有；特別地，關於船山言「日新之命」的含意，這可由氣化之良能、人心之先得、見聞之所得及知見之生等等，其蘊涵著本質不一的主體；簡言之，若視前項為原先主體，則後項是為今日之主體，而懷特海的機體哲學是稱今日之主體為「超主體」（superject）。〔註156〕因此，除了初聞初見之「心」的發用可視為原先主體外，而之後的所聞所見，其皆以「今日主體」來攝握客體對象，因而今日主體即是一種「超主體」。因此，船山所言「心」之主體，其是否存在一「自我」觀念、或「自由意志」觀念呢？事實上，「心函性」即心以性為體，因此船山所言之「心」是仰賴於「性」體而非自主獨立的；既然不存在有一獨立自主之心，那麼「自我」觀念就找不到奠立的基礎了。

〔註152〕《思問錄內篇》，頁420。

〔註153〕（清）王夫之：《船山全書》第2冊，《尚書引義》卷三，頁300。

〔註154〕參見周芳敏：《王船山『體用相涵』思想之義蘊及其開展》（臺北縣：花木蘭文化出版社，2009年），頁218。

〔註155〕陳啟文先生曾指出：「就『性』與『心』之體，而『心』為『性』之用，故可說『性』為『心』之所統，而『心』為『性』之所生，『性』是『心』的客觀原則、自性原則，而『心』為『性』的形著具體化原則。」按此，筆者認為以「心函性」稱之更勝於以「心統性」言之，因後者常會與朱熹言「心統性情」相混淆。見氏著：《王船山『兩端而一致』之思維的辯證性及其開展》，頁116。

〔註156〕Cf. A. N. Whitehead, *Process and Reality*, p.88.

　　至於,「自由意志」則關涉到一個自主獨立的個體自身是否存在?其實,船山言「心」,其不僅強調「心函性」,同時主張「心函性情」;〔註157〕而關於「性」與「情」的問題,船山提出「性一情萬」的人性直覺,而此僅是「乾坤並建而捷立」的其中環節之一。大致而言,船山所言的「個體性」其終究是與宇宙的「總體性」不相分離的。因此,船山所言之個體、或個體自身其並不能獨立於天地萬物而存在的;既是如此,個體乃以合天地之德而自由,而非其有一獨立的自由意志存在。

　　然而,當船山言「心」其未必有獨立的自我觀念,而其言個體亦不能有明確的自由意志時,那麼船山又如何建立以仁義為主的人道呢?事實上,船山言「立人道」、言「立人極」,此並非標舉人類中心主義的旗幟,而是以「立其誠」為依歸;船山言:「太虛,一實者也。故曰『誠者天之道也』。用者,皆其體也。故曰『誠之者人之道也』。」〔註158〕按此,船山認為唯有合「誠」、「誠之」而始能通天人之道,因而所謂「立人道」乃是太和之理的體現。然而,在船山易學中,以人心持載天地的「心」其是否即是主觀的呢?〔註159〕船山言:

> 心所從來者,日得之以為明,雷霆得之以為聲,太虛絪縕之氣升降之幾也。於人,則誠有其性即誠有其理,自誠有之而自喻之,故靈明發焉;耳目見聞皆其所發之一曲,而函其全於新以為四應之真知。〔註160〕

按上述所言,「心」知者,其必須以「心函性」而後始知太和絪縕之理;因為船山認為「性者天道,心者人道,天道隱而人道顯;顯,故充惻隱之心而仁盡,推羞惡之心而義盡。」〔註161〕因此,船山之以人心持載天地,其首先當誠此仁義之「性」而後始能盡天地太和之理,此是「一曲之發即全體」的〈乾〉〈坤〉並建之理。相對地,若「心」不能函「性」而成一超主體,

---

〔註157〕參見陳啟文:《王船山『兩端而一致』之思維的辯證性及其開展》,頁116。見氏言:「『心』通極於『性』,亦可貫通於『情』,而『心』之所以能通極於『性』與『情』之二端」。

〔註158〕《思問錄內篇》,頁402。

〔註159〕參見曾昭旭:《王船山哲學》,頁54。見氏言:「以船山易學,實重在就主觀之人心以持載天地。」

〔註160〕《張子正蒙注》,頁147。船山釋《正蒙》言「故思盡其心者,必知心所從來而後能。」

〔註161〕《張子正蒙注》,頁124。

那麼「性」就無法於發揮其日生日成的效用。這麼一來，由主觀而來的心知者，不但不能持載天地，且將流於「緣見聞而生，其知非真知也。」〔註162〕因此，以「心函性」而欲通天人之道，那麼不得不先「立其誠」；立其誠，則「知見之所得，皆天理之來復而非外至矣。」〔註163〕然而，此處的「知見之所得」其只是緣主觀見聞而生嗎？事實不然，船山屢言「誠之必幾」，此即指人心一念之善惡，其無不是天理之發用；換言之，「心函性」則「情」必在其中，而在「性一情萬」的直覺中，「性」與「情」必能二端而一致，此說明知見之所得必源於「誠之形著」。這麼一來，由純粹主觀之人心是不足以承載天地，因為人唯處於「心函性情」之主、客兼俱的情況下，那才能合「誠」與「誠之」於一揆。

　　相對上述的主觀看法，而在船山之易學中，其是否能以客觀之「理」持載天地？對此，當代就以唐君毅先生對船山思想所作的評論最具代表性；唐氏言：「然吾今將說明凡此船山所立之新義，皆由於其重在本客觀之觀點，以觀理或道之相繼的表現流行於人與天地萬物之氣而來。」〔註164〕按此，唐先生為了要給每一個宋明儒者的學術位子；因而，相對於主觀的心學與理學，他則視船山的人文化成是為客觀的。至於，船山以客觀的觀點去觀「理」或「道」之流行的說法，此意味著太和絪縕之理於發用之時，即流行不已的生化現象；然而，船山所觀之「道」，其義為何？大致說來，他無不以闡述《繫傳》言：「一陰一陽之謂道，繼之者善也，成之者性也」為要旨。

　　不過，於此《繫傳》中所涉及到的不僅是「道」，同時也包括「善」和「性」的意義。因此，就船山論《易》的人文創化而言，這是不能僅侷限於「道」的意涵的說明，而是要將此三者同時納入一個整體的關係中來加以解釋；尤其，船山認為「性」具有日生日成的特質，因而其更能引發人文創化的效用。事實上，太和絪縕之理之所以能流行不已，這可從船山提「初生之性」與「日生之性」間的關係來辨明；然而，船山之顯人道、昭回天道的人文創化過程，其是奠基於純粹客觀、或主客之間的辯證意義上呢？為了申述此義，底下就船山言「性」的內涵以說明之；他說：

〔註162〕《張子正蒙注》，頁147。
〔註163〕《思問錄內篇》，頁420。
〔註164〕唐君毅：《中國哲學原論——原性篇》（九龍：新亞書院研究所，1968年），頁485。

夫一陰一陽之始，方繼乎善，初成乎性，天人授受往來之際，止此
生理之為初始。故推善之所自生，而贊其德曰「元」。成性以還，凝
命在躬，元德紹而仁之名乃立。天理日流，初終無間，亦且日生於
人之心。惟嗜欲薄而心牖開，則資始之元，亦日新而與心遇，非但
在始生之俄傾。而程子「雞雛觀仁」之說，未為周徧。〔註165〕

據上述所言，船山對「生之性」又分為二類：其一，所謂「初生之性」即元德
之性，此是孟子性善主張的衍生；其二，是為「明德之性」。元德之性具有的
仁義禮智等德性，它是先天純粹而無絲毫渣雜。不過，嬰兒所具有之「性」僅
是「初生之性」，它只具仁之端而已；而要等到後天之「性日生日成」而方能
擴充之，這才是「仁」。至於，「仁」的擴充之所以可能，那是因為天理日日流
行不已，且陰陽二氣絪縕、密而不分，故理氣不離而彼此作用；此即船山所
言：「氣者，理之依也。氣盛則理達。天積其健勝之氣，故秩然條理，精密變
化而日新。」〔註166〕按此，天理生生不已，且由天命所降而日新之性，此存
在「明德之性」對「仁」可加以擴充的天人之理。

然而，「明德之性」又如何藉由實踐功夫以返回「元德之性」的純粹性
呢？對此，船山必須透過上述言「惟嗜欲薄而心牖開」的主、客辯證之思
維，以說明人即於仁義禮智之反身而誠，並藉由「明德之性」的功夫，那才
能日新其德，才能企求於本心的窺見。相對地，人是不能奢望以「初生之
性」即能窺見道之全體；就如程子（明道）提「雞雛觀仁」之說，此處所言
之「仁」僅停留於「仁之端」，而仍無法擴充之以成「仁」。基於此，船山認
為程子提「雞雛觀仁」之說，此並不足以說明「為仁由己」的周徧性。然而，
這種由「為仁由己」以窺「本心」的實踐功夫，其義如何？

據上述，唐先生言船山所立之新義，無非在於觀「道」或「理」之相繼
流行。大致上，船山所觀之道即在「本心」、在於「復見天地之心」，而唯以
「心函性」才能復見「元德之性」。這麼一來，「合天人以觀道」、「合理欲以
言性」，則天與人、理及欲，才能二端而一致。如果就「心函性」而能顯日
生日成之性，那麼此「心」將處於主、客觀之「二端一致」的思維框架中，
因為就《易》作為整體機體直覺而言之，則當主、客體處於天人之發用時，
那麼此二者是相即而不可分的。因此，船山論《易》所闡述的思想，學者並

〔註165〕《周易外傳》，頁 825～826。
〔註166〕《思問錄內篇》，頁 419。

不能就純粹客觀的觀「道」、或觀「理」之義以說明之，因為這種未盡道之義其就如程子提「雞雛觀仁」之說那樣，此中仍有諸多未盡周偏之處。

　　然而，環顧當今學者對船山之易學的詮釋，除了有上述之主、客見解的糾結外，還另存在著唯心、唯物之論的爭辯；其實，船山之易學乃通天人之學，所謂「〈乾〉大矣但法其行，〈坤〉至矣但效其勢，分審於六十四象之性情以求其功效，乃以精義入神，而隨時處中。」〔註167〕按此，船山主張《周易》並建〈乾〉、〈坤〉以統六十二卦之變通，〈乾〉健〈坤〉順、〈乾〉知〈坤〉能，如張子《正蒙・大易》言「《易》體潔靜精微」、「知來藏往」，故《易》於神化不測運行之中，並不流於「心」或「物」之一端。因此，船山之所以認為「形之所成斯有性，性之所顯惟其形」，〔註168〕那是因為形色函有天性，天性寄寓形色，二者在本質上相即不離。底下小節，我們針對形色與天性的關係敘述之。

（2）形色即天性

　　對船山而言，形色即是陰陽之氣所凝；然而，若將「氣」視為物質特性，那麼情況就像當代一些學者，他們將船山哲學中「氣」的內涵以唯物論來進行詮釋。〔註169〕事實上，「形色」一語是孟子用來描述小體的用詞；相對地，「天性」則對應於大體。至於，形色、天性二者之關係為何？船山言：

　　　　孟子以耳目之官為小體，而又曰「形色，天性也」，若不會通，則
　　　　兩語坐相乖戾。蓋自其居靜待用，不能為功罪者而言，則曰「小

〔註167〕　《周易內傳發例》，頁675。
〔註168〕　《周易外傳》，頁836。
〔註169〕　參見蕭萐父：《船山哲學引論》（南昌：江西人民出版社，1993年），頁8。見氏言：「王夫之把張載哲學的終點作為自己的起點。……唯物主義地論證『氣』的普遍无限性。王夫之認為整個宇宙『虛涵氣、氣充虛』，充滿著『彌漫无涯』、『通一无二』的『氣』。……世界物質的統一性，也就表明了物質世界的无限性。」此外，學者陳來說：「近幾十年來，在有關船山思想的看法上，侯外盧的影響最大。……所以侯外盧的主張是：王船山的哲學是唯物論，王船山思想的特質是啟蒙主義。……與上述嵇氏、侯氏50－60年代的討論同時，陳榮捷也提出其對王船山的看法。陳榮捷的視角是專注在哲學史的，他並不反對以『唯物主義』一類的範疇來分析王船山哲學，而他在《中國哲學資料書》中強調，從哲學上說，王船山『所要求的不僅僅是世界的物質性，而且是物質存在的具體性』；在他看來，船山哲學中『氣作為物質力是意味著構成事物的一般質料，但器作為具體事物則意味著特殊的和有形的客體或規則』。」（參見陳來：《詮釋與重建：王船山的哲學精神》，頁8～9）。

體」；自其為二殊五實之撰，即道成器以待人之為功者而言，則竟

謂之「天性」。〔註170〕

既然人兼備「小體」和「大體」，那他又如何以一完整個體而參贊宇宙之化育？對此，我們是不能從西方之以心、物二元對立的觀點看待船山哲學，而必須從一個新的視域來審視人作為個體的生命現象；換言之，船山之由對《孟子》言「形色，天性也」而來的闡述，此中提供我們對小、大體之間的關係有更深入的理解。船山認為若小體「居靜待用」，則其不能為功於個體生命；亦即，如果形色未藉「心」之神以相助，那麼小體將無異於郊外礦石，荒棄而無所作為。另外，若自陰陽五行運行不已而言，則小體之「靜」亦為「動之靜」，且由心、身構造出生命個體的小宇宙；其次，當心、身合而為一且能時時刻刻處於二端一致的機體發用時，無疑地，小體必能為功於創化的人文世界。至於，當小體處於「動之靜」行動而敞開肉身性時，其中是否存在精神性的內涵？船山言：

> 五臟皆為性情之舍，而靈明發焉，不獨心也。君子獨言心者，魂為
> 神使，意因神發，魄待神動，志受神攝，故神為四者之津會也。然
> 亦當知凡言心則四者在其中，非但一心之靈而餘皆不靈。〔註171〕

依照上述，君子所言之「心」，那只是「人」作為精神者的代表字眼，因而當哲學上以唯心、或唯物稱呼某一學說時，這無非是出於意識型態的化約作用，因為生命並沒有所謂單獨的「心」、或「物」之存在。尤其，當船山提出合形上、形下于一「形」的主張時，〔註172〕此中即已體現他思想中的機體意涵。其次，他於言「心函性情」之外、又視五臟為性情之舍；這麼一來，五臟於構造上即是形色的部分。因而，船山言「形之所成斯有性，性之所顯惟其形」的說法，〔註173〕此更能印證「形色」具有載「性」的功能。

當形色足以載性時，那麼形色可以像大體之「心」一樣，即具有靈明的作用嗎？船山言：「蓋孟子即於形而下處見形而上之理，則形色皆靈，全乎天道之誠，而不善者在形色之外。」〔註174〕按此，船山在此所提「形色皆靈」的見解，此並非強調眼、耳、鼻、舌、身之小體官能於接受、認知外在

〔註170〕（清）王夫之：《船山全書》第6冊（《讀四書大全說》），頁1071。
〔註171〕《思問錄外篇》，頁456。
〔註172〕參見《周易外傳》，頁1029。
〔註173〕《周易外傳》，頁836。
〔註174〕《讀四書大全書》，頁961。

知識的重要性，而是肯定「身」和「心」於倫理踐行上是具有等同的地位；換言之，唯有透過身、心之無差別性的前提，那麼人才能合身、心一體以承載人文世界的倫理價值。至於，如何於形而下處見「形而上之理」呢？對此，船山說：「身體髮膚不敢毀傷，毀則滅性以戕天矣。」〔註175〕據此，船山認為如果一個人不能保護自身的身體髮膚，那麼他就犯了滅性戕天的過錯，因為人唯有奠基於肉身性的健全，那麼所謂「明德之性」才能充分地發揮，並可從肉身的感受性提升至精神內涵的彰顯。因此，小體的官能並不侷限在耳能聽、目能視、鼻能嗅、舌能覺等特定的作用上，而是要由這些「非道德的行動實踐」中尋求「誠」的倫理道德之敞開。〔註176〕關於「誠」的說明，船山經常合「誠」、「誠之」而言之；因而當其言「誠之必幾」、或「誠之形著」時，此無非是通天、人之道的體現。然而，「誠」的意義為何？

學者陳來說：「在天，氣之實體即誠、即太極、即陰陽；在人，氣之實體即性，即仁義。人道的目的就是要體認誠（體誠即誠之）並存養太極（性）。」〔註177〕按此，陳氏就《說卦》言《易》兼三才而兩之的思維來解釋「誠」的意涵。然而，太極之誠乃不離「乾坤並建而捷立」的整體機體直覺；換言之，船山之所以言「誠之形著」，此乃奠基於其在〈大有〉之「用有、體有」的實有論主張，並強調「形神相倚」的特性。因此，當我們從船山言「形非神不運」、「神非形不憑」的體認時，那麼關於耳能聽、目能視、鼻能嗅、舌能覺之小體官能的運行，此中必有「神」存乎之中，而「形」亦能藉神顯性；這麼一來，人作為形、性兼備的個體，並透過「體誠存性」的工夫以通天、人之德，最終成就了一個「形」與「性」之「二端一致」的小宇宙。

當現代華語世界的一些船山學者，因無視船山言「形色皆靈」的見解，而僅就船山繼張載言「氣」的脈絡、而就將船山學化約為唯物論的一支；〔註178〕

〔註175〕《思問錄內篇》，頁424。
〔註176〕 P. Blosser, "Scheler's Theory of Values Reconsidered,"in j. G. Hart & L. Embree, ed., *Phenomenology of Values and Valuing*（Kluwer Academic Publishers：Vol. 28, 1997），p.161.見氏言：「對謝勒而言，道德價值是在非道德之價值的『執行』行動中顯現。」按謝勒言倫理的實質意涵而言，所謂的倫理價值是以「價值的階層」來呈現；價值由低至高之次序：愉悅／不悅、有用／無用、高貴／庸俗、善／惡、神聖／非神聖等，其中前三者本身並不直接關涉到倫理道德，但由前三者的執行實踐則可發展至善與惡的倫理內涵。
〔註177〕陳來：《詮釋與重建－王船山的哲學精神》，頁175。
〔註178〕參見朱伯崑：《易學哲學史·第四卷》，頁2。見氏言：「王夫之不僅是十七世

事實上，中國哲學向來注重機體形上思想及其環節的統一，〔註179〕因而就船山的誠體而言，其中顯露的機體思想就足以抗拒唯物論者之昧於真相的扭曲。至於，當代亦有學者撇開「迹」的因素以看待船山學，並認為船山與王學之思想在「本」質上皆屬於主觀唯心論。〔註180〕然而，當我們審視船山學之所以會被以唯「心」論看待時，我們如何就船山於《續春秋左氏傳博議》之言而領會其義？他說：

> 人倫之序，天秩之矣。顧天者，生乎人之心者也，非寥廓安排，置一成之型於前，可弗以心酌之，而但循其軌跡者也。人各以其心而凝天，天生乎人之心而顯其序，則緩急先後輕重取舍之節，亦求其心之安者而理得矣。〔註181〕

按上述之言，船山思想所要闡述的，在於通天人之道。對船山而言，天地萬物之理乃人心於映對天化流行而明其迹所以然；對於「理」的闡述，船山特別強調「盡人而合乎天德，則在天者即為理。」〔註182〕至於，船山言「盡人」之意為何？這是指人心於人倫事物的取捨上要有輕重緩急的次序，而從中所彰顯的次序即是天「理」的展現。既是如此，人如何求心安理得呢？對此，船山言：「天者，理而已矣。順理，而善惡自辨矣。」〔註183〕按此，船山言「天」與「理」的關係，在於「化理而誠天」；〔註184〕亦即，船山的「天」是誠、是太極、是陰陽、是氣，而「理」是一陰一陽之氣化。至於，船山言「心」以順理，是強調行事自然能心安理得。不過，船山言「心」之旨，此與陽明將「心之體」歸於無善無惡的做法存有極大的差異。〔註185〕因為陽明言「無善無惡」之說，此是立「良知」以明主體性之最高自由而來，〔註186〕並在生活行為上

紀中國傑出的唯物主義哲學家，也是宋學中最後一位經學大師。」另外，學者王孝魚說：「（船山），從1665年起草《周易外傳》，直到1692年逝世止，將近四十年的時間，始終保持著完整的哲學唯物主義水平。」（參見王孝魚：《周易外傳選要譯解·前言》，頁7，北京：中華書局，2014年）。

〔註179〕 參見方東美：《原始儒家道家哲學》，頁58。

〔註180〕 參見韋政通：《中國思想史·下》（臺北：大林出版社，1980年），頁1361。

〔註181〕 （清）王夫之：《船山全書》第5冊（《續春秋左氏傳博議·僻司徒之妻》）（長沙：嶽麓書社，1993年），頁543。

〔註182〕 《周易內傳發例》，頁675。

〔註183〕 《周易內傳》，頁163。

〔註184〕 參見（清）王夫之：《船山全書》第6冊（《讀四書大全說》），頁1111。

〔註185〕 參見《王陽明傳習錄——附大學問》，頁98。

〔註186〕 參見勞思光：《中國哲學史·第三卷下》，頁546。

經由良知的自覺發用而達到心安理得。

此外，陽明言「心即理」與船山主張「心所盡在理」，二者之間的差別又為何？簡言之，此意即我們是否能從船山學中歸結出一個明確的「心」之主體性呢？事實上，當船山說：「人心不可測天道，道心乃能知人道」時，〔註187〕此意味著人心是無法完全自由的，而其侷限性就須靠進德修業來彌補。因此，藉上述對「心」的討論中，我們不能忽視船山學與王學在根本上的不同，而便隨意將船山學歸於「唯心論」的支流派別之中。

總結上述所言，船山學在本質上，它既不是唯物論、也不是唯心論，而是以「心函性情」為主軸的機體思想。船山的機體思想在於超越唯心、或唯物，並能合心、物一體而「誠」。船山言「不誠无物」，所以「誠」則足以闡發其「用有、體有」的實有論見解。如果我們以「誠」涵蓋「氣」而言形時，〔註188〕那麼「誠」不僅可以說明「无妄之誠」的自然義，同時亦能在「體誠存性」中找到倫理的價值義。其次，就船山言「誠天化理」與「天即氣」而顯現的「氣之理」，其能使萬物有條不紊，並呈現天道發用的「當然之則」；不過，當「氣之理」在天地萬物中表現出的「當然之則」，其僅是一種經驗義的內涵嗎？其實不然，船山認為「氣之理」是「天即誠」、「天即氣」的機體發用流行；簡言之，若從船山之以「理」言「性」來說，則藉由「氣之理」所揭示的天道義，此中蘊含著倫理價值的善，而這也是船山「太和之誠」的展現。

四、小 結

「誠」是《中庸》裡頭的重要概念，但船山於論《易》時已賦與「誠」另有新的意涵。特別地，由上述各節的探討中，包括「乾坤相錯之理數」、「乾知坤能之德業」或「乾坤並建而捷立」等等皆都蘊涵著「誠」的自然義及價值義。其次，船山對「誠」的闡述也經常合誠、誠之而言之；對此，他說：「二氣絪縕而健順章，誠也。知能不舍而變合禪，誠之者也。」〔註189〕按此，就

〔註187〕《思問錄內篇》，頁423。

〔註188〕參見陳啟文：《王船山「兩端而一致」之思維的辯證性及其開展》，頁 43～44。見氏言：「船山將『理』與『氣』兩端統一於『氣』，使得『氣』成『理』與『氣』辯證的統一體。此一辯證性綜合的統一體，船山將之詮釋為『誠』，這就賦與『氣』價值義與道德義，氣不再只是一個自然義、物質義，同時具有倫理義、價值義。」

〔註189〕《思問錄內篇》，頁420。

天道而言，以〈乾〉、〈坤〉之純陽、純陰統六十二卦，然六十二卦雖雜、而其德無不純，故於人文化成之際得以斐然成章；就人道以言之，〈乾〉知、〈坤〉能二者兼體並用，而由「體誠存性」即能知天地神妙不測之幾。

此外，船山於論《易》上，他特別強調《周易》並建〈乾〉、〈坤〉之生化流行，皆具有「太和」之精神。「太和」一詞本船山取自《乾・彖傳》言「保合太和」而給於新意義上的詮釋；然而，「太和」之意為何？對此，船山言：「合之則為太極，分之則謂之陰陽。不可強同而不相悖害，謂之太和，皆以言乎陰陽靜存之體，而動發亦不失也。」〔註190〕按此，船山以「太和」作為太極與陰陽之間關係的描述；或者，他用以說明陰、陽雖不相同，但卻能以陰、陽為二端而保持彼此的和諧關係。當然，船山所言「太和精神」，它可以說明包括理氣、理欲、理事及理勢之二端而和諧一致；然，就船山之以「乾坤並建」為論《易》之宗，那麼涉及二端的和諧，其實沒有比〈乾〉陽、〈坤〉陰之間來得更直接和明確了。

然而，為何「太和之誠」是最適合說明船山論《易》的人文創化精神呢？對船山而言，凡陰陽之道之以二端而發用流行者，那麼太和精神即寓於其中；尤其，他合形上、形下於一「形」的思想，此更突顯其「實有論」的易學見解。至於，船山如何將「誠」與「形」聯繫起來呢？他說：「誠則形，形乃著明，有成形于中，規模條理未有而有，然後可著見而明示于天下。」〔註191〕據此，由《繫傳》言「藏往知來」而略知，天地於盈虛、往來之二端中，往者亦「有」之往，來者亦「有」之來；因此，往者雖條理未有而處幽，然其是「有」而未明而已，是以船山稱之「未有而有」。其次，不論船山主張「性日新日成」、或「形色即天性」，此皆體現其「太和之誠」的實有論精神。因為透過人道的「體誠存性」得使《易》之神化不測而可藉「形、神致一」以載性，且當天命之性以「機體綿延」方式不斷流行時，其恰體現船山言：「是故窮理盡性以至於命者，原始要終，修其實有，取之現存，以盡循環无窮之理」的人文創化境地。〔註192〕按此所言「无窮之理」，此即是船山「一本而萬殊」之理。

就船山易學，其是否存唯物的思想傾向呢？大致說來，船山因繼承張載

〔註190〕《周易內傳》，頁 525。
〔註191〕《思問錄內篇》，頁 422。
〔註192〕《周易外傳》，頁 979。

的思想發展脈絡，他尤其於論《易》上特重言「氣」。因此，一些當代學者將船山所言之「氣」理解為「唯物論」的進路。〔註193〕關於「氣」，船山言：「絪縕太和，合於一氣，而陰陽之體具於中矣。」〔註194〕按此，所謂「合於一氣」是指太極為陰陽之合撰；而當陰、陽之為二端而能一致時，那麼「太和之誠」必寓於其中。這麼一來，船山之「即氣顯體」的「氣」，它既含有自然義、亦蘊涵倫理義，並能與唯物論劃分界線。至於，西方傳統的唯物論主張，往往是立基於唯一物質的「自立之體」上；然而，在船山的「實有」論思想中，他並不以「陰」（坤）、或「陽」（乾）作為「太極」的唯一「自立之體」，而是強調「太極」為「陰陽之合撰」的特性。因此，蘇星宇認為如果船山的思想確實屬於唯物論的話，那麼他應該以「太極」中的「陰」作為「自立之體」即可。〔註195〕其實，因為「太極」之陰陽二氣絪縕、密不可分，所以太極不會出現只有以〈坤〉陰作為「自立之體」的情況。〔註196〕

　　船山思想是否能以唯心論之名而可盡述其旨呢？首先，船山承繼張載之批評釋氏心法的態度，而他亦說：「其（釋氏）直指人心見性，妄意天性，不知道心，而以惟危之人心為性也。」〔註197〕據此，釋氏之所謂「明心見性」，此弊端在於人心、道心不分。船山對此認為：「人心即情，道心即性」，〔註198〕且「性」與「情」的關係是為「性一情萬」，因而「人心不可測天道，道心乃能知人道。」〔註199〕因此，船山的易學與釋氏的思想在根本上就有所差別，因為後者言空、言寂而無法有天、人之兩端一致的效用。此外，陽明倡言「心即理」，他最後以「良知」作為最高自由的主體性，因而造成天和人不可區分的混淆現象。〔註200〕至於，船山的「太和之誠」兼俱自然義及價值義的思想，因而它能擺脫唯心、或唯物論的思維框架束縛，並透過

〔註193〕參見蕭萐父：《船山哲學引論》，頁8。見氏言：「（船山），把朱熹的『理本氣末』的顛倒世界觀，扶正過來，對理氣關係問題作了明確的唯物主義的解決。」
〔註194〕《張子正蒙注》，頁46。
〔註195〕參見蘇星宇：《王船山與熊十力《易》學比較》（臺北：文化大學哲研所博士論文，2012年），頁131。
〔註196〕參見蘇星宇：《王船山與熊十力《易》學比較》，頁132。
〔註197〕（宋）張載撰、王夫之注：《張子正蒙注》，頁111。
〔註198〕王孝魚：《周易外傳選要譯解》，頁87。
〔註199〕《思問錄內篇》，頁423。
〔註200〕參見朱伯崑：《易學哲學史·第四卷》，頁249。

「乾坤並建而捷立」的直覺形式以掌握易學所探討的天人之道。其實，船山的人文創化精神就體現在此「通天人之道」的意義上。

我們如何說明船山的人文創化思想，它並非奠基於主體、或客體之上，而是以主客相函作為前提？首先，船山言「心能檢其性」，〔註201〕故「心函性」；而「心函性」即「心」以「性」為體，因而他所言之「心」是仰賴於「性」體、而非自主獨立的。既然船山所言之「心」並非是獨立自主的，那麼「自我」觀念就無法彰顯出明確的主體性。相對地，船山所言的「個體性」其終究是與宇宙的「總體性」不相分離的，因而船山所言之個體、或個體自身亦不能獨立於天地萬物而存在的；既是如此，個體乃以合天地之德而自由，而非真有一獨立的自由意志自身存在。

就船山提出「性日新日成」而言，此意味著「心函性」是透過「心」而使「天命之性」以分有的方式而不斷地敞開，並成就了人文創化之德業。因此，船山的「心函性」必須有一「超主體」（superject）寓於其中，它能於陰陽二氣流行中對「太和之理」的攝握。基本上，此一超主體既不能呈現自由的主體性、亦缺乏自由意志的行動自身，而是以主、客相函作為前提的機體發用本體；〔註202〕相對於此，船山的易學實很難以主觀人心持載天地來說明、亦不宜將自身陌生化而就純客觀的觀點以觀道或理之相繼流行來加以闡述。總之，筆者認為唯藉由「太和之誠」才能契合，並突顯船山易學的人文創化之機體內涵與精神。

〔註201〕參見《思問錄內篇》，頁403。船山言：「心能檢性，性不知自檢其心。」
〔註202〕這裡的「本體」是船山言「由用得體」的「體」，即指本然之體的含意。

第三章 「占學一理」的天人之用

　　船山在易學的方法上，他繼「乾坤並建」之後而提出「占學一理」的主張。學《易》、占《易》是易學史上的重要課題，然而，若占《易》而不學、或學《易》而不占，則此在研究《易》的過程中存在著怎樣的缺失呢？或者說，關於學《易》、占《易》，如果不能二者兼顧而偏尚一方；這麼一來，《易》的內涵與精神又如何彰顯出來呢？就中國易學史而言，船山如何說明王弼僅言學《易》之事、而略占《易》於不講的得失呢？，船山言：

> 以《易》為學者問道之書而略筮占之法，自王弼始。嗣是言《易》者不一家，雖各有所偏倚，而隨事以見得失之幾，要未大遠於《易》理。唯是專於言理，廢筮占之法於不講，聽其授受於筮人，則以筮玩占之道，不能得先聖人謀鬼謀、百姓與能之要。〔註1〕

按上述所言，王弼於《易注》上專言義理，這在易學史上有其獨特的地位。因為王弼之前而盛行於兩漢的易學，其是以象數易為主流的發展，這使當時的易學家浪費泰半的心力於卦象及數的推求上而忘卻了《易》的明道之旨；〔註2〕因此，當王弼的《易注》出現，並完全摒除象數之說，竟引發另一股新的易學風潮，亦即儒家以義理為主的《十翼》又獲得時代的青睞。〔註3〕不過，船山稱許王弼之言《易》理、而卻責其廢筮占於不講的理由為何？

〔註1〕《周易內傳發例》，頁678。
〔註2〕參見高懷民：《兩漢易學史》（桂林：廣西師範大學出版，2007年），頁236～237。
〔註3〕參見高懷民：《兩漢易學史》，頁237。見氏言：「王弼是一個才活了二十四歲便死去的青年，……（他）對象數易的流弊深惡痛絕，竟大膽地提起筆來作了一本《易注》，書中完全摒棄了象數之說，恢復儒門十翼義理。」

　　關於筮術的源頭，學者高懷民說：「如追溯象數易的思想淵源，實應遠溯其源于西周的筮術。」〔註4〕西周的《易》術是以「占斷吉凶」為主，而其方法可藉由蓍草的操作而求得卦象；再由卦象、或以其對應卦爻辭而推斷所問之事的吉凶。事實上，船山所謂「人謀鬼謀」的含意，它是指《易》於占卜過程中，即蘊涵天人合德之神妙不測，而此是王弼之僅強調《易》之理所無法企及的。其次，為何船山不能苟同朱熹言：「《易》僅以為卜筮之用，而謂非學者之所宜講習」的見解呢？〔註5〕船山言：

> 京房、虞翻之言《易》，言其占也。自王弼而後至於程子，言其學
> 也。……朱子又欲矯而廢學以占，曰「《易》非學者所宜讀」，非愚
> 所知也。居則玩其辭者，其常也。以問焉而如嚮，則待有疑焉而始
> 問，未有疑焉無所用《易》也。〔註6〕

京房創八宮、世應作為占斷吉凶的依據，〔註7〕而虞翻的易學更被視為兩漢之以占《易》理論發展的巔峰。〔註8〕然而，王弼為何拋棄漢代「象數」易學之說、並在注《易》上走向義理一途？王弼於《周易略例》言：「互體不足，遂及卦變，變而不足，推致五行。一失其原，巧愈彌甚。」〔註9〕按此，所謂「互體」、「卦變」皆指虞翻在象數易中採用的概念；不過，王弼認為諸經師於解《易》上雖頗有新意，但最終卻流於巧說，因為這些由附會而來的巧說，其無非在於突顯經師透過解《易》以表現一己的想像才氣，但事實上它卻偏離了《易》作為明道的本旨。此外，程頤於其所作之《易傳》中言：「予所傳者辭也，由辭以得其意，則在乎人焉。」〔註10〕按此，伊川易學著

〔註 4〕高懷民：《兩漢易學史》，頁 238。

〔註 5〕《周易內傳發例》，頁 653。

〔註 6〕《周易內傳發例》，頁 655。

〔註 7〕參見高懷民：《兩漢易學史》，頁 98～99。

〔註 8〕參見：高懷民：《兩漢易學史》，頁 143。

〔註 9〕（晉）王弼著，樓宇烈校釋：《老子周易王弼注校釋》，頁 609。李鏡池說：
　　「『互體』、『卦變』，是（虞翻）這一派《易》學的新說。所謂『互變』，是把
　　一卦六爻中的二至四、三至五交互而成另外兩個卦，是一卦的組成，不只內
　　外兩卦，而是上一、下一、中二，共成四個卦了。……『卦變』是把一卦中
　　的兩個爻調換位置。如觀象制器的『斲木為耜，揉木為耒，耒耨之利以教天
　　下，蓋取諸《益》。《益》是下〈震〉上〈巽〉，其『互體』為〈坤〉和〈艮〉。
　　把初九和六四調換則成《否》，下〈坤〉上〈乾〉。『卦變』也是把一卦變為四
　　卦來說解。」見氏著：《周易探源》（北京：中華書局，2007 年），頁 364～365。

〔註10〕（宋）程頤：《周易程氏傳》，頁 1。

眼「人謀」的通志成務之闡述，而卻不強調有關「鬼謀」的占《易》意涵。

然而，何以朱子認為《易》非學者所宜讀呢？對此，他於《周易本義》言：「恭惟三古，四聖一心。垂象炳明，千載是臨。惟是學者，不本其初。文辭象數，或肆或拘。」〔註11〕據此，朱子認為後世學者不能辨明《易》的原初意旨僅在於卜筮之用；或者說，後世學《易》者因不了解四聖作《易》的用心，但卻在卦爻辭的含意上各抒己見。不過，船山如何以「不占而已」來質疑朱子將《易》限定於卜筮之用的說法？他言：「（子）又曰，『不占而已矣』，言占之必學以有恆也。蓋非學之有素，則當變動已成、吉凶已著之後，雖欲補過而不知所從」。〔註12〕船山在此引用《論語》的說法，並認為筮者於占《易》過程中，學《易》是不能偏廢的；否則，當小人僅以占《易》而圖謀於一己之私時，那麼《易》豈能為君子謀？因此，筮者於占《易》過程中，他不能僅看重吉凶利害的考量，其同時自身也要持恆於仁義德性的修為努力；這麼一來，當筮者占得凶悔吝之際，他才能從學《易》中領會天人之道，並尋求如何彌補自身之缺失。

其次，船山認為除非筮者於占《易》中亦不廢學《易》之道，否則當筮得悔吝凶之際，他將無從化險為夷！船山提出「《易》非徒占而已」，而是「占以示學」。〔註13〕因此，唯本占、學一理，相互為用，那麼《易》於神妙不測之際，方能昭回人道之精微。但是，何以對《易》有鑽研的朱熹，他於上述卻倡言「《易》非學者所宜讀」的看法呢？我們則從朱子主張「四聖之《易》不能一揆」的說法來深入理解；朱子說：

> 有天地自然之《易》，有伏羲之《易》，有文王、周公之《易》，有孔子之《易》。自伏羲以上，皆无文字，只有圖畫，最宜深玩，可見作《易》本原精微之意。文王以下，方有文字，即今之《周易》。然讀者亦宜各就本文消息，不可便以孔子之說為文王之說也。〔註14〕

按朱子之言，包括伏羲、文、周、孔四聖之《易》皆不相同，而他對伏羲畫卦特別推崇，因卦畫不著文字，最耐人玩味，也最能體現《易》的精微之妙。其次，朱子認為《易》要按文、周之卦名及卦爻辭來適當地理解；至於，孔

〔註11〕 （宋）朱熹：《周易本義》，頁 4。
〔註12〕 《周易內傳發例》，頁 655。
〔註13〕 《周易內傳發例》，頁 653。
〔註14〕 （宋）朱熹：《周易本義》，頁 26。

子的《易傳》則自成一格，不可將其與文王之說相互混淆。至於，朱子作《周易本義》一書的「本義」一詞之意旨為何？關於此「本義」一詞的含意，船山的說法為何？他言：

> 《本義》往往有戒占者之，誤矣。然所戒者，剛柔之節，進退之度，王者之刑賞因革，君子之出處語默，兩俱近道，而戒以慎擇而固執之。若夫貞之為言正也，出乎正則入乎邪，即微《易》之戒，豈有不貞而可以徼利者哉！貞之為利也，不相離也，貞則利，利必貞也，故有貞凶，而無不利之貞，無不貞之利。且《易》之所謂利者，非小人之利，求榮而榮，求富而富，欲焉而遂，忿焉而逞者也。〔註15〕

照《本義》戒筮者之言，船山認為書中所說的話極為正確；不過，這些話就像筮人對筮者提出的警語，讓筮者能從心底知所戒慎且堅持正確的選擇。不過，船山認為朱子對於「貞」與「利」的關係還不能充分了解；尤其，當他僅視「貞」為「正」時，那麼「利」該從何談及？如果「貞」一定是「正」，且「貞」必能「利」；那麼何以《易》會言「貞凶」一詞呢？對此，船山認為「貞凶」是體現君子處於窮困之時，他仍能「合義而利」；〔註16〕相對地，小人所求而圖謀者，無非是一己之私。因此，當小人臨凶而即亂了一己心志，他又如何能守貞、守正呢？反之，君子不以己私為慮，凡事能依於仁義而行，故「貞凶」雖「凶」，但君子能以「義命」視之，此相當於「無可奈何而安之若命」的內涵與意義。〔註17〕大致說來，凡《易》言「貞」者，「利」必寓於其中；因而，船山於上述言「無不利之貞，無不貞之利」。既然文王所言之「貞」和「利」是不可分離的，且二者皆可與「義」關聯在一起，那麼船山又如何評論朱子之視文王《易》異於孔子《易》的問題呢？對此，船山說：

> 況如〈乾〉言「利貞」，在天者即為道之正，胡容責天以正，而唯恐不正之不利耶！元、亨、利、貞，分言之則四德，合言之則二理。

〔註15〕《周易內傳發例》，頁671。

〔註16〕朱熹釋姤卦九二之《象》言：「義不及賓也」，他說：「若不制而使遇於眾，則其為害廣矣。」九二雖言「不利賓」，但捨一己之利而可利其他眾人，此乃「合義而利」，亦體現《乾·文言》云：「利者，義之和也」的深義。其次，此處所言「義不及賓」亦可類比於「貞凶」之義。

〔註17〕參見（東周）莊周著，（清）郭慶藩編、王孝魚整理：《莊子集釋》，頁155。《莊子·人間世》言「……知其不可奈何而安之若命，德之至也。」

復禮為仁，禮者仁之秩敘；信必近義，信者義之始終。文王合四德
而順言之，孔子分四德而合言之，義固兩存，不可云孔子之言非文
王之意也。〔註18〕

依據上述，何以〈乾〉言「利貞」其在天者即為道之正呢？船山認為仁、禮、
義、信存乎自彊不息之〈乾〉而擴私去利即是清剛太和之心理。〔註19〕君子
行此四德且能「擴私去利」，那麼此即顯〈乾〉之天道、並昭回仁、禮、義、
信之人道；而這裡所言「太和之心理」是意味著人於天道流行中能見其天地
之心。因此，船山言：「後儒談《易》之敝，……不知三聖之精蘊非《繫傳》
二篇不足以章著。此乃孔子昭示萬世學《易》、占《易》之至仁大義，昭回於
天者。」〔註20〕據此，不論文王以顯〈乾〉之天道而昭人道、或孔子作《繫
傳》以體仁義而昭回天者，二者皆突顯《易》之精義乃在於通天、人之道。

　　至於朱子的《周易本義》，其是僅著眼於占《易》之一隅，而忽略《易》
本兼有「立人道」的仁義內涵。相對地，船山於占《易》上，他不僅承繼張
子之言「《易》為君子謀」的主張外，同時亦提出筮者筮吉凶於得失之幾的見
解；〔註21〕尤其，當他倡言「占學一理」、「吉凶得失一道」時，此更突顯占
《易》、學《易》，二者在易學史上是以一種辯證的發展模式來呈現。

　　然而，船山所提的「占學一理」其具有怎樣的機體內涵呢？船山言：

《易》之垂訓於萬世，占其一道爾，故曰：「《易》有聖人之道四焉。」
唯「制器者尚其象」，在上世器未備而民用不利，為所必尚，至後世
而非所急耳。以言尚辭，以動尚變，學《易》之事也。故占《易》
學《易》，聖人之用《易》，二道並行，不可偏廢也。故曰：「居則觀
其象而玩其辭」，學也；「動則觀其變而玩其占」，筮也。〔註22〕

根據上述之言，《易》本出於伏羲畫卦，但伏羲的卦畫又如何提供先民制器的
藍圖呢？對此，《繫傳》言：「包（伏）羲氏沒，神農氏作，斲木為耜，揉木為
耒，耒耜之利，以教天下，蓋取諸〈益〉。」〔註23〕由此略知，人類於器物材
質、種類的選用上，其皆能反映出該時代的文明價值及內涵；因此，當我們

〔註18〕《周易內傳發例》，頁671～672。
〔註19〕參見《周易內傳》，頁59。
〔註20〕《周易內傳發例》，頁682。
〔註21〕參見《周易內傳發例》，頁654。
〔註22〕《周易內傳發例》，頁654。
〔註23〕《周易內傳》，頁581。

去追溯先民素樸的制器根源時，則我們不能不對伏羲畫卦的功績記上一筆。關於《易》於發展上，它呈現出一種整體的機體方式；尤其，當文王給出了《易》的卦名、卦德之後，《易》就於歷史之不斷的發展中而增添其天人之理的豐富性。

不過，就易學史而言，那些僅強調偏於占《易》、或學《易》之某方者，由於對《易》的看法分歧而陷於彼此傾軋，最終對此二者將會出現有所偏尚的現象，以致使《易》遭受到不必要的扭曲和誤解。其實，孔子早在《繫傳》即提出「居則觀其象而玩其辭」及「動則觀其變而玩其占」的見解，但他這種學《易》、占《易》二道並行的主張，亦受到朱熹看待《易》僅為卜筮之說的挑戰。至於，船山則能承繼四聖作《易》的精神，並提出「占與學初無二理」的看法，〔註24〕而此所謂「初無二理」，意味著「占」與「學」具有兩端一致的特性，亦能彰顯出《易》作為一機體思想發展的內涵。

總結上述，為了詳細論述船山之「占學一理」的機體思想及內涵，筆者在此從幾個側面著手闡述，亦即：一、「四聖一揆」的理解。二、占「義」、不占「利」的天人意涵。三、「貞夫一理」的天人之用：（一）天人性命之理；（二）《易》本於《河圖》之理。底下申述之。

一、「四聖一揆」的理解

學《易》及占《易》必自四聖言起，而四聖作《易》各有其擅長專精之處。然而，學《易》者是否能接受朱子認為「不可以孔子之說為文王之說」的說法呢？〔註25〕假使上述之言可以相信的話，那麼當朱子認為文、周之《易》其異於伏羲之《易》時，則此說其是否亦能令後代學《易》者相信嗎？若以上之說屬實的話，那麼《易》的情況就如船山所言：「世之言《易》者曰：《易》者意也，唯人之意而《易》在。」〔註26〕亦即，《易》僅具人為的主觀內涵，而其中缺乏一種通天、人之旨意；對此，船山又如何追本溯源以還原《易》的真正本義呢？他說：

> 蓋卜筮之家，迎合小人貪名幸利畏禍徼福之邪心，詭遇之於錙銖之
> 得喪，窺伺其情，乃侮聖人之言、違天地之經以衒其前知，而學者

〔註24〕《周易內傳》，頁607。
〔註25〕參見（宋）朱熹：《周易本義》，頁26。見氏言：「不可便以孔子之說為文王之說也」。
〔註26〕《周易內傳發例》，頁650。

因襲其妄，以之言微言大義之旨，如「元亨利貞，孔子之言四德，非文王之本旨」之類，竟以先聖通志成務、窮理盡性之制作，為《火珠林》鬻技之陋術，《易》之所以由明而復晦也。〔註27〕

根據上述，船山對於卜筮之家的批評是否言過其實呢？換言之，船山如何辨悉卜家有迎合小人、侮聖人之言呢？《繫傳》言：「《易》不可為典要。」〔註28〕然漢代包括孟喜、焦贛及京房在內的易學家，他們皆在卜筮之根基的「直日法」上而各別尋求自身「典要」的卦理發明；〔註29〕因而不論焦氏所強調的六十四卦變占、或沿用京氏之八宮、世應的《火珠林》，皆藉占斷語辭以明示吉凶福禍。〔註30〕因此，就船山而言，漢代易學不僅與張子言「《易》為君子謀」的精神相悖，而且其所為無不以吉凶福禍迎合世人之求名好利的滿足。其次，邵雍除了稱呼伏羲之說為先天《易》外，他更於所作《皇極經世》書中藉「加一倍之數（術）」以推論宇宙生成變化的規律理論，〔註31〕並從中發揚其先天之說的見解。〔註32〕不過，考究邵子於其時代，他卻以遇事能「前知」之而著稱，〔註33〕然此明顯與《繫傳》言：「神无方而易无體」之神化不測的精神相違；更有甚者，朱子卻極力稱道邵子先天之學，並認為邵子之學乃承孔子而來。〔註34〕

〔註27〕《周易內傳發例》，頁 650。

〔註28〕《周易內傳》，頁 605。

〔註29〕參見高懷民：《兩漢易學史》，頁 93～94。見氏言：「是孟喜將六十卦均分三百六十日後，……共計每卦得六日七分。而焦延壽的直日法則將餘下的五日又四分日之一，在坎、離、震、兌四正卦各分配一日，另外還有一日又四分日之一，卻未見著落。」氏又言：「這是說京房的方法是先依孟喜的六日七分，……這樣一來，頤、晉、井、大畜四卦，便各剩下五日十四分；其他諸卦仍是每卦六日七分不變。」

〔註30〕參見高懷民：《兩漢易學史》，頁89。另外，見氏言：「（京房易）在占時，先決定卦象，次就卦象視為某宮某世，定其世爻與應爻，再就此世爻與應爻論及干支、五行、飛伏等各種關係以斷吉凶。」（見氏著《兩漢易學史》，頁 99）。

〔註31〕參見勞思光：《中國哲學史・第三卷上》，頁 168～169。

〔註32〕朱熹稱伏羲四圖（伏羲八卦次序、伏羲八卦方位、伏羲六十四卦次序、伏羲六十四卦方位），其說皆出邵氏。蓋邵氏得李之才挺之，挺之得之穆之修伯長，伯長得之華山希夷先生陳摶圖南者，所謂先天之學也。見氏著《周易本義》，頁 17～20。

〔註33〕參見（宋）邵雍著，（清）何夢瑤輯釋：〈宋史道學列傳〉，《皇極經世易知・上》（臺北：廣文書局，1984），卷首，頁 38。

〔註34〕參見（宋）朱熹，朱傑人，嚴佐之，劉永翔主編：《朱子全書 v.21—晦庵先生朱文公文集（貳）》（上海：上海古籍出版社；安徽：安徽教育出版社，2002

這麼一來，朱子認為孔子之《易》乃先天之學，而孔子所言四德，非文王後天《易》之本旨。〔註35〕因此，宋代易學在邵、朱二人的推波助瀾下，遂有先天與後天之說的分野。既然《易》有先天和後天的差別，那麼學者於學《易》、占《易》之際其將不知如何遵循；而影響所及，朱子乃倡言盡廢學《易》一途。對此，船山批朱子而言：「《易》之精蘊，非《繫傳》不闡。觀於《繫傳》，……朱子等《易》於《火珠林》之列。」〔註36〕按此，船山認為《繫傳》乃《易》之精蘊所在，那麼徒以言占的《火珠林》一書，它又何足以等同於四聖之《易》呢？船山為了明辨四聖之《易》與《火珠林》這類僅著眼於吉凶利害之占的分別，他遂提出「占學一理」的主張，而此中蘊涵著易學史之根源的追溯，並期使「四聖一揆」的見解能獲得進一步發展。

因此，船山以「四聖一揆」作為「占學一理」之探討的前提，此目的在於避開先天、後天之說的糾葛，亦能使學《易》、占《易》者或免於猶疑而處於不知所為的情況中。然而，船山之所以堅持「四聖一揆」的理由為何？船山言：

> 伏羲氏始畫卦，而天人之理盡在其中矣。……文王起於數千年之後，以「不顯亦臨，無射亦保」之心得，即卦象而體之，乃繫之「彖辭」，以發明卦象得失吉凶之所緣。周公又即文王之「彖」，達其變於「爻」，以研時位之幾而精其義。孔子又即文、周「彖」、「爻」之辭，贊其所以然之理，而為《文言》與「彖」、「象」之「傳」；又以質例之貫通與其變動者，為《繫傳》、《說卦》、《雜卦》，使占者、學者得其指歸以通其殊致。〔註37〕

按上述之言，何以船山認為伏羲畫卦而天人之理盡在其中呢？基本上，如果就當代西方的詮釋學而言，那麼伏羲所畫之卦就構成了一個「文本的世界」（The world of the text），〔註38〕而對於缺乏文字闡述的卦畫，其唯有透

年），卷三十八，頁 1668。朱熹答袁機仲論易學中，他極力推崇邵子之說，且言「然此非熹之說，乃康節之說；非康節之說，乃希夷之說；非希夷之說，乃孔子之說。」

〔註35〕參見（宋）朱熹：《周易本義》，頁 21。邵子據《說卦》之言而畫出〈文王八卦方位圖〉；朱子引邵子之言而曰「此文王八卦，乃入用之位，後天之學也。」

〔註36〕《周易內傳發例》，頁 683。

〔註37〕《周易內傳發例》，頁 649。

〔註38〕Cf. Paul Ricoeur, "*From Text to Action*-Essays in Hermeneutics, II,"translated from the French by K. Blamey and J. B. Thompson. p.106.法國哲學家里克爾說：「文

過言說（discourse）才能解說諸多卦畫的意義，否則當中的天人之理又如何傳達？文王對《易》的貢獻，在於他將言說階段的卦畫轉為以一種書寫（writing）的方式來表達；簡言之，文王之《易》是以「彖辭」的形式來呈現。不過，唯《易》源於伏羲畫「卦」，且卜筮之道已寓於其中，否則周公豈能即伏羲之「卦」、文王之「彖」而達其變於「爻」？〔註39〕因此，當《易》源於伏羲畫「卦」時，則藉由卦象之幾動、而知天人之理寓於其中。〔註40〕

事實上，《易》歷經伏羲、文、周三聖的努力，已兼具了「占學一理」的雛型；至於，孔子的《十翼》之傳則使《易》走向哲學化之途，〔註41〕並從更多元的義理側面對《易》加以闡述。孔子的《易傳》既有繼承、亦有創新，而此即是文本詮釋的特色所在。然而，自漢代易學以來，學者對《易》的文本詮釋則呈現紛亂的現象，或如王弼僅強調義理、或如朱熹則視《易》為卜筮之用。不過，就文本的觀點而言，王、朱二人的差別為何？

大致說來，王弼仍以四聖之《易》作為義理詮釋的「文本」，而他的《周易略例》既是對漢代易學有所批評，並從「老莊思想」之進路以尋求解《易》的實踐。因此，船山評王弼易學而說：「弼學本老莊虛無之旨，既詭於道，……然自是以後，《易》乃免於鬻技者畏陋之誣，而為學者身心事理之典要。」〔註42〕基本上，船山於此段中所提之《易》，無疑地，它是指四聖所作之《易》，因而王弼易學仍是承繼「四聖一揆」的文本脈絡來進行探討和詮釋。相對地，朱熹於《周易本義》中即對《易》加以分類，他說：「有天地自然之《易》，有伏羲之《易》，有文王、周公之《易》，有孔子之《易》。」〔註43〕按此，朱子認為伏羲，文、周，孔子，皆有各自的易學；換言之，四聖之《易》不能同於一揆。

本即是任何由書寫所固定的言說。據此定義，藉由書寫所固定者，此即文本自身的內容。然而，什麼東西會為文本所固定呢？此即我們所說的任何言說。」其實，里氏所說的「文本」，其意涵蓋甚廣，小至存在的人、事、物，大至國家、文化、民族，無不皆可用「文本」概念來加以理解與詮釋。因而，透過理解與詮釋的「文本」自身可隨著時代，產生人文創化的效應。

〔註39〕 參見《周易內傳發例》，頁649。

〔註40〕 參見《張子正蒙注》，頁93。船山言：「事無其形，心有其象。」按此，雖無車之形，但卻有車之象；而《繫傳》言「象也者，像此者也。爻象動乎內，吉凶見乎外，功業見乎變。」按此，由象之幾動而知天人之理寓乎其中。

〔註41〕 參見黃玉順：《易經古歌考釋（修訂本）》，頁424。

〔註42〕 《周易內傳發例》，頁652。

〔註43〕 （宋）朱熹：《周易本義》，頁26。

　　既是如此,《繫傳》言:「河出圖,洛出書,聖人則之。」孔子又如何獲悉此上古之事蹟呢?《繫傳》又言:「二(爻)多譽,四多懼,近也,柔之為道,不利遠者。」按此,苟非對《易》之爻有所探究者,否則他又怎能如此明確地說出這番話呢?因此,就當代文本詮釋的觀點,朱子認為四聖之《易》各有差別的說法,這在中國易學發展史上,其將面臨一個難以自圓其說的困境;亦即,如何在論《易》上分辨出先天、後天之說的內涵問題。

　　此外,船山於論《易》上,他經常批評邵雍這位所謂的先天學者;然而,如果從「文本」概念出發探討邵氏的思想,那麼此中所揭示的邵子之思想、其是否能契合「四聖一揆」的精神內涵呢?船山言:

> 如邵子之圖,一切皆自然排比,乘除增減,不可推移,則亦何用勤勤於德業為耶?疏節闊目,一覽而盡,天地之設施,聖人之所不敢言,而言之如數家珍,此術數家舉萬事萬理而歸之前定,使人無懼而聽其自始自終之術也。將無為偷安而不知命者之勸耶?〔註44〕

按上述之言,邵子之方圓圖,於自然排比中蘊含著一種天數的必然性,這與《繫傳》言「陰陽不測之謂神」的精神相去甚遠。至於,邵氏作《皇極經世》一書,他雖強調以「一心觀萬心,一身觀萬身,一物觀萬物,一世觀萬世」而臻乎以人代天工的角色,〔註45〕並從中彰顯以人事驗天時;〔註46〕然而,邵子並無具體指出「以人事驗天時」的可行方式,而僅藉由象數以建立起一個足以明陰陽之消長與古今之治亂的形上學理論。〔註47〕

　　此理論,就如船山所言:「邵子挾其加一倍之術以求天數,……於道無合,於數無則,無名無象,無得失之理,無吉凶之應,竊所不解。」〔註48〕按此,邵子以元、會、運、世建立一個既不能被肯定、亦無從加以否定的形上學理論,並宣稱此可以解決經驗世界的問題;不過,探究經驗知識本非形上學家該用心的課題,〔註49〕況且經驗現象的偶然性,其又如何以「一世觀萬世」的必然性來加以推演及論斷呢?事實上,邵子的形上學雖援引《易》的部分思想,特別是《繫傳》的內容,但它對於《易》所強調如何顯天道、

〔註44〕《周易內傳發例》,頁669。
〔註45〕(宋)邵雍著,(清)何夢瑤輯釋:《皇極經世易知・上》,卷五,頁10。
〔註46〕參見韋政通:《中國思想史・下冊》,頁1043。
〔註47〕參見韋政通:《中國思想史・下冊》,頁1043。
〔註48〕《周易內傳發例》,頁679。
〔註49〕參見勞思光:《中國思想史・第三卷上》,頁168。

以昭人道的至仁大義，則付之闕如；因而，船山責其「於道無合」，〔註 50〕
因為邵子之「一世觀萬世」的主張實已預設了某種命定的說法。其實，所謂
「萬世」的發展，這是需要靠人的努力來改變，而不是以象數之筮占所能預
先推算得知的。

　　當邵子將天地之理歸之為必然的前定時，那麼學《易》、占《易》又有
何用呢？甚至，包括人的進德修業也是多餘的。這麼一來，人所能做的事，
就如船山所言：「端坐以俟禍福之至。」〔註 51〕邵子這種類似宿命論的形上
思想，既無得失之理、亦無吉凶之應，此悖於四聖之《易》的內涵與精神；
換言之，邵子的先天之學是不能以「四聖一揆」的文本概念來看待它，因為
邵子建立的形上學是一種推算運世發展的預言，〔註 52〕而此並不能體現以
伏羲畫「卦」作為「文本」的特性，因為藉由卦畫敞開的意義，它是以畫
「卦」作為本質分有的機體流行，並在時間中生化不已的發展。另外，由伏
羲畫「卦」蘊涵著陰陽不測之性，此並不能像邵子之利用數理的必然性所能
概括的。然而，船山又如何深入地說明「四聖一揆」的含意呢？他如此說：

> 蓋孔子所贊之說，即以明《彖傳》、《象傳》之綱領，而「彖」、「象」
> 二「傳」即文、周之「彖」、「爻」，文、周之「彖」、「爻」即伏羲
> 之畫象，四聖同揆，後聖以達先聖之意，而未嘗有損益也，明矣。
> 〔註 53〕

按上述提及「未嘗有損益」的說法，其意為何？船山藉由歸謬法以尋求邏輯
上的合理論述。〔註 54〕然而，若對照當代西方機體哲學的思想，那麼一切出
於思想歷程的發展，皆指涉一切所謂現實的發用，它是出於同一「文本」之
本質的彰顯；換言之，張子說：「（《易》）言幽明，不言有無。」〔註 55〕按此
之言，《易》作為「文本」的發用是以「明」為來、以「幽」為往，而「藏往

〔註 50〕參見《周易內傳發例》，頁 679。
〔註 51〕《周易內傳發例》，頁 651。
〔註 52〕參見韋政通：《中國思想史‧下冊》，頁 1044。見氏言：「所以他（邵子）不是
　　　　什麼數理家，他是一位推算世運的預言家。」
〔註 53〕《周易內傳發例》，頁 649。
〔註 54〕船山曰：「使有損益焉，則文、周當舍伏羲之畫而別為一書，如揚雄《太玄》、
　　　　司馬君實《潛虛》、蔡仲默《洪範數》之類臆見之作。豈文、周之才出於數子
　　　　之下，而必假於羲畫？……豈孔子之知出數子之下，乃暗相叛而明相沿。」
　　　　（參見：《周易內傳發例》，頁 649）。
〔註 55〕《周易內傳發例》，頁 659。《張子正蒙注》，頁 272～273。

知來」的運行不已；其次，《繫傳》言「生生之謂《易》」的「生生」，它並非是從「無」到「有」的歷程，而是指《易》於現實發用中以體現所謂消長、往來、盈虛的現象，而其中亦蘊涵著天道之以或「顯」、或「隱」的型態來呈現。至於，《易》如何「顯」天道？這又涉及到《易》於天、人之際其如何為君子圖謀的問題。大致說來，船山唯藉由「四聖一揆」之合法性論述，他才能為「占學一理」找到充分說明的依據。

然而，船山之以「四聖一揆」作為易學「文本」的唯一主張，其在面對馬王堆帛書《繫傳》的出土資料，我們對其於易學史上的地位認定是否需要有所調整？特別地，繼周公之後的孔子，他是否能被視為作《易傳》的唯一聖人？或者說，帛書《繫傳》與今通行本的《繫傳》其可能具有異地異傳的不同淵源和系統；〔註56〕故「四聖一揆」的第四位聖人，其可能是孔子、也可能另有他人。〔註57〕這麼一來，帛書《繫傳》與今通行本的《繫傳》雖在內容上有重疊的部分，〔註58〕但二者仍該視為各自獨立的易學「文本」；按此，筆者認為船山在易學上所提出「四聖一揆」的見解，這僅能將其視為先秦眾多易學「文本」的一支，而不能認定其即具有唯一地位的崇高性。不過，縱使船山之「四聖一揆」的主張面對諸多外來的質疑，但船山闡揚四聖之學《易》、占《易》的價值，此仍具倫理的神聖內涵；尤其，船山主張「占義、不占利」的卜筮價值其又如何發揚儒家「公而忘私」的精神呢？底下，筆者針對此以闡述之。

二、占「義」、不占「利」的天人意涵

關於《易》於卜筮上，它涉及「義」與「利」的分辨問題，而船山對此則追溯至《周禮》的記載；〔註59〕尤其，他援引書中一段內容而云：「《禮》：筮

〔註56〕參見王化平：《帛書《易傳》研究》（成都：巴蜀書社出版發行，2007年），頁66。

〔註57〕參見廖名春：《帛書《易傳》初探》（臺北：文史哲出版社，1998年），頁64。見氏言：「（帛書中）《繆和》、《昭力》兩篇的『子曰』不是指孔子語，但作者在『子曰』前交代得很清楚，其『子』是繆和、呂昌、吳孟、莊但、張射、李羊、昭力等人向其問《易》的先生。」

〔註58〕參見王化平：《帛書《易傳》研究》，頁176～177。

〔註59〕參見（漢）鄭玄注、（唐）賈公彥疏，李學勤主編：〈春官宗伯〉，《周禮注疏》（臺北：臺灣古籍出版公司，2001年），卷第二十，頁625。《禮記·少儀》云：「問卜筮，曰義與，志與」，注云：「義，正事也。志，私意也。」是問卜

人之問筮者曰，義與？志與？義則筮，志則否。文王、周公之彝訓，垂於筮氏之官守且然，而況君子之有為有行，而就天化以盡人道哉！」〔註60〕按此，卜筮上的義利之辨，這帶有一種價值的神聖性；特別地，當君子能占「義」而不占「利」時，那麼人的義行就能如《復‧象傳》所言「復其見天地之心」。其次，藉由卜筮彰顯的天道，是在於昭示君子以盡人道；不過，君子所該盡之人道，其應包括倫理上的仁義之道。因而，筮者應明白學《易》是寓於占《易》之中，否則當凶悔吝已著之時，他卻不知怎樣補救一己之過。更有甚者，就立人之道而言，何以船山認為由《易》所揭示的「吉凶」與「得失」，二者具有「兩端一致」之理呢？他說：

> 自愚者言之，得失易知也，吉凶難知也。自知道者言之，吉凶易知也，得失難知也。所以然者何也？吉凶，兩端而已。吉則順受，凶無可違焉，樂天知命而不憂。前知之而可不憂，即不前知之，而固無所容其憂。凶之大者極於死，亦孰不知生之必有死，而惡知其早暮哉！唯夫得失者，統此一仁義為立人之道，而差之毫釐者謬以千里，雖人且有疑焉。一介之從違，生天下之險阻，其初幾也隱，其後應也不測，誠之必幾，神之不可度也。故曰：「明於憂患與故。」
> 又曰：「憂悔吝者存乎介。」〔註61〕

根據上述，船山對所謂「愚者」、「知道者」的區分，其相當於君子、小人之別；而他亦言：「《易》為君子謀，不為小人謀。」〔註62〕然而，《易》為君子所謀為何？大致上，君子於《易》是「占義、不占利」；反之，小人是「占利、不占義」。

既然《易》為君子所謀者其無非在於「義」，那麼君子於占《易》上就不必一心於「利」之考量。因此，「吉」來則順受，「凶」至也不必違抗。相對地，小人則汲汲營營於「利」的覬覦，因而其於占《易》中則不能忘懷私利之得失；亦即，小人於占《易》僅畏禍徼福，而不知於凶悔吝之際該如何尋求補過之道。所以，船山於上述言「愚者於得失易知，而吉凶難知也。」其意即如是；換言之，小人雖能察知得失之別，但卻不明吉凶之由，以致他將「得失」

筮有不正之事，故云問事之正曰貞，即此經云貞者問事之正也。《禮記》的這一段話已涉及「公義」和「私利」的分辨了。
〔註60〕《周易內傳發例》，頁653。
〔註61〕《周易內傳發例》，頁653～654。
〔註62〕《周易內傳》，頁514。船山言「《易》不為小人謀詭至吉凶。」

與「吉凶」截然分而為二；這麼一來，「得失」、「吉凶」各自一道，以致天道、人道不能通於一理。

何以船山認為君子難於明辨得失之別呢？因為當君子合「義」以占《易》而起立人之道時，那麼「吉凶」即寓於「得失」之中；換言之，「吉凶」與「得失」本為一道、且不可分而為二。至於，學《易》者應如何克服將「吉凶」與「得失」截然分而為二的做法？船山言：「學《易》者於仁義體之，而天地之道存焉，則盡性而即以至於命。占者以仁義之存去審得失，而吉凶在其中矣。」〔註63〕按此，當君子學《易》、且藉由仁義以「盡性而臻於命」時，那麼這裡所言之「命」即與得失吉凶之道相函；其次，若占《易》者能以仁義審視得失的話，則吉凶之由即寓於其中。此外，「吉凶」與「得失」之間的關係為何？

關於此，船山言：「凶者未有不緣乎人之失也，吉者未有不緣乎人之得也。」〔註64〕因此，此恰體現船山言「吉凶得失一道」的精神、且其能盡天、人於一理。然而，天人之理又如何盡之呢？船山認為唯有以仁義作為立人之道，其必能從中體悟一介之從違；換言之，若筮者從「占學一理」中能持「得失」的此端，則「吉凶」之道即見於彼端。大致說來，當君子秉持「占義、不占利」時，那麼「吉凶」、「得失」就能處於「兩端一致」的關聯中。

何以船山認為「《易》不為小人謀」？船山於釋〈未濟〉之六三言「未濟征凶，利涉大川」時，他說：「凶而云『利』者，可益見《易》之言利，皆以合義利物為利，而非如《火珠林》之類，以快志而得財，為小人所喻之利也。」〔註65〕按此，船山明確指出《易》之言「利」者，乃以「合義利物」為「利」，而不像《火珠林》其卻滿足小人之覬覦於一己之私的需求。不過，在漢代象數易學之後會出現如《火珠林》之類者，此應不只是出自偶然之故而已，其中必存在著時代易學風氣而使然；因此，當船山去追溯漢代「占利、不占義」的筮卜風氣時，他又如何對此象數易學的背景提供一清晰及具體的說明呢？船山言：

> 顧自《連山》以後，卜筮之官各以所授受之師說而增益之，為之繇辭者不一，如《春秋傳》所記，附會支離，或偶驗於一時，而要不

〔註63〕《周易內傳》，頁622～623。
〔註64〕《周易內傳》，頁612。
〔註65〕《周易內傳》，頁502。

當於天人性命之理。流及後世，如焦贛、關朗之書，其私智窺測象
數而為之辭，以待占者，類有吉凶而無得失。下逮《火珠林》之小
技，貪夫、淫女、訟魁、盜帥，皆得以猥鄙悖逆之謀，取決於《易》，
則唯辭不繫於理數甚深之藏，而又旁引支干、五行、鬼神、妖妄以
相亂。〔註66〕

按上述所言，自《連山》以後，各卜筮之官對授《易》之師的說法常因情境
而增益之，並將其附加於繇辭之上，而此種現象就如船山言：「世之言《易》
者曰：《易》者意也，唯人之意而《易》在。」〔註67〕此影響所及，尤其以
漢代《焦氏易林》一書可作為代表，因為焦氏認為《易》可由一卦而六十三
卦皆可變，並進而推得四千九十六之占辭。例如《易林》書中言〈家人〉之
〈姤〉時，其云：「西行求玉，冀得隋璞，反見凶惡，使我驚惑。」〔註68〕
此一占辭，只言吉凶而略仁義得失；其次當我們審視《易·家人》之初九言
「閑有家」及上九言「有孚威如」之強調立人之道的內涵時，那麼將會發現
二書在內容的意義上相去甚遠。至於，焦氏在書中已寫下的幾千首占辭之
詩，後世易學家對此亦無從了解他是怎樣寫出來的；〔註69〕因而，船山於
上述以「私智窺測」之作稱之，此恰能適切地反映漢代易學的特性。至於
《火珠林》一書，是漢代之後而流行於民間的卜筮之書，而該書除利用京房
易學中所講的八宮、世應之象數卦變模式外，同時亦簡化京氏對卜筮之程
序而發展出來的；不過，該書讓後代學《易》者質疑之處，就在於筮者於所
筮之項目羅列眾多，包括買賣、求財、博戲、逃亡等個人私利之筮，〔註70〕
更有甚者，連盜賊、鬼神、詞訟亦可筮。〔註71〕大致上，船山對漢代象數
易學所呈現的混亂情況是如此說：

占者、學者，決擇以制言動，利害生死，行法以俟，自不犯物情之

〔註66〕《周易內傳》，頁 505～506。
〔註67〕《周易內傳發例》，頁 650。
〔註68〕（漢）焦延壽：《焦氏易林》（臺北：藝文印書館，1983 年），頁 247。
〔註69〕參見高懷民：《兩漢易學史》，頁 89。見氏言：「焦延壽何所依據而創作了這
　　　　幾千首占斷詩？卻是後世易學家無法得知的謎。」
〔註70〕參見（宋）麻衣道者著，劉永明主編：〈火珠林一卷〉，《四庫未收術數類古籍
　　　　大全：第三集·易占集成（一）》（揚州：江蘇廣陵古籍刻印社，1997 年），頁
　　　　48～51。
〔註71〕參見（宋）麻衣道者著，劉永明主編：〈火珠林一卷〉，《四庫未收術數類古籍
　　　　大全：第三集·易占集成（一）》，頁 56～62。

厭怒而亂其所守。若後世《易林》、《火珠林》先天觀梅之術，言賾、
言動而不察物宜，不循典禮，故屠販盜賊皆可就問利害，是訓天下
以亂，而可惡甚矣。〔註72〕

根據上述，船山要學《易》、占《易》者知道聖人之所以作《易》的情形；
特別地，《易》之六十四卦備天下之象，而占者、學者可因應卦之消長、盈
虛而領會其得失之情；卦爻雖深奧難懂，但卻不為學《易》者所拒斥，因為
聖人繫「彖辭」以擬象而示天人之意涵。至於，《易林》、《火珠林》之類的
卜筮之書，不僅不能「象其物宜」，而且僅著眼於「因象立辭」，故其占斷之
辭都不能與天、人之道的典章禮制相應。其實，船山認為《易》所占之「利」
是合義而利物；因而，當《易林》、《火珠林》所言之占其竟連盜賊亦可問利
害時，此實已悖離聖人作《易》之本意吧！大致說來，漢代象數易學的共通
性是在於強調吉凶之占、而不問物情之得失。事實上，這種情況早已出現於
《春秋左傳》中所記載有關《易》的筮例中，而孔子又如何針對諸多《易》
的筮例來加以刪定，並使其中的吉凶得失歸於一道、且能契合天人之理呢？
船山言：

孔子之前，文、周有作，而夏、商《連山》、《龜藏》二家雜占之說，
猶相淆雜。如《春秋傳（左傳）》之繇辭，多因事附會，而不足以垂
大義，而使人懼以終始。孔子刪而定之，以明吉凶之一因於得失，
事物一本於性命，則就揲策占象之中，而冒天下之道。〔註73〕

按上述之言，孔子雖於《繫傳》言：「易之興也，其當殷之末世，周之盛德
邪。」然，《尚書·周書》中有關〈金縢〉、〈大誥〉、〈召誥〉、〈洛誥〉及〈秦
誓〉等篇皆言龜卜而不及蓍筮。〔註74〕據此，孔子之前，關於《連山》、《龜
藏》二家之雜占其與文、周之《易》相混雜的情形又是如何？學者程石泉
提出：「今存《左傳》、《國語》中所徵引之卦爻辭，亦往往不同於今本《周
易》。」〔註75〕此二書可能引用夏《連山》或殷《龜藏》的卦爻辭。不過，
何以船山認為：「《春秋左傳》的繇辭，多因事附會，而不足以垂大義」呢？
　　根據《春秋占筮書》記載「僖公十五年：秦伯伐晉，卜徒父筮之吉。涉

〔註72〕《周易內傳》，頁538。
〔註73〕《周易內傳發例》，頁652。
〔註74〕參見程石泉：《易學新探》，頁26。
〔註75〕程石泉：《易學新探》，頁26。

河、侯車敗，詰之。曰：乃大吉也。三敗，必獲晉君。其卦遇蠱。」〔註76〕
按《蠱·彖》言：「蠱，元亨。利涉大川。先甲三日，後甲三日。」然，筮
人以卦象解之，常以象附會；〔註77〕其中取〈蠱〉之三至五爻而成〈震〉
之三畫爻，此象為盂，而盂覆為盆，故有敗之象。然，此非《周易》解筮
之法，因為《周易》之筮解是取九、六之爻變，而非如虞翻之以「互變」
作為解卦之法。〔註78〕大致說來，就《春秋左傳》中關於筮人解占之法而
言，其經常不能寓吉凶於得失之中；例如穆姜雖筮得〈隨〉，但她知道自己
不配此元、亨、利、貞四德，因而不信解筮之言，故其尚可稱為「自知之
明」者。〔註79〕相對地，當人道不能契合天道時，那麼即使由《易》筮得
吉凶悔吝，其亦不足於「垂大義」。其次，何以船山認為若《易》執於「立
一體」以為本，則其所筮仍不能「垂大義」呢？他說：

> 其（邵子）經營砌列為方圓圖者，明與孔子「不可為典要」之語
> 相背。而推其意之所主，將以何為？……不過曰：天地萬物生殺
> 興廢，有一定的象數，莫能踰於大方至圓之體。充其說，君可以
> 不仁，臣可以不忠，父可以不盡教，子可以不盡養，端坐以俟禍
> 福之至。〔註80〕

按上述之言，所謂「經營砌列」，此即船山認為：「邵子之圖，一切自然排比，
乘除增減，不可推移。」〔註81〕然而，何以船山又認為：「以康節之先天，安
排巧妙，且不足以與於天地運行之變化」呢？〔註82〕我們首先要知道《易》

〔註76〕（清）毛奇齡撰：〈春秋占筮書〉，《仲氏易春秋占筮書》（臺北：廣文書局，
　　　　1974 年），頁 16～17。
〔註77〕筮人以一語解之，即曰「蠱，內巽外艮。內既巽順而外復艮止，動則得敗，
　　　　故曰蠱。蠱者敗也。」又曰：「秦之入晉，又必踰河以進之，因而曰涉河。……
　　　　當占車乘今蠱之三、五恰有互震居其閒，則震車也。且此非他車震為諸侯，
　　　　即侯出也。然且震名仰盂，實有類于車箱；然乃蠱上有艮，艮為倒震，震一
　　　　倒而車箱盡傾向之所為。仰盂者，今覆盆。傾與覆為敗，則敗矣，故曰侯車
　　　　敗。」（參見（清）毛奇齡撰：〈春秋占筮書〉，《仲氏易春秋占筮書》），頁 17
　　　　～18。
〔註78〕參見李鏡池：《周易探源》，頁 364～365。見氏言：「所謂『互變』（互體、卦
　　　　變），是把一卦六爻中的二至四、三至五交互而成另外兩個卦，是一卦的組成，
　　　　不只內外兩卦，而是上一、下一、中二，共成四個卦了。」
〔註79〕參見程石泉：《易學新探》，頁 28。
〔註80〕《周易內傳發例》，頁 651。
〔註81〕《周易內傳發例》，頁 669。
〔註82〕《周易內傳發例》，頁 680。

是與天地之道相契應；而契合之道在於如《繫傳》所言：「神无方而易无體。」按此，《易》為陰陽之合撰，而陰陽絪縕、保合太和；亦即，陰陽以至密之交而生化流行，且周流六虛，故其所行不拘於一方。至於，《易》之陰陽六位，或隱或見、錯綜其數，且消息盈虛、由用以得體，故此既無心成化、亦無體而不立者。

相對地，船山認為：「後之為《易》者，如卦氣，如游魂、歸魂、世應，……皆立體以限《易》，而域於其方，雖亦一隅之理所或有，而求以肖無方之神，難矣哉！」〔註83〕按此，京房、邵雍之易學都蘊含一種象數之決定論的成分。因此，當船山認為由邵子之方圓圖所揭示的，只能以象數來看待天地萬物興廢；而邵氏之所謂「物」，其並不單指人而言，而是包括一切動、植物，甚至連器物亦能占。〔註84〕因而，船山言：「世所傳邵子牡丹之榮悴、瓷枕之全毀，亦何用知之以瀆神化哉！」〔註85〕按此，所謂「瀆神化哉！」此意味邵子之占，它可包括動、植物，甚至器物等在內；而關於萬物的存毀，則只有福禍而卻無「立人道」之得失。邵子這種以象數將天地萬物之生殺興廢歸於「立一體」而知其前定，此只囿於以「一體」為《易》理之本，而其中並無陰陽不測之神。因此，邵子之立一體者，其圖自上變而「趨時而忘本」；〔註86〕亦即只能行於天地之一端，而其筮得之吉凶卻不能垂大義；相反地，《易》不以「一體」為體，並強調「立本而趨時」，因而吉凶寓於得失之中，故它可以通天、人之道，並於機體綿延中具「兩端一致」之理。

根據上述，《易》不拘於一體之立，因而能「立本而趨時」，故其在於顯天道以昭回人道之「蘊」。然而，船山除極力批評漢代象數易學與邵子先天之學外，為何他亦不苟同《乾鑿度》、或《參同契》之竊《易》而圖謀一己之私的價值呢？他說：

> 文王作《周易》，一本諸天人之至理，止其誣冗，唯君子之謀道乃得占以稽疑，理定於一而義嚴矣。以此立教，後世之竊《易》者，或濫於符命，如〈乾鑿度〉；或淫於導引，如〈參同契〉；……惡知《易》之為用但如意斯而已乎？「通天下之志」以陰陽之情，「定天下之

〔註83〕《周易內傳》，頁 523～524。
〔註84〕參見（宋）邵雍撰：《故宮珍本叢刊：梅花易數・邵子易數等五種》，頁 40。見氏言：「……又凡見器物，欲知其成毀，亦看卦體無尅者，久長體。」
〔註85〕《周易內傳發例》，頁 654。
〔註86〕參見《周易內傳發例》，頁 668。

業」以建順之德,「斷天下之疑」以得失之理,非是三者,《易》之
所不謀也。〔註87〕

按上述之言,《周易參同契》為東漢魏伯陽所作,而此乃結合《周易》、道家及
煉丹思想於一體之書;因而,此書之旨蕪雜,其所闡述之義,既不專言《周
易》、亦不精於道家學說,而爐火之術則以追求長生不老為目的。然而,為何
船山認為此書「淫於導引」呢?學者任法融如此說:

> 《參同契》是借《周易》卦爻象數之象徵性符號,……,其核心內
> 容是以修煉內丹為主、長壽成仙為目的,其要意是以陰陽二者的配
> 合、進退變化,闡明修煉的功理及功法。〔註88〕

根據上述,《周易參同契》雖標舉《周易》之名,然書中卻不言吉凶得失之理,
而在於追求長壽成仙之修煉以立功。至於,《參同契》之所謀者,既不是以通
志成務而企求通天下之志,亦不是以崇德廣業而謀定天下之業,更無吉凶悔
吝以斷天下之疑。因此,船山言其為竊《易》者,此當無誇大之語;況且該書
僅強調成仙價值,但卻不看重彝倫價值,故其不足於垂大義。

何以船山認為〈乾鑿度〉是「濫於符命」呢?我們首先要了解《易》言
「命」的內涵所在;特別地,船山如此說:「『命』,以告占者也。因爻之動,
而繫之以辭,則人之進退作止,所以善其動者,皆其中所蘊之理矣。」〔註89〕
按此,《易》之言「命」,此即應占筮之爻動而吉凶悔吝繫之於辭,使人進退之
節有所依循,故天人合於性命之理。因此,《易》之言「命」,而「性」寓於其
中,故吉凶得失無所偏失。

〈乾鑿度〉所言之「命」其說明是包括對伏羲、文王、孔子、甚至漢朝之
所以興起的闡述,且其中所述皆為天命注定之事;其次,書中關於「天命」一
詞則關聯到天人相應的預言結構,例如《易緯乾鑿度卷下》言:「……成姬倉
有命在河,聖孔表雄,德庶人受命握麟,徵易歷日,陽紀天心。」〔註90〕按
此,其是指文王受命於《河圖》而得七、八、九、六之四營之數,而孔子於
《十翼》之「傳」則加以發揚;至於,漢代之以庶人因仁德而受命於天,並以
此獲麟而應《易》。事實上,〈乾鑿度〉所言之「符命」皆僅是一種想像的臆

〔註87〕《周易內傳》,頁557~558。
〔註88〕任法融:《《周易參同契》釋義》(北京:東方出版社,2009年),頁7。
〔註89〕《周易內傳》,頁576。
〔註90〕(漢)鄭玄注:《易緯是類謀外四種》(臺北:新文豐出版公司,1987年),頁
　　　　41~42。

測，其目的在於為封建的帝王權力找到「君權神授」的根基；尤其，〈乾鑿度〉以神話的色彩將作《易》的聖人烘托成超俗的角色，此不但偏離了史實，更使學《易》者的「立人」之道趨於弱化，以致天人之理不顯。

《易》雖強調「占義、不占利」，但何以《易·彖辭》常言「利有攸往」、「利涉大川」等語呢？船山言：

> 指示占者使崇德廣業，非但告以吉凶也。趣時，因時擇中，日乾夕惕也；盡利，精義而行，則物無不利也。能率吾性之良能以盡人事，則在天之命，順者俟之，逆者立之，而人極立，贊天地而參之矣。蓋一事之微，其行其止，推其所至，皆天理存亡之幾。精義以時中，則自寢食言笑以至生死禍福之交，皆與天道相為陟降。因爻立象，因事明占，而占示顯道，無一非性命之理。《易》為君子謀，初非以趨利避害也。〔註91〕

按上述之言，船山以「占學一理」闡述張子言《易》為君子謀之旨意；不過，所謂「占學一理」即「天人合於性命」之理。因而，當船山於上述言「指示占者使崇德廣業」，此在於使占者以仁義統乎立人之道，這麼一來，吉凶即寓於得失之中，故船山又於上述言「非但告以吉凶」，其意在此。

所謂「趣時盡利」，此雖言占《易》之道；然「日乾夕惕」、「精義而行」，此豈無學《易》之道存乎其中？船山於釋〈乾〉、〈坤〉之《大象》義而言：「〈乾〉大矣而但法其行，〈坤〉至矣而但效其勢，分審於六十四卦之性情以求其功效，乃以精義入神，而隨時處中，天無不可學，物無不可用，事無不可為。」〔註92〕按此，何以「隨時處中」呢？此若就吉凶得失而言，則「吉凶」與「得失」是處於兩端而一致；而唯此二者之兩端一致，那麼《易》才能顯天道、以昭人道。至於「精義入神」之意為何？此說明六十四卦皆函〈乾〉健、〈坤〉順之性情而致其功效。然而，何以上述言「天之命」非但告以吉凶而已？船山雖認為知道者能於「吉」而順之、於「凶」而無所違，〔註93〕但若學《易》者體「乾坤並建」之義，則猶可從「立人之道」以盡天人性命之理。

〔註91〕《張子正蒙注》，頁309。此為船山釋張子《正蒙·大易》言：「指之以趣時盡利，順性命之理，臻三極之道也。」
〔註92〕《周易內傳發例》，頁675。
〔註93〕參見《周易內傳發例》，頁654。

　　《易》所言之吉凶得失本是一道，且筮者筮吉凶於得失之幾。〔註94〕然，《易林》則因象立辭，而無得失之情；至於《火珠林》之占盜賊、邵子之《梅花易數》占器物等，皆以迎合小人求名好利之私而圖謀，此已悖人道至極。其次，《參同契》假《周易》之名而行煉丹成仙之實、以及《易緯乾鑿度》則藉由想像臆測而編著類似神話之預言等，此皆無法謀於《易》而明人倫以垂大義。然，《易》如何「因爻立象」呢？船山言：「以筮言之，則由三變以得一畫以為初，漸積十八變而成備。」〔註95〕其實，關於《易》之占，此方法載於《繫傳》言：「大衍之數五十，其用四十九，……故再扐而後卦。」然而，學《易》之道為何？對此，船山言：

　　　　以一卦言之，象以為體，六爻皆其用。用者，用其體也。原其全體
　　　　以知用之所自生，要其發用以知體之所終變。舍〈乾〉〈坤〉無《易》，
　　　　舍象無爻。六爻相通，共成一體，始終一貫，義不得異。〔註96〕

按上述所言，就一卦而言，「象」與「爻」的關係即為體用相函。但是，何以船山言：「用者，用其體」呢？《繫傳》曰：「『象』者材也，『爻』者效也。」既然，「生生」之謂《易》，那麼就必須合「象」、「爻」之全體才能明白「材成而斷之，在車為車，在器為器」的機體生化意涵；〔註97〕因此，船山言：「周公即文王之『象』，達其變於『爻』，以研時位之幾而精其義。」〔註98〕事實上，《易》乃處於天、人之道的歷程發展中，而聖人畫「卦」、作「象」、撰「爻」及繫「傳」，其目的在於通天人之理；而諸理之一，即「象」、「爻」一致，因為捨「象」之義，則「爻」之旨意將難以明白。大致說來，《易》之理體現於《繫傳》之言：「同歸而殊塗，一致而百慮」的「同歸一致」之理上。

　　何以於「因爻立象」、「因事明占」之中，「象」與「事」是不能截然分而為二？因為《易》要能為君子圖謀，否則可能出現如焦贛《易林》之「因象立辭」，並可謀於小人私利之事，此將違背《易》之理甚遠。此外，何以學《易》、占《易》亦不能分而為二？對此，《繫傳》言：「居則觀其象而玩其辭」及「動則觀其變則玩其占」，此中辭、變、象、占四者，恰說明《易》有聖人之道四焉；而辭、變、象是為學《易》之事，再合以「占」，即「占學

〔註94〕《周易內傳發例》，頁654。
〔註95〕《周易內傳發例》，頁666。
〔註96〕《周易內傳》，頁607。
〔註97〕《周易內傳發例》，頁661。
〔註98〕《周易內傳發例》，頁649。

「一理」能備於《易》之中；據此，若我們審度朱熹言：「《易》非學者所宜讀」之語，那麼按他這種「尚占而廢學」的做法，《易》又如何顯天道、以昭人道呢？因此，若《易》僅流於卜筮之小技，那麼它將無法日新其德，更不敢奢言其能成就廣大德業而明天、人之理所在。

三、「貞夫一理」的天人之用

船山於《易》上強調「占學一理」，然所謂「貞」夫「一理」，其意如何？對此，船山於《易‧說卦》言：

> 是故聖人之教，有常有變。……《詩》、《春秋》兼其變者，《詩》之正變，《春秋》之是非，善不善俱存，而一準之於《易》；《易》者，正變、是非之宗也。〔註99〕

按上述所言，何謂「《詩》之正變」？大致說來，朱熹認為《詩》以言志為「正」、而言情者為「變」；〔註100〕至於，所謂「春秋之大義」，此無非在於「揚善貶惡」，故《春秋》之善、不善同時俱存。《易》雖兼二者而有之，然所言之正變、是非，其不外體現在《易》道之消息、往來、盈虛的生成變化之中。不過，就《易》而言，聖人之教，在於有常有變；而關於「常」與「變」的關係為何？船山言：「在變，而變即其常。天時人事，皆已異志，不隨時以盡大常，而恃位為安，物不能容之矣。」〔註101〕按此，船山認為人唯能持「變即其常」之志，那才能盡天時人事之大常；類似地，「占」而後知「學」，而「學」以「占」應之，故「占學一理」而不可有所偏廢。此外，船山如何說明此「一理」乃不外是太極絪縕之流行呢？他如此說：

> 《易》之所以冒天下之道，而聖人與民之交資以去患者也。乃其所以然者，天地日月四時，皆太極之蘊所凝聚而流行。帝王、聖人受命於太極而立人極，非聖人之洗心藏密，不足以見其渾淪變化之全體大用。而以名象比擬之私智窺測者，不知其道之如斯而已。貞於

〔註99〕　《周易外傳》，頁1091。
〔註100〕　（宋）朱熹注：〈詩經傳序〉，《詩經集註》（臺北：萬卷樓圖書公司，1991年），頁1～2。見氏言：「凡詩所謂風者，多出於里巷歌謠之作，所謂男女相與詠歌，各言其情者也；惟〈周南〉、〈昭南〉親被文王之化以成德而人皆有以得其性情之正。……自〈邶〉而下，則其國治亂不同，人之賢否亦異，其所感而發者，有邪正是非之不齊，而所謂先王之風者，於此變焉矣。」
〔註101〕　《周易內傳》，頁287。此乃船山釋恆卦九三之「象」曰：「不恆其德，无所容也。」

一而不雜於妄，則竊《易》而流於邪，固君子之所必黜已。〔註102〕

按上述之言，聖人作《易》、百姓用《易》，而聖人與百姓又如何交資於《易》以去患呢？船山言：「聖人達其意於辭中，以勸善懲惡，歆動而警戒之，則鼓動天下之權，於辭而著，是利用出入、使民咸用之神所寓也。」〔註103〕按此，聖人作《易》而繫之辭，此乃顯天道、以昭人道，而於「占學一理」中顯示吉凶得失之道；然，就天道言之，陰陽二氣絪縕，密不可分，而天地清濁、日月幽明、四時往來，此皆太極陰陽之發用流行，而聖人〈乾〉、〈坤〉並建，以函六十二卦之大用。就人道而言，聖人秉性命之理而受命於太極，故人極立；然，關於此「立人極」之義為何？

船山言：「聖人作《易》，以鬼謀助人謀之不逮，百姓可用，而君子不敢不度外內以知懼。」〔註104〕按此，君子筮得吉凶悔吝之指示，當效法聖人之退藏於密，洗心以聽於神之所告，並極深研幾，以探究太極之理，此乃盡人道之為。至於，聖人作《易》在於即顯知密，而所謂為儀、為象、為卦之顯，此無一非太極全體之大用；然而，不論《易林》、《火珠林》或邵子的觀梅之術等，皆以迎合小人求名好利之圖謀，其於《易》理上，並不能崇德廣業、或通志成務，而僅因象立辭且自詡於天下之事皆能預先知之。這麼一來，所謂竊《易》者是將「吉凶」、「得失」分為二道；而關於學《易》、占《易》之事，其亦不能處於天人時中之幾，故最終將流於迷妄而不能貞於「占學一理」之大用。

大致說來，《易》之六十四卦，皆能占以示學、或學以占應之；然而，船山如何說明《易》之「立本趣時」亦為「占學一理」之大用呢？對此，船山藉〈損〉、〈益〉之二卦以明示其中之理數而云：

> 內卦立本以定體，外卦趣時以起用者也。……陰陽損益者，皆自其立本者言也。起用者往而且消，立本者來而且長者也。內卦在下為民，外卦在上為君。內卦筮得在始為質，外卦後生為文。內卦在中為情，外卦在外為事。內卦方生為德，外卦立制為刑。損民以養君，損質以尚文，損德以用刑，皆〈損〉道也。而〈益〉反是。〈損〉、〈益〉者，陰陽交錯以成化，自然之理，人心必有之幾，〈損〉不必

〔註102〕《周易內傳》，頁563～564。
〔註103〕《周易內傳》，頁566。
〔註104〕《周易內傳發例》，頁654。

凶，而〈益〉不必吉也。〔註105〕

按上述之言，所謂「內卦立本」是指《繫傳》言：「剛柔者，立本者也。」而所謂「外卦趣時」則指《繫傳》言：「變通者，趣時者也。」《損‧彖傳》曰：「損下益上，其道上行。」、《益‧彖傳》則曰：「損上益下，民說无疆。」因此，〈損〉、〈益〉皆為卦變者。〔註106〕然而，如何從一卦之爻的往來、消長中指出卦變者的天人之用呢？

　　至於，就《繫傳》言：「神以知來，知以藏往」來考量，並以內、外卦作為「立本趣時」之旨趣時，那麼卦變者的意義就體現於「藏往知來」的消長之中。因此，若從陰陽損益者而言之，則民與君、質與文、德與刑，無不處於「兩端一致」的對應關係中，並透過陰陽盈虛以揭示《易》之「藏往知來」的天命之理。不過，《繫傳》言：「《易》為道屢遷。」因而，〈損〉、〈益〉之所告，其或吉、或凶，並無必然之定數；然而，包括〈損〉、〈益〉在內的卦變者，我們又如何說明其以〈否〉、〈泰〉為「立本者」呢？船山言：

> 三畫之〈乾〉〈坤〉，或成象於內，或成象於外，各從其類而不雜者，
> 則為〈否〉、〈泰〉，離其類而相雜，則為〈隨〉、〈蠱〉。以下十八卦，
> 純者其常，雜者其變，故〈否〉〈泰〉非變，而餘卦為變。故《彖傳》
> 之理，多以〈否〉之變為得，〈泰〉之變為失。玩《傳》自見其義，
> 不當疑〈否〉、〈泰〉之不足於變也。變者，象變也。象不成乎〈否〉、
> 〈泰〉即其變，非謂既〈泰〉既〈否〉而又變為他也。以揲蓍求之，
> 其理自見。〔註107〕

據上述所言，就函「三陰三陽」之卦而言，〈否〉、〈泰〉可視為「立本者」，而其餘之卦則為「趣時者」。因此，《繫傳》言「立本以趣時」的含意，當不只限於六爻畫之內、外卦，而是能擴展至卦變者的範圍上。然而，船山亦言：「《周易》並建〈乾〉、〈坤〉為太始，以陰陽至足者統六十二卦之變通。」〔註108〕按此，就六爻畫而言，〈乾〉、〈坤〉可視為「立本者」，而〈否〉、〈泰〉是為「趣時者」。這麼一來，關於《繫傳》之「立本者」與「趣時者」的關係，其並非僅偏限於一卦之內的討論，而是可推展至卦變者之間的相

〔註105〕《周易內傳》，頁340。
〔註106〕參見《周易內傳發例》，頁662。船山言：「卦變者，因《彖傳》往來上下進
　　　　　行內外之旨，推而見其所自變也。」
〔註107〕《周易內傳發例》，頁663。
〔註108〕《周易內傳》，頁43。

對說明上。

此外，船山言：「貞夫一者，所以異於執一也。」〔註109〕大致說來，所謂「立本趣時」之理，這不能像老氏之強調「居靜守柔」的思想旨意，而是要從吉凶得失以明貞乎「一理」的意義。尤其，《易·象傳》經常藉由〈否〉、〈泰〉之變以說明人事得失之理；然，若以得失為「立本者」，那麼「趣時」的吉凶便存乎於得失之中，而此亦合於天人性命之理的深意。因此，船山言「立本趣時」之旨，其與「占學一理」的天人大用息息相關。

不過，邵子的易學其又如何體現《易》的本義呢？船山說：「《易》自下生，而邵子之圖自上變。自下生者，立本以趣時者也；自上變者，趣時而忘本者也。」〔註110〕按此，邵子之先天《易》僅著眼於趣時之「吉凶」，但卻昧於立本之「得失」；而他於《易》則強調「加一倍之術，無所底止之說也。」〔註111〕這麼一來，所謂邵子之先天《易》，因不能「立本以趣時」，故於占《易》、學《易》則不能貞乎「一理」，而此已悖離《易》之「兩端一致」之理。至於，船山又如何說明〈損〉、〈益〉二卦並不是以「〈損〉為凶、而〈益〉為吉」之素樸的現實理解呢？船山言：「〈損〉、〈益〉者，陰陽交錯以成化，自然之理，人心必有之幾，〈損〉不必凶，而〈益〉不必吉也。」〔註112〕按此，〈損〉、〈益〉皆因爻動而偕時消長、盈虛，並處於「機體綿延」之中；然而，人心可一本得失而統乎仁義，故有立人之道。由於船山認為「吉凶得失為一道」，所以〈損〉與〈益〉皆處於「機體綿延」之中，並能「兩端而一致」；簡言之，此即所謂「損則盈者虛、益者虛者盈」。〔註113〕按此，《易》非以見「虛」為凶、而窺「盈」為吉的說法，因為《易》為道屢遷，不可為典要。

（一）天人性命之理

相較於朱熹認為《易》僅為卜筮之用的說法，那麼船山則提出「立本而趣時」以體現學《易》和占《易》的天、人關係；至於，船山言天、人之道的關係為何？大致說來，他所揭示的天、人關係，約略包括天人相一致、循天制天、以及延天祐人等，而這些問題則留待筆者於本論文第五章敘述之。目

〔註109〕 《周易外傳》，頁1091。
〔註110〕 《周易內傳發例》，頁668。
〔註111〕 《周易內傳發例》，頁679。
〔註112〕 《周易內傳》，頁340。
〔註113〕 《周易內傳》，頁342。

前，筆者僅針對「天命」一詞的意義加以闡述；尤其，船山釋《繫傳》言「樂天知命」之義為何？他云：

> 天命之無所擇而施，知之則不改其樂。蓋在天者即為理，在命者即為正，天不與人同憂，而《易》肖之以詔人不憂。此知者之學《易》而合天道也。〔註114〕

按上述，船山之所謂「天命」乃是由卜筮以得卦的結果，而此中具有陰陽不測之神化。然，由卜筮所得，或吉或凶，而船山認為：「吉凶兩端，吉則順受，凶則無所違」；〔註115〕這麼一來，由卜筮而得的吉凶，此雖是「鬼謀」的情狀之知，但「人謀」之知是否寓於其中呢？筆者認為船山對此是持肯定的看法，因為所謂「在天者即為理」，〔註116〕這說明《易》道乃應天理而行，而人於窮理盡性中，他無不秉於「太和之誠」。一旦「天命之理」是合人謀、鬼謀於一揆，則當以人謀、鬼謀為二端時，其必能「兩端一致」；因此，所謂「命之正」莫過於此。其次，當人謀、鬼謀能合於一揆時，這就如〈大有〉之上九言：「自天祐之，吉无不利。」既然如此，《易》詔人以樂天知命而不憂，而所謂以「盡人而求合乎天德」更能體現天人性命之理。〔註117〕此外，何以合人謀、鬼謀於一理而才能「自天祐之，吉无不利」呢？船山言：

> 如《春秋傳（左傳）》所記，附會支離，或偶驗於一時，而要不當於天人性命之理。流及後世，如焦贛、關朗之書，其私智窺測象數而為之辭，以待占者，類有吉凶而無得失。下逮《火珠林》之小技、貪夫、淫女、訟魁、盜帥，皆得以猥鄙悖逆之謀，取決於《易》，則唯辭不繫於理數甚深之藏。〔註118〕

按上述之言，關於《春秋左傳》所記中關於「穆姜往東宮」一事，筮官筮得〈艮〉之〈隨〉，而筮官雖以《隨·彖》之元、亨、利、貞解之；但是，朱熹於《易學啟蒙·考變占》言：「五爻變，則以之卦不變爻占。」〔註119〕據此，朱子認為應以〈隨〉之六二：「係小子，失丈夫」解之為宜。然而，不論筮官解占之法、或以朱子之筮占法解之，二者對船山而言，其皆僅著眼於

〔註114〕《周易內傳》，頁522。
〔註115〕《周易內傳發例》，頁653～654。
〔註116〕《周易內傳發例》，頁675。
〔註117〕《周易內傳發例》，頁675。
〔註118〕《周易內傳》，頁505～506。
〔註119〕（宋）朱熹：《易學啟蒙》，頁48。

吉凶之「鬼謀」而略於「人謀」。大致說來，凡對某事之筮，則必須考慮人、事、物、時等因素，亦即合主、客之情境考量而解占，而不能僅緣於某種典要之理路以決之，否則其將顯於「天」而隱於「人」；因而，船山認為：「蓋一時之所值、一事之所占，則道著焉。當其時，處其地，擇其進退，天之災祥、地之險易、人事之順逆因而決焉。」〔註120〕按此，焦贛之《易林》，因象設辭，以待占者，而此並無人事之順逆蘊含其中；至於《火珠林》一書則以迎合小人求名好利之圖謀，此悖《易》之義甚大。至於，船山之合「人謀、鬼謀」以言「占學一理」，此又示人以何為？船山言：

> 「觀象玩辭」，學《易》之事。「觀變玩占」，筮《易》之事；占亦辭之所占也。……《易》因天道以治人事，學之以定其所守，而有事於筮，則占其時位之所宜，以慎於得失，而不忘憂虞，則進退動靜一依於理，而「自天祐之，吉无不利」矣。〔註121〕

依上述所言，船山闡述《繫傳》中關於學《易》、占《易》的看法，並以此見解體證其所提出「占學一理」的主張。不過，何以船山又言「占亦辭之所占」？他認為：「《易》之所以警惕夫人而獎勵之於善者至，非但詔以告凶而已。」〔註122〕按此，《易》之精義並非如邵子於《梅花易數》書中強調筮占在於對某事之吉、凶能夠前知之，而是要由所筮得凶、悔、吝之中以尋求補過之道。因此，凡於筮之時，筮者就該慎於得失而知所從違，且對照所占得時位之卦爻辭，並思索其中的天人性命之理。至於，此處所言之天人性命之「理」是為「實理」、或「虛理」呢？船山於《周易外傳·无妄》言：

> 若夫以有為迹，以无為常，背陰抱陽，中虛成實，斥真不仁，遊妄自得，故抑為之說曰：「吾有大患，為吾有身；反以為用，弱以為動，穤秕仁義，芻狗萬物。」究其所歸，以得為妄，以喪為真，器外求道，性外求命，陽不任化，陰不任凝。〔註123〕

按上述之言，船山依據易經之〈无妄〉的精神而對老子思想提出批評；特別地，他從《易》之重「生」的意涵而進一步強調儒、道對身體性之價值的區別。船山並不認同老子之言「吾有大患，為吾有身」，〔註124〕因為人之身體、

〔註120〕 《周易內傳》，頁 515。
〔註121〕 《周易內傳》，頁 516。
〔註122〕 《周易內傳》，頁 518。
〔註123〕 《周易外傳》，頁 886。
〔註124〕 參見樓宇烈校釋：《老子周易王弼注校釋》，頁 29。見老子《道德經·第十三

　　髮膚受之父母，這也是大自然生生不息的部分，而老子卻加以意識化，並認為人的身體是災禍的來源。

　　大致說來，船山之論《易》其不僅重「生」，而且從「生生之謂《易》」中肯定「生而有」的價值；換言之，凡一切處於生成變化中有關的陰陽存在現象，此並非如老子以「迹」視之，並訴之於觀念的概括，因為從船山主張「由用以得體」的見解略知，一切緣於陰陽而生的現象器物，皆蘊涵著體用不離、迹本相函的特性。因此，船山認為若依照老子所揭示的思想，那麼一切奠基於「無」之價值的思想發展，其最終只能如上述言「器外求道」及「性外求命」而已，而此是與船山論《易》所著眼的「天人性命之理」之主張相悖的。特別地，不論船山於〈大有〉提出「用有、體有」的看法、或由〈无妄〉中闡述「生而有」的易學思想，此皆說明《易》之理是為「實理」，而非「以有為迹」的「虛理」。

　　不過，若從朱熹認為《易》僅為卜筮之書以言之，那麼以他論《易》之理與先聖賢之易學比較，其中卻往往有曲折晦澀及難懂之處。尤其，朱子認為：「《易》只是空說箇道理，只就此理會能見得如何，不如《詩》、《書》執禮皆雅言也。一句便是一句，一件事便是一件事。」〔註125〕按此，朱子將《易》拿來與《詩》、《書》相比較，好讓讀者明白《易》只空說個道理，並要讀者順此「虛理」來領會它。不過，朱子所言及的《易》，其可能包含兩層面：其一，《易》原本的意思是卜筮之用；其二，後來的《易傳》已不是原來《易》的本義了。關於上述，朱子認為《易》只空說個道理，這應指《易傳》的內容而言，而他藉此說的目的可能在弱化《易傳》的義理層面，並同時突顯及強化《易》作為卜筮之用的本義。然而，朱子又如何說明《易》的本義僅表現在卜筮的含意上呢？朱子說：

> 《易》本卜筮之書，後人以為止於卜筮，至王弼用老莊解，後人便
> 只以為理而不以為卜筮，亦非想當初伏羲畫「卦」之時，只是陽為
> 吉、陰為凶，無文字，某不敢說，竊意如此。後文王見其不可曉，
> 為之作「彖」辭；或占得爻處不可曉，故周公為之作「爻」辭；又
> 不可曉，故孔子為之作《十翼》，皆解當初之意。〔註126〕

　　　　章》言：「吾所以有大患者，為吾有身。」
〔註125〕（宋）黎靖德編：《朱子語類——附索引（四）》（臺北：正中書局，1982 年），
　　　　〈卷第六十七·易三〉，頁 2638。
〔註126〕（宋）黎靖德編：《朱子語類——附索引（四）》〈卷第六十六·易二〉，頁 2578。

根據上述，朱子認為王弼在易學史上扮演一個重要分水嶺的角色；亦即，中國易學發展到了王弼以老莊解《易》，那麼學者對《易》理的探究才取得另一優先性。其實，由王弼掃除漢代象數而以義理解《易》的歷程，這其中意味著易學處在歷史綿延中是以一種辯證的現象來發展；換言之，學《易》、占《易》，二者往往因時代價值的趨勢而不能達成一致，並以相互傾軋的方式來發展。雖是如此，按朱子對四聖於易學史上之貢獻的描述，這很難令人從中去領會《易》於原初即為卜筮之書，因為就伏羲畫「卦」而言，若如上述限於「陽吉、陰凶」的看法，則此中僅存在著「吉凶之理」；然，若《易》僅言「吉凶之理」，其又如何揭示天、人之理的意涵呢？

其實，朱子之所以認為《易》僅為卜筮之書，部分原因是出於他將《易》與「吉、凶」作素樸地對應連結；例如朱子如此說：「上古民淳，未有如今士人識理，嶢崎蠢然而已，事事都曉不得，聖人因做《易》教他，占吉則為，凶則否。」〔註127〕按此，朱子所謂「上古」之言，這在指涉上僅是一模糊的時間點；而若就船山認為《易》是「由用以得體」、且其目的在於通天、人之道，那麼所謂「上古」、「中古」或「近古」的時間劃分，就顯得無關緊要了。不過，《易》於上述言「占吉則為，凶則否」的吉凶判斷中，一種隸屬於「天人性命」的思維即寓於其中，因為就以某事之筮而言，為何此人占之，得吉？然而，彼人占之，卻得凶呢？這麼一來，占「吉」、占「凶」並無定數。既然占《易》之吉、或凶不定，這又如何單憑「吉」、「凶」以論《易》呢？這又如何視《易》僅是卜吉凶之書呢？事實上，船山認為「吉凶得失為一道」的說法，此中即具有人倫價值的思想特色，因為《孟子·離婁上》言：「太甲曰：『天作孽，猶可違；自作孽，不可活。』此之謂也。」〔註128〕大致說來，筮者之筮，在於卜決疑；若所筮之事，其善惡得失已明，而若其中災禍之至，無不是咎由自取，此「自作孽」之事又何待卜而後知之？因此，吉凶與得失是不能截然分而為二。相對於此，朱子認為《易》為卜筮之書，而僅執於其中的吉凶之理；因此，「吉凶」與「得失」各為一道，故天人之理即隱而不顯。

事實上，朱子對四聖言《易》之理並非無所知悉、而卻不肯深研四聖言

〔註127〕（宋）黎靖德編：《朱子語類——附索引（四）》，〈卷第六十六·易二〉，頁2575。
〔註128〕（宋）朱熹：《四書章句集註》，頁280。

「吉凶得失一道」之理；〔註129〕相對地，何以他又極力推崇邵子先天《易》的見解？首先，就學術面而言，朱子言：「易書本原（源）於卜筮，又說邵子之學只把元、會、運、世四字貫盡天地萬物。」〔註130〕按此，朱子之視《易》僅為卜筮之書，並將其與邵雍論《易》的「元、會、運、世」之形上理論連結而加以敘述；據此，筆者認為他對邵子之先天《易》的重視，是遠遠超過其對四聖之《易》的關注。其次，就易學的闡述而言，朱子於回答學生「問邵先生說無極之前，無極如何說前」而曰：「邵子就圖上說循環之意，自姤至坤是陰含陽；自復至乾是陽分陰。復坤之間乃無極，自坤反姤是無極之前。」〔註131〕按此，朱子在此明確地指出邵子之方圓圖中，其關於「無極」與「無極之前」是處於某兩卦位之間的運行；至於，其「無極」之意為何？

關於「無極」一詞，朱子認為可藉它來形容「太極」是「無方所」、「無形狀」及「無聲無臭」的描述詞，〔註132〕並強調「太極」是不具形體的無極、而可避免「太極」被以「物」來看待。〔註133〕此外，就當代學者陳郁夫認為朱子所言之「無極」只是「太極」的同位語，〔註134〕或者如學者束景南認為周敦頤之〈太極圖〉最上一圈是「無極」與「太極」合而為一的說法而言，〔註135〕此皆不能呈現船山之以「動而不滯」描述「太極」的意涵；

〔註129〕 參見（宋）黎靖德編：《朱子語類——附索引（四）》，〈卷第六十六‧易二〉，頁2592。見朱子言：「……孔子盡是說道理，然猶就卜筮上發出許多道理，欲人曉得所以凶、所以吉。卦爻好則吉，卦爻不好則凶。若卦爻大好而己德相當則吉，卦爻雖吉而己德不足以勝之，則雖吉亦凶；卦爻雖凶而己德足以勝之，則雖凶猶吉。」

〔註130〕 （宋）黎靖德編：《朱子語類——附索引（四）》，〈卷第六十六‧易二〉，頁2588。

〔註131〕 （宋）黎靖德編：《朱子語類——附索引（四）》，〈卷第六十六‧易二〉，頁2566。

〔註132〕 參見（宋）朱熹著，陳俊民校編：《朱子文集（肆）》〈答陸子靜五〉（臺北：德富文教基金會出版，2000年），卷三十六，頁1441～1442。朱子言：「周子所以謂之無極，正以其無方所，無形狀，……，則又初無聲臭影響之可言也。」

〔註133〕 參見（宋）朱熹著，陳俊民校編：《朱子文集（肆）》〈答陸子靜五〉，卷三十六，頁1442。朱子言：「至熹前書所謂『不言無極，則太極同於一物，而不足為萬化根本；不言太極，則無極淪於空寂，而不能為萬化根本』，乃是推本周子之意，……。」

〔註134〕 參見陳郁夫：《周敦頤》，頁38。

〔註135〕 參見束景南主講：〈周敦頤《太極圖說》無極太極新論〉，《臺大歷史系八十週年系慶講座》，〈摘要〉，2008年11月5日。

換言之,「太極」是動而不息,而不是僅運行於某兩卦之間而已。

　　不過,邵子之先天《易》的內在問題,除了有關「太極」及「無極」之闡述的爭議外,還存在著他以〈復〉、〈姤〉為小父母所衍生的思辨問題。〔註136〕關於後者,船山言:「若〈乾〉初動而無〈姤〉道,〈坤〉初動而無〈復〉理,則又不可據義例為典要,在學者之知通爾。」〔註137〕按此,《易》之陰陽二氣絪縕,並以相錯、相綜摩盪,故船山認為邵子之方圓圖是與《易》言「不可為典要」相悖;〔註138〕而《周易》並建〈乾〉、〈坤〉,其中亦無如邵子之「大父母」、「小父母」的區分,因為按照邵子之以〈復〉〈姤〉為小父母的說法,則《易》便執於一理。此外,按邵子之說,若天地萬物皆可推其前知,那麼《易》之屬於「不疾而速」、「不行而至」的神化不測特性,則付之闕如;這麼一來,人何須盡心於進德修業的努力呢?

　　《繫傳》言:「爻象動乎內,吉凶見乎外,功業見乎變,聖人之情見乎辭。」按此,當卜筮之時,三變成一爻,而十八變則卦成;卦成之際,則吉凶因事而應。然而,吉凶之「理」又如何見著呢?船山認為:「『變』者,盡乎萬殊之理而無所滯也。」〔註139〕如上述已引,若《易》之吉凶,非只是吉凶而已,而於警惕中能獎勵人遷善補過;這麼一來,凡爻象之變而得失之理即寓乎其中,此將與《易》言「崇德廣業」之說息息相關,亦即《易》之言「利」,是在於「合義而利」。相對地,朱熹推崇邵子之先天《易》,並引其《梅花易數》之占術作為講學;對此,他說:

　　　　有氣有形,便有數;物有衰旺,推其始終便可知也。有人指一樹問
　　　　邵先生,先生云推未得,少頃,一葉墮,便由此推起。蓋其旺衰已
　　　　見,方可推其始終。〔註140〕

按上述,邵子之以一葉墮為「變」,而此「變」之理並不在崇德廣業、開物成務上著眼,而是指向萬物之興廢、生殺而能前知之;不過,邵子雖能占知一樹之衰旺,但此又何益於人事之德業呢?

〔註136〕 參見(宋)程大昌:《易原》(北京:中華書局,1985年),頁110。見氏言:
　　　　「邵氏雍、鄭氏央,立為復姤生卦之論曰:『乾坤大父母也,故能生八卦;
　　　　復姤小父母也,故能生六十四卦』。」
〔註137〕 《周易內傳》,頁514。
〔註138〕 參見《周易內傳發例》,頁651。
〔註139〕 《周易內傳》,頁554。
〔註140〕 (宋)黎靖德編:《朱子語類——附索引(四)》,〈卷第六十五·易一〉,頁
　　　　2558～2559。

船山認為《易》在於「立本而趣時」，且唯有「立本而趣時」，那麼聖人之辭、之情、之理方能明見。至於「立本」之道為何？對此，凡《易》之「貞吉」、「貞凶」及「貞吝」中所言之「貞」，此無不蘊涵著「天人性命」之理以立本，因為唯有天道之「命」日降，那麼才能昭回人道之「性」日生；至於「命」與「性」的關係，船山言：「盡性以至于命。至于命，而後知性之善也。」〔註141〕按此，唯有盡「人之性」而後才知「天之命」；也唯有通天、人之理，那麼所謂人之「性善」的本質才能披露出來。然而，何以船山認為邵子之先天《易》是「趣時而忘本」呢？對此，筆者從船山言：「剛柔之德，以立本而貞天下之動者，皆函於兩儀合一之原」來加以說明。〔註142〕

根據上述，所謂「兩儀合一」之原，此即在體現船山易學之「兩端一致」的人文創化精神，且「天人性命」之理亦寓於其中。若如邵子之以一葉墮而推知樹之衰旺，則這裡所言之「衰旺」，其意味樹將走向「衰亡」的氣數。這麼一來，「衰」與「旺」是不能成為二端；既然「衰」與「旺」不能成為二端，那麼怎敢奢言二者能有「一致」之理？因此，就船山論《易》而言，凡虛實、大小、清濁、甚至興衰，此皆具「二端」之型態；而當此二端遵循《易》之「藏往知來」的方式運行時，那麼「立本」、「趣時」二者兼具其中。不過，朱子對先天《易》只是著重於「極數知來」之占；〔註143〕然，朱子此處言「知來」，是呈現怎樣的時間意義呢？他說：「〈先天圖〉今所寫者，是以一歲之運言之，若大而古今十三萬五千六百年，亦只是這圈子；小而一日一時，亦只是這圈子，都從〈復〉上推起去。」〔註144〕按此，邵子以時間之數建立一個隸屬於元、會、運、世的宇宙論，而其方圓圖則透過以〈復〉、〈姤〉為小父母而推得。不過，邵子之方圓圖雖存有某種由「數」而來的《易》之「理」，但它是否蘊涵著「天人性命」之理？

在回答此問題之前，筆者認為〈咸〉之九四：「憧憧往來，朋從爾思」之言，此恰能體現船山於論《易》上的時間觀，因為船山說：「《易》之為道，自

〔註141〕《思問錄‧內篇》，頁413。

〔註142〕《周易內傳》，頁578。

〔註143〕參見（宋）黎靖德編：《朱子語類——附索引（四）》，〈卷第六十六‧易二〉，頁2576。見朱子言：「且如《易》之作，本只是為卜筮，如極數知來之謂占，莫大乎蓍龜，是興神物以前民用。」

〔註144〕（宋）黎靖德編：《朱子語類——附索引（四）》，〈卷第六十五‧易一〉，頁2570。

以錯綜相易為變化之經，而以陰陽之消長屈伸、變動不居者為不測之神。」
〔註145〕按此，《易》之為道，其不僅有「變化之經」，亦存在「不測之神」；因
而，《易》之陰陽往來，其始終處於憧憧之中，而其並非如邵子之有一明確的
理數而推論之。然而，《易·咸》言「憧憧」之義為何？對此，筆者援引船山
釋《周易外傳·未濟》而說明之；對此，他說：

> 天地之終，不可得而測也。以理求之，天地始者今日也，天地終者
> 今日也。其始也，人不見其始；其終也，人不見其終也；其不見也，
> 遂以為邃古之前，有一物初生之始；將來之日，有萬有皆盡之終；
> 亦愚矣哉！〔註146〕

按上述之言，船山認為人對天地萬物及各類生命的認識，是有限和欠缺的；因
而，人唯藉鬼謀之筮以補人謀之不足。既是如此，若以人性之「理」言之，則
人所能理解的天地，其始於今日，亦終於今日；換言之，人之以「憧憧之思」
怎能預料未來的吉凶禍福呢？其實，船山在此除了批評邵子之先天《易》是昧
於人性之實情外，同時也為學《易》之道找到其中足以作為倫理奠基的說明。

事實上，邵子於先天《易》中強調「知來」的意義，這無非是透過占卜吉
凶而有「趣時」的因應之道；然而，若筮者無法以仁義為「本」，那麼單憑卜
筮吉凶的指示，其又如何避禍趨福？因為藉由所謂「自作孽，不可活」的明
訓，即知為惡必凶，故筮、或不筮皆於事無補。因而，《易》之言「趣時」之
際，「立本」即存乎其中，二者是否能截然分而為二？船山言：

> 天下之動，雖極乎萬變之賾，而非善而無惡，非得而無失；仁義之
> 流，至於充塞仁義，而唯趣時之變所至，……是以〈乾〉〈坤〉立本，
> 而象爻交動以趣時，莫不出於中也。〔註147〕

按上述所言，天地萬物於陰陽消長、屈伸之際，神化不測，並存在著善惡、
得失之情。因此，凡卦之「立本」，唯統乎仁義而為立「人道」之本；換言
之，只有先以仁義審得失之情，那麼才能「趣時」而不惑於凶、悔、吝之至。
然而，據上述言「莫不出乎中」，其義為何？大致說來，此處所言之「中」，
其意指「立本」與「趣時」是為「二端一致」，亦能合「天人性命」之理；
因而，當《易》之以「貞吉」、「貞凶」及「貞吝」勉筮者應守正，並待時以

〔註145〕《周易內傳發例》，頁676。
〔註146〕《周易外傳》，頁979。
〔註147〕《周易內傳》，頁578。

遷善補過時，那麼「立本而趣時」的意涵就彰顯出來。相對地，不論《火珠林》、焦贛之《易林》或邵雍之《梅花易數》等，其皆僅著眼於吉凶之「趣時」而略於《易》之「立本」的得失考量；因此，三者之易學於「天道」彰顯之際，而卻無「人道」之「蘊」存乎其中。

（二）《易》本於《河圖》之理

《易》的起源為何？對此，歷代易學家各有一己的主張及看法，因而由古至今，它即呈現眾說紛紜的混雜現象；不過，船山認為：「《河圖》者，聖人作《易》畫卦之所取則，孔子明言之矣。」〔註148〕按此，船山對《易》之象數的認定，他是遵循孔子於《繫傳》之所言。不過，如果孔子於《繫傳》中只言《河圖》的話，或許後代易學家於追溯《易》之起源時，將可避免不少的紛爭；殊不知，《繫傳》如此說：「河出圖，洛出書，聖人則之。」據此，聖人作《易》所遵循的來源可能是《河圖》、也可能是《洛書》，或是二者兼備。然而，為何船山卻只認為《易》出於《河圖》之象數？他如此說：「《洛書》於《易》無取。……《洛書》本龜背之文，古者龜卜或法之以為兆，而今不傳。說者欲曲相附會於《周易》，則誣矣。」〔註149〕按此，船山認為《洛書》為龜卜之源，而其卜法已不傳。然，易學家對「筮」與「卜」的比較卻從未停息過；特別地，何謂「蓍短龜長」？船山於釋〈頤〉之六三言：「拂頤貞凶，十年勿用」而曰：

> 《易》屢言「十年」，要皆終竟之辭。僅言「十年」者，《春秋傳（左傳）》謂蓍短龜長，以此。聖人不終絕人，而天道十年一變，得失吉凶，通其變而使民不倦。筮不占十年以後，其意深矣。蓍之短，愈於龜之長。〔註150〕

按上述之言，「筮」與「卜」皆為《易》之占法，而所謂「蓍短龜長」的含意，易學家各有不同的說法；尤其，朱子認為龜有鑽灼之易而筮有扐揲之煩，〔註151〕他的看法於事理上是有待商榷的。因為不論龜卜、或筮占，各有其盛行而被採用的時代背景；或者說，筮占可能是從龜卜演化而來，而這

〔註148〕《周易內傳發例》，頁 655。
〔註149〕《周易內傳》，頁 564。
〔註150〕《周易內傳》，頁 252。
〔註151〕參見（宋）黎靖德編：《朱子語類——附索引（四）》，〈卷第六十六‧易二〉，頁 2607。

其中的原因未必是出於繁、或易的因素。然而，當船山認為龜卜於今不傳，而他卻於釋〈頤〉之「十年勿用」時，又援引《左傳》言「蓍短龜長」的看法，這其中是否存在衝突？其實，船山之以「十年」作為長、短的時間依據，這只是個概略的說法，因為天道是以陰陽消長、變動不居為神化不測，而上述所謂「天道十年一變」則僅能強調其「變」之一義。因此，「蓍短龜長」在易學史上的意義，大概是筮者於占《易》過程出於一種不經意的比較，而非其中必有一定的理數存在。

　　不過，就《易》之「變」而言，它表現在卜筮的爻象之動；而船山認為：「八卦之奇耦配合，必即《河圖》之象，聖人會其通，盡其變，以紀天下之化理也，明甚。」〔註152〕按此，船山主張《易》之八卦是出於《河圖》；然，其理由為何？他提出了「直接」與「間接」之雙重論述的說明。就直接義而言，船山言：

> 《河圖》中外之象，凡三重焉：七、八、九、六，天也：五、十，地也；一、二、三、四，人也。七、九，陽也；八、六，陰也。立天之道，陰與陽俱焉者也。至於天，而陰陽之數備矣。天包地外，地半於天者也，故其象二，而得數十五，猶未歉也。〔註153〕

按上述所言，《河圖》內、中、外三重之象，亦即外層七、八、九、六為天象；內層五、十為地數；中間一、二、三、四為人數。《河圖》亦蘊涵《易》的「三才之道」，即在「天」有陰陽、在「地」曰剛柔、在「人」言仁義。天包地外，而人得位於天地之中。至於，人為三才之一，其又如何與天地相互感應？船山言：「六位雖分，三才殊道，而天地絪縕，時相升降，人心之邪惡、氣之順逆，亦與天地而互感。」〔註154〕按此，三才之道雖殊，但其精義無不在於通天、人之理。若由七、八、九、六之數，此僅知奇、偶、陰、陽之成象的界定義；不過，學者又如何從中探究其引申義？尤其，關於人心貞、淫的德行考量將是如何？船山言：「卦重三而為六，在天而七、八、九、六皆剛，而又下用地之五、人之或一或三，而六陽成。地五、十皆成陰。此則〈乾〉〈坤〉六爻之象也。」〔註155〕按此，《河圖》是為十數之圖，而此

〔註152〕《周易內傳發例》，頁655。
〔註153〕《周易內傳發例》，頁657。
〔註154〕《周易內傳》，頁611。
〔註155〕《周易內傳發例》，頁657。

十數即為天地之數;而〈乾〉、〈坤〉所取之數,必含天地人三重之數在內。因而,〈乾〉雖稱陽,而陽中有陰;〈坤〉雖以陰稱之,而陰不離陽。如果就〈乾〉、〈坤〉之爻各為六陽六陰言之,那麼船山言「天地絪縕」之義甚明;不過,「仁義」又如何為《易》之「立人道」的體現?

關於「仁義」的意義,我們很難就《河圖》的象數而窺知;不過,當船山從《繫傳》言:「大衍之數五十,其用四十有九。」並將其與《河圖》關聯起來時,它卻可獲某程度的說明;因而,船山說:「《河圖》之數五十有五,大衍之數五十,不全用者,筮以筮人事之得失吉凶,天之理數非人事所克備也。」〔註156〕按此,船山由卜筮分辨出「天理」與「人事」的差異,而筮者之筮,其並不只是吉凶而已,其中亦寓有得失的考量,此所謂「筮者,筮吉凶於得失之幾也。」〔註157〕因此《易》之筮,它是不能忽略人在德行上的修為因素。至於,人的「修為」其又如何以仁義之得失來體現呢?學者曾春海認為:「修者,則得理得仁義而謂之『吉』;悖之者,則失理失仁義而謂之『凶』。其『吉凶』言理之得失也。」〔註158〕按此《易》之大衍之數,其所筮並非僅是「趣時」的吉凶之義,而亦有人道之「立本」的得失修為寓於其中。這麼一來,《易》於六十四卦中,凡言「貞吉」、「貞凶」及「貞吝」等有關「天人性命」之理的指示,其是透過「大衍之數」而彰顯出來;而船山贊同朱子於《周易本義》的看法,亦即「大衍之數」出於《河圖》的主張。〔註159〕

關於上述,筆者已對八卦、甚至六十四卦之本於《河圖》的直接意涵加以論述,而底下將從間接面向以進行辯證方式的說明。首先,船山如何駁斥五行配《河圖》的說法呢?船山言:

> 其以五行配《河圖》者,蓋即劉牧易《雜書》為《河圖》之說所自
> 出。《易》中並無五行之象與辭,五行特〈洪範〉九疇之一疇,且不
> 足以盡《雜書》,而況於《河圖》!篇中廣論之。〔註160〕

按上述所言,船山認為《河圖》中並沒有五行的說法,而「五行」一說是源於《尚書‧洪範》言九疇之一疇;〔註161〕而《河圖》之名則出於《尚書‧

〔註156〕《周易內傳發例》,頁656。
〔註157〕《周易內傳發例》,頁654。
〔註158〕曾春海:《王船山易學闡微》,頁119。
〔註159〕參見《周易內傳發例》,頁656。
〔註160〕《周易內傳發例》,頁655~656。
〔註161〕參見屈萬里:《尚書集釋》(臺北:聯經出版事業,1983年),頁117~118。

顧命》。〔註162〕宋代以前所稱的「河圖」、「洛書」是指寶器、符瑞或地理圖
而不涉十數排列圖和九數排列圖；〔註163〕後來，宋人將十數圖和九數圖分
別命名為《河圖》及《洛書》以說明《易》之八卦的來源。〔註164〕不過，
宋代一些學者在判定十數圖和九數圖的歸屬上卻出現了認定上的爭議；尤
其，劉牧在《易數鈎隱圖遺論九事》將〈龍馬負圖〉（十數圖）視為《洛書》；
〔註165〕之後，「十數圖」則或以《河圖》稱之、或有稱其《洛書》者。然而，
何以船山知道劉牧易《洛書》為《河圖》一事呢？《周易本義》記載：「蔡
元定曰：『圖書之象，自漢孔安國、劉歆、魏關朗子明、有宋康節先生邵堯
夫，皆謂如此。至劉牧始兩易其名，而諸家因之。故今復之，悉從其舊。』」
〔註166〕按蔡氏之言，劉牧易《洛書》為《河圖》之事，當非虛假，而船山
對此所言應有可信之處。不過，五行僅分布於東、西、南、北、中之方位，
而此五行方位猶不足對應《洛書》九數之位；因此，若企圖以五行對應《河
圖》的十位之數，那更不知如何處理呢？

不過，宋、明代的易學家，他們在八卦配五行的運作上創造出一套使二
者足以相互對應之道；船山言：

> 其以五行割裂而配八卦也，〈坎〉、〈離〉何以專水、火，而木、金、
> 土兼攝二卦；〈乾〉、〈坤〉為萬化之源，而使與〈兌〉、〈艮〉伍，以
> 分金、土之半；〈坤〉、〈艮〉杳不相及，而使同司土政；皆蔑理逆天
> 之說耳。〔註167〕

按上述之言，〈乾〉、〈坤〉是生六子，但為了以五行配八卦，所以就合〈乾〉、
〈兌〉以配「金」，並合〈坤〉、〈艮〉以配「土」。然而，船山對此安排提出
質疑：為何《周易》並建〈乾〉〈坤〉，但卻以〈乾〉〈兌〉、〈坤〉〈艮〉為伍

見《尚書》言：「……天乃錫禹洪範九疇，彝倫攸敘。初一，曰五行；……
一、五行：一曰水，二曰火，三曰木，四曰金，五曰土。」
〔註162〕參見屈萬里：《尚書集釋》，頁236。
〔註163〕參見張其成：《易圖探秘》（北京：中國書店出版，1999年），頁169。
〔註164〕參見張其成：《易圖探秘》，頁169。
〔註165〕（宋）劉牧撰《易數鈎隱圖》，收編於《四庫全書圖鑒》卷1（北京：東方出
版社，2004年），頁36。見劉牧言：「昔伏羲氏之有天下，感龍馬之端，負
天地之數出於河，是謂『龍圖』者也。戴九履一，左三右七，二與四為肩，
六與八為足，五為腹心，縱橫數之，皆十五。」
〔註166〕（宋）朱熹：《周易本義》，頁16。
〔註167〕《周易內傳發例》，頁680。

呢？其實，宋代易學家將天地之數區分為「生數」與「成數」，並將彼此加以演繹以說明八卦與五行之間的關係；但是，船山認為所謂「天一生水，地六成之」云云者僅是臆測之辭。〔註168〕

不過，若論及五行配八卦的主張，這雖在劉牧《易數鈎隱圖》提及，〔註169〕但具體指出〈乾〉〈兌〉，〈震〉〈巽〉、〈坤〉〈艮〉之兩兩為伍者，則為宋代易學家林栗於《周易經傳集解》中闡述之。〔註170〕事實上，不論劉牧、或林栗之以五行配八卦的做法，皆不能為船山所認同；至明代，易學家來知德於《易經來注圖解》則利用《說卦》中言：「帝出乎震」這一章所指出的八卦方位來對應五行之說，〔註171〕而影響所及，此就如船山上述所言「以五行割裂而配八卦」之夾雜術士的易學風氣盛行，並偏離了《河圖》的素樸精神和內涵；換言之，若遵循五行配八卦之說，那麼其是否能揭示《河圖》所蘊含的性命之理？船山言：

> 故參天兩地，一義也；兼三才而兩之一義也；……出乎〈震〉，成言乎〈艮〉，一義也；始以〈乾〉〈坤〉，歷二十六卦而〈坎〉〈離〉，歷二十卦而繼以〈震〉〈艮〉，歷四卦而繼以〈巽〉〈兌〉，一義也。皆命之所受，性之所成，和順因其自然，而不限以截然分析之位者也。〔註172〕

大致說來，劉牧不但以《洛書》易《河圖》，〔註173〕同時還將〈洪範〉中的五

〔註168〕 參見《周易內傳發例》，頁656。船山言：「其云『天一生水，地六成之』云云，尤不知其何見而云然。」

〔註169〕 （宋）劉牧撰《易數鈎隱圖》，收編於《四庫全書圖鑒》卷1，頁31。見氏言：「或問曰《洛書》云：一曰水、二曰火、三曰木、四曰金、五曰土，則與龍圖五行之數之位不偶者，何也？答曰：此謂陳其生數也，且雖則陳其生數，乃是已交之數也。」

〔註170〕 （宋）林栗撰《周易經傳集解》，收編於《景印文淵閣四庫全書.經部.6,易類》，卷12（臺北：臺灣商務，1983年），頁495。見氏言：「或曰：坎水、離火、震木、兌金，四時之物也，各位其方也。〈巽〉從乎〈震〉，〈乾〉接乎〈兌〉，猶可說焉。水六也，而為〈坤〉；七火也，而為〈艮〉，何也？曰：〈坤〉、〈艮〉土也，土无專位，寄王於四季，其在東南也，畏於木；其在西北也，遜於金，故東南為〈巽〉，而西北為〈乾〉，木、金之成也。」

〔註171〕 參見（明）來知德：《易經來注圖解》，收編於施維主編：《易經圖釋大典》（上海：辭書出版社，2015年），頁323～324。來氏言：〈坎〉屬水、〈離〉屬火、〈震〉〈巽〉屬木、〈兌〉〈乾〉屬金、〈艮〉〈坤〉屬土，是以八卦配五行。

〔註172〕 《周易外傳》，頁1075～1076。

〔註173〕 《河圖》、《洛書》原各為十數圖、九數圖；但，劉牧指《洛書》為十數圖，

行滲入八卦之中，並使五行與八卦處於等同的地位。其實，就周敦頤的〈太極圖〉而言，「五行」是僅位於五層義蘊〈太極圖〉中的第三層；〔註174〕而它又如何提升至與第一層之「無極而太極」、或第二層之「陽動、陰靜」圖（又稱水火匡廓圖）具有等同的地位？〔註175〕或者說，就來氏於上述論及《說卦》中關涉八卦之方位，並進一步闡述五行配八卦之說，這難道有益於學易者對《河圖》中關於天人性命之「蘊」的理解？對此，船山是持否定的態度，他於《張子正蒙注》言：「又取〈乾〉位西北之象。於此見八卦之方位，初無定在，隨所見而測之，皆可為方，……分文王、伏羲方位之異，術士之說爾。」〔註176〕按此，船山始終認為「《易》不可為典要」，但自宋以來某些易學家企圖依象數、甚至《易》中所言的諸多線索，企圖於學《易》的過程中找到具有「典要」規律的理路。然而，船山於上述指出八卦於《易》之六十四卦中的次序排列，此中並無定則；其次，他認為《易》於錯綜中之消長、盈虛，其皆為天命之所降，而人處於天地之中而受命，其性日生而日成。

就《河圖》、《洛書》而言，何者為十數圖？何者為九數圖？自宋以來，一些易學家太著重此二者之歸屬的爭議討論；相對地，船山身為易學家其並不落入「河九洛十」或「河十洛九」的框架，而是孜孜於《河圖》（十數圖）作為《易》之根源的說明。至於《洛書》是為十數、或九數圖，這並不是船山所關注的，因為他認為《洛書》已在《尚書·洪範》篇中詳述之；〔註177〕換言之，易學家無須對《洛書》過於置喙。不過，《河圖》作為《易》之源的依據何在？船山就〈乾〉、〈坤〉皆具「陰陽聚散之用」以言之；他說：

> 天垂象於《河圖》，人乃見其數之有五十有五：陽二十五而陰三十，

而《河圖》則成為九數圖。然宋代諸多易學家中，提出「河九洛十」的說法，當不僅是劉牧而已，包括朱元昇於《三易備遺》中亦如此主張（參見（宋）朱元昇：《三易備遺》，收編於施維主編：《易經圖釋大典》，（上海：辭書出版社，2015年），頁185）。

〔註174〕 參見張其成：《易圖探秘》，頁202。見〈圖3-14〉朱熹改定之周氏太極圖。

〔註175〕 參見（清）胡謂：《易圖明辨》，收編於施維主編：《易經圖釋大典》（上海：上海辭書出版社，2015年），頁417。見書中〈十七、水火匡廓圖〉，此即周子之〈太極圖〉的第二層。

〔註176〕 《張子正蒙注》，頁302。船山釋《正蒙·大易》言：「為冰，健極而寒甚也。」

〔註177〕 參見《周易內傳發例》，頁655。《洪範》言：「箕子乃言曰：『我聞在昔，鯀陻洪水，汨陳其五行；帝乃震怒，不畀洪範九疇，彝倫攸斁。鯀則殛死，禹乃嗣興，天乃錫禹洪範九疇，彝倫攸敘。』」（參見屈萬里：《尚書集釋》，頁117，聯經出版，臺北，1983年）。

各以類聚而分五位。聖人乃以知陰陽聚散之用,雖無心於斟酌,而分合之妙,必定於五位之類聚,⋯⋯因七、五、一而畫〈乾〉,因六、十、二而畫〈坤〉。天道下施,為五、為七以行於地中;地道上行,為十、為六以交於天地。〈乾〉止於一,不至於極北;〈坤〉止於二,不至於極南;上下之分,所謂「天地定位」也。〔註178〕

按上述之言,船山認為《河圖》體天地之道,其中所函天地之數有一至十,而其外為七、八、九、六,中為一、二、三、四,內為五、十之數,凡內外之數有三重。《河圖》包含陽之數二十五與陰之數三十,合計五十有五;數各以其類相聚,而分布於五位之所。天地之數雖由一至十,但船山認為:「以陰陽之本體而言之,一、二而已矣。專而直者,可命為一;翕而闢者,可命為二。」〔註179〕按船山於此所言,其與《繫傳》言「夫〈乾〉,其靜也專,其動也直,是以大生焉;夫〈坤〉,其靜也翕,其動也闢,是以廣生焉。」二者之義可相通。

〈乾〉知在於健行,故其動也直;〈坤〉能在於柔順,故其靜也翕。然而,〈乾〉非動而無靜,故其靜也專;〈坤〉亦非徒靜而無動,故其動也闢。唯有合〈乾〉、〈坤〉之用,那才能天地定位,並由「大生」、「廣生」以明「生生之謂《易》」的要旨;然而,《易》於〈乾〉之專直、〈坤〉之翕闢中,其又如何「成變化而行鬼神」呢?船山言:

陽盈而陰虛,陽一函三,而陰得其二。虛者清而得境之全,濁者凝而得境約,此法象之昭然可見者也。「成變化而行鬼神」者,其用也,用則散矣。陽即散,而必專直以行乎陰之中,故陰散而為四、六、八、十,而陽恆彌縫其中虛,以為三、五、七、九。一非少也,十非多也,聚之甚則一、二,散之甚則九、十也。「成變化而行鬼神」者,以不測而神,人固不能測也。故其聚而一、二,散而九、十者,非人智力之所及知,而陰陽之聚散實有之。〔註180〕

按上述之言,《易》之道,其即陰、陽之道;然而,「陰」、「陽」並非各自為道,而是陰、陽以盈虛、清濁、大小之殊異,合和生成變化、且渾淪於太極之中而為一。然而,「太極」有象無數,故陰陽之數必本於《河圖》。《繫傳》

〔註178〕《周易內傳》,頁545。
〔註179〕《周易內傳》,頁544。
〔註180〕《周易內傳》,頁544～545。

言：「〈乾〉〈坤〉其易之蘊邪！」此言陰、陽乃至密之交，亦即陰陽始終密不可分。不過，陽清而散，陰濁而凝；故陽之散其必行乎陰之中，陰之凝其先必交陽而後成形，此即所謂「陰陽二氣絪縕」。

船山言：「……，《河圖》之數，皆可分合以為數，而五位五十有五，參伍錯綜，而後八卦以成。故《河圖》者，卦之全體；而蓍策者，《河圖》之偏用。」〔註181〕按此略知，《河圖》於成八卦之際，其圖中三重之數自有分合；然，何以當「陰散」之時而「陽」即能彌縫其中之「虛」呢？對此，筆者認為此可從〈乾〉知、〈坤〉能以探討之；特別地，船山言：「知无迹，能者知之迹也」的說法足以作為我們對它的理解。〔註182〕大致說來，船山之所謂「盈天地之間皆器矣。」〔註183〕按此，即指有陽必有陰，有陰必有陽；因而，當陽散之時，陰凝即至；而當陰散一刻，則陽即彌其縫，故陰陽二氣絪縕、密不可分。

然而，就《河圖》之數以言之，陽之數為一、三、五、七、九；而陰之數則為二、四、六、八、十。《河圖》為《易》之源，其數凡三重，即兼天、地、人三才之道；而〈乾〉陽為一且〈坤〉陰為二，〔註184〕陰陽相互為用，以通天、人之道。故船山於上述言「一非少也，十非多也，聚之甚則一、二，散之甚則九、十也。」〔註185〕按此說明陰、陽之聚散無定則；然，陽散、陰凝，陰散、陽彌無不在於陰陽相互合德，故即數見象，而無多、寡之情。不過，何以船山認為陰、陽之聚散其非人之智力所及？船山言：

> 卦重三而為六，在天而七、八、九、六皆剛，而又下用地之五、人之或一或三，而六陽成。地五、十皆陰成。此則〈乾〉〈坤〉六爻之象也。一、三皆陽也，〈乾〉虛其一而不用者，天道大備，〈乾〉且不得而盡焉，非如地道之盡於〈坤〉也。〔註186〕

按上述所言，船山之卦重三而為六的「重卦說」其是奠基於三才之道的易學思想；〔註187〕若對「爻」而言，天、地乃以剛、柔對應，故船山言：「五，

〔註181〕《周易內傳發例》，頁 656。
〔註182〕《周易外傳》，頁 989～990。
〔註183〕《周易外傳》，頁 1026。
〔註184〕《周易內傳》，頁 544。船山言：「陽盈而陰虛，陽一函三，而陰得其二。」
〔註185〕《周易內傳》，頁 544。
〔註186〕《周易內傳發例》，頁 657。
〔註187〕參見高懷民：《宋元明易學史》（臺北：高懷民出版，1994 年），頁 404～405。

剛也；剛亦柔之剛。」〔註188〕按此，六、八雖在天為剛，然此「剛」為「剛之柔」。至於，上述已言及「七、五、一而畫〈乾〉，而六、十、二而畫〈坤〉」，此中五、十為地道，故〈乾〉〈坤〉則盡於地道之象。一、三為人道之陽，然〈乾〉僅取其一而卻虛其一，因而〈乾〉不得盡天道之備。既然〈乾〉都不能窮盡天道，何以船山認為《易》之源是《河圖》、而不是《洛書》呢？這除了上述之理由外，筆者亦可就「河十洛九」之「象」與「數」的關係來加以闡述。

　　船山將形而上之「道」與形而下之「器」統之於一「形」；〔註189〕然，若視《河圖》、《洛書》皆為一「形」，則《河圖》、《洛書》各以主「象」、主「數」為要旨。〔註190〕不過，筆者認為《河圖》之有「象」而非無「數」；相對地，《洛書》之有「數」而非無「象」。就《河圖》而言，《河圖》為「象」來（伸）而「數」往（屈）之形，然「數」之與「象」雖異用而本則一。〔註191〕至於，如何說明《河圖》之「象」和「數」本是「合一」之義？以〈乾〉、〈坤〉之數各為七、五、一及六、十、二象徵之，〔註192〕二者皆函天、地、人三才之數；因而，《河圖》之「象」與「數」是符應《繫傳》言「同歸而殊塗，一致而百慮」的「同歸一致」之理。

　　當船山認定《河圖》為《易》之源時，他又如何看待《洛書》與《易》的關係？《洛書》主「數」，其義為何？基本上，《洛書》主「數」之義在於以「奇」數為始，〔註193〕因而《洛書》之五奇數象徵五行；但是船山反對將五行割裂而配八卦，〔註194〕因為他認為〈乾〉、〈坤〉為天地父母而卻任意將其

〔註188〕《周易內傳發例》，頁 657。

〔註189〕參見《周易外傳》，頁 1029。

〔註190〕參見（宋）蔡沈：〈洪範皇極內篇原序〉，《洪範皇極內篇・一》（臺北：臺灣商務，1973 年），頁 1。見氏言：「體天地之撰者，易之象；紀天地之撰者，範之數。數者始於一，象者始於二。一者奇，二者偶也。奇者數之所以行，偶者象之所以立。故二而四，四而八，八者卦之象也。一而三，三而九，九者九疇之數也。」

〔註191〕參見（宋）蔡沈：〈洪範皇極內篇原序〉，《洪範皇極內篇・一》，頁 1。

〔註192〕參見《周易內傳》，頁 545。

〔註193〕參見張其成：《易圖探秘》，頁 129。

〔註194〕參見《周易內傳發例》，頁 680。（明）來知德主張：〈坎〉屬水、〈離〉屬火、〈震〉〈巽〉屬木、〈兌〉〈乾〉屬金、〈艮〉〈坤〉屬土，此是以八卦配五行（參見（明）來知德：《易經來注圖解》，收編於施維主編：《易經圖釋大典》，頁 323～324）。

與〈兌〉、〈艮〉為伍。然而，《洛書》是否具「象」往而「數」來之特性？筆者認為《洛書》之四偶數位於九宮圖的四隅，處無來無往之狀，故其不能以奇、偶之數起「同歸一致」之理的效用。因此，筆者亦認為《易》之源是《河圖》，而不是《洛書》。

此外，船山言：「《河圖》之數五十有五，大衍之數五十，不全用者，筮以筮人事之得失吉凶，天之理數非人事所克備也。」〔註195〕按此，以「大衍之五十」占《易》，而六十四卦皆示占者以吉凶悔吝；然，筮「大衍之數五十」其未必能窮盡天之理數，因而占《易》者於明吉凶指示外，應藉學《易》以領會得失之幾。關於「大衍之數五十」，此除指出《河圖》之數不全用外，其亦說明《易》具有神化不測的本質，因而這情況就如船山所言：「固有人所不可知而所不與謀者。」〔註196〕按此，人對「天數」之所以無法知曉，那是因為其超乎人的智力所能理解，故其非人所能與謀者。既然《河圖》之理數有人所不能與謀者，因而《易》之精義並非僅透過「大衍之數五十」以知吉凶之此端，更要筮吉凶於得失之幾的彼端，且尋求其能「兩端一致」。

大致上，船山上述言「成變化而行鬼神」之義，是體現在陰陽不測之神化上。不過，就占《易》而言，船山認為《易》雖固有人所不能謀者，因而當「大衍之數」法《河圖》之數，並從中取五十之數而虛其體之五時，其如何顯天道即昭人道呢？船山言：「聖人作《易》，以鬼謀助人謀之不逮，百姓可用，而君子不敢不度外內以知懼。」〔註197〕按此，聖人本《河圖》作《易》，以鬼謀助人謀而百姓可用。但是，《易》之占非徒言吉凶而已，亦有仁義之道存乎其中。

船山上述又言「君子度外內以知懼」，此言君子並非如小人，僅透過占《易》而謀一己之私，因而船山言「《易》為君子謀」之旨於此明矣。然而，《河圖》為《易》之源，其除了成八卦之象、以及為六十四卦之根源外，它還蘊含著怎樣的意涵呢？首先，《河圖》具有三重之象數，此對應三才之道的內涵；其次，「大衍之數五十」雖法《河圖》以筮，但學《易》之道即寓於其中，故終能體現「占學一理」、「吉凶得失一道」；最後，君子審度占《易》之道，並於吉凶戒慎中而反求諸己，唯此才能領會「《易》為君子謀」的深意所在。

〔註195〕《周易內傳發例》，頁656。
〔註196〕《周易內傳發例》，頁656。
〔註197〕《周易內傳發例》，頁654。

四、小　結

在本章中，筆者從多元的面向以闡述船山之「占學一理」的易學內涵；尤其，當我們探討占《易》、學《易》二者如何兩端一致時，那麼就不得不重視船山所提之「四聖一揆」的主張，因為若四聖之《易》不能一揆的話，那麼《易》就會如朱熹所認為的那樣，即存在所謂「先天」、「後天」之《易》的區分。至於，朱子所認定的先天《易》，它是以邵雍之「方圓圖」作為典型和依據的闡述；不過，邵子之奠基於「方圓圖」而建立的宇宙論是為一形上學理論，而關於此一理論，它是無法從現實的觀點來加以證實、或對其否定的。既然邵子的易學是屬於一形上理論，那麼其又如何以卜筮來預知現實世界的人、事、物之種種情況呢？

關於邵子的易學，韋政通先生認為它是由象數所推演、並應用於人世觀察的那套形上理論是奠基於「天人同質化」的前提上，〔註198〕而邵子藉此理論以發展出有關卜筮之用的《梅花易數》一書；不過，邵子於該書中則認為器物之存毀皆可占而知之。〔註199〕至於，邵子於《梅花易數》中列舉了那些可適用於筮卜的項目呢？筆者從明代楊體仁所撰之《梅花心易闡微》一書略知，書中所載包括訟詞、失物、逃亡及盜賊等等皆可筮占。〔註200〕這麼一來，邵子的觀梅之術則與焦贛的《易林》及《火珠林》等占卜之術無異；換言之，當盜賊都可就《易》而問利害時，那麼《易》就成了小人圖謀一己私利的工具了。相對地，當我們從《繫傳》言：「（《易》）其出入以度外內，使知懼；又明於憂患與故，无有師保，如臨父母。」來思索時，那麼《易》之教其有如師保、父母的諄諄教誨，而使人於內外之度而能知所警惕。

其次，據上述《繫傳》所傳達出「明得失之幾」的內涵，其恰如張載於《正蒙·大易》所言之「《易》為君子謀」的精神體現；之外，關於朱熹於《本義》書中所言，其僅戒占者於進退、出處語默能「慎擇而固執」之，〔註201〕然其中卻缺乏「合義利物」的君子之謀。〔註202〕此外，朱子雖在《周易本義》

〔註198〕參見韋政通：《中國思想史·下冊》，頁1045。
〔註199〕參見（宋）邵雍：《故宮珍本叢刊：梅花易數·邵子易數等五種》，頁40。
〔註200〕參見（明）楊體仁：《梅花心易闡微》（北京：華齡出版社，2016年），頁98～102。
〔註201〕參見《周易內傳發例》，頁671。
〔註202〕參見《周易內傳發例》，頁671。

書中援用伊川《程氏易傳》的精神，〔註203〕但他仍堅持《易傳》非《易》之本義的信念；因而，由於朱子割裂「四聖」之《易》在歷史發展淵源上的機體性，以致讓後學者誤認四聖之《易》等同於《火珠林》的地位，〔註204〕且不能讓人認清文、周與孔子之《易》皆出於伏羲之畫「卦」的根源本質。

其實，「四聖一揆」是船山言「占學一理」所不可分的一環，因為從四聖之《易》所揭示出的人文價值，皆具有一種本質的「同一性」；亦即，四聖所關注的內容無不關涉天、人之際的問題。至於，船山於論《易》中其又如何突顯此一天、人的理路呢？大致說來，船山所揭示的易學方法是強調「由用以得體」的機體進路；而在「占學一理」的課題上，他除了論述「四聖一揆」外，更以「占義、不占利」作為占《易》的時代筮卜價值，而其中他提出「合義而利」的見解而能使占「利」寓於「仁義」之中；這麼一來，吉凶得失可為一道，或者說，「吉凶」與「得失」能處於「兩端一致」的易學機體發展中。當然，若想從占《易》、學《易》之中領會「占學一理」的精義，則這有待於筮者對所謂「吉凶得失一道」之內涵有更深一層的領會；尤其，船山認為《易》體現在「立本而趣時」，且以立人道而統乎三才之道，而「貞夫一理」的天人之用精神才能彰顯開來。

然而，所謂「立本而趣時」的「立本」之義為何？筆者從《周易》中有關爻之「辭」及「象」來探討，並從中說明《易》之言「貞」的意義如何。例如賁卦之初九「辭」言：「貞其趾，舍車而徒。」；解卦之九二「象」言：「貞吉，得中道也。」；恆卦之九三「辭」言：「不恆其德，或承之羞，貞吝。」；晉卦之九四「象」言：「鼫鼠貞厲，位不當也。」；明夷卦之六五「辭」言：「箕子之明夷，利貞。」；巽卦之上九「辭」言：「巽在牀下，喪其資斧，貞凶。」按以上六卦爻之「象」、或「辭」所言而略知，〈賁〉之初九因身份、地位卑微，即使懷才不遇，仍不宜輕舉妄動，故「貞其趾」；〈解〉之九二，處內卦之中而得位，故「貞」之即「正」，言其德、位兼備；〈恆〉之九三，處內卦之外，有躁進之嫌，不能持恆德業精進，故有「吝」之象。〈晉〉之九四，處外卦之下，近五爻之君，畏縮之情可見；〈明夷〉之六五，箕子聰穎睿智，

〔註203〕 參見康全誠：〈摘要〉，〈朱熹《周易本義》試探〉，《遠東學報》，第十九期，2001年9月。見氏言：「由此探求朱子《易》說乃主卜筮，兼採《易程傳》精要，而參以己說，著成此書也。」

〔註204〕 參見《周易內傳發例》，頁683。船山言：「觀於《繫傳》，而王安石屏《易》於三經之外，朱子等《易》於《火珠林》之列，其異於孔子甚矣。」

以「貞」識時務而「利」寓於其中;〈巽〉之上九,上陽已極,又喪資斧,故「貞」亦「凶」。

總結上述,《易》之以爻立象,而天、人之情可見;簡言之,《易》之情在於顯天道、即昭回人道。此外,從上述列舉之爻「象」、或「辭」,不論言「貞吉」、「貞吝」、「貞厲」或「貞凶」等等,皆先言「貞」而後言吉、凶、厲、吝;不過,船山言:「貞則利,利必貞也。」〔註205〕按此,何以船山認為「貞則利」呢?筆者認為此即船山所言「立本而趣時」的精義所在;因為唯有以「貞」立本,那麼才能明吉、凶、厲、吝等天命之所趨,也才能因時而有所擇執。至於,何以船山又言「利必貞」?船山認為《易》所言之「利」其非圖謀於一己私利,而是要「不以利為利,以義為利也。」〔註206〕既然船山認為《易》之言「利」在於「合義而利」,那麼不論「立本」、或「趣時」,只要「義」寓於其中,則由「立本」可「趣時」,而「趣時」亦「不忘本」;因而,「立本」與「趣時」可兩端一致。

相對地,邵子以元、會、運、世建構出一個類似宇宙論之生滅、興衰的歷史預言;不過,邵子卻涉入本非形上學家所應用心的經驗現象,〔註207〕尤其包括筮卜訟詞、失物、逃亡及盜賊等事情的吉凶。這麼說來,邵子的《梅花易數》僅言筮占之吉凶,而卻無得失之幾的「立本」之「貞」;特別地,當盜賊都可就問《易》之吉凶時,那麼《易》言「崇德廣業」又有何益呢?船山認為邵子之先天《易》是「趣時而忘本」,而所忘之「本」則在於缺乏「立人」之道。大致說來,邵子之以「一物觀萬物」的主張,〔註208〕其雖能建立起一個荒大極遠的象數歷史世界觀,但當天道彰顯之際,人道仍隱而不顯。因為《易》的根源是奠基於三才之道的《河圖》,而《河圖》不僅擁有八卦之象,且可藉由八卦之象摩盪而成六十四卦;這麼一來,《河圖》作為《易》之源,它並不在於提供「以物觀物」的天地之情,而是在於揭示「立本而趣時」的天人之理。

根據上述之言,什麼才是船山之「占學一理」的人文創化表現呢?關於此,除了可從占《易》、學《易》,二者能「兩端一致」的面向來探討,但更重

〔註205〕《周易內傳發例》,頁671。
〔註206〕《周易內傳發例》,頁671。
〔註207〕參見勞思光:《中國哲學史·第三卷上》,頁168。
〔註208〕(宋)邵雍著,(清)何夢瑤輯釋:《皇極經世易知·上》卷五,頁10。

要的是要從「動則觀其變」及「居則觀其象」之中以揭示《易》的「天人之用」；所謂「占學一理」的天人之用，其無非在於「筮吉凶於得失之幾」；換言之，占《易》而學《易》即寓於其中，而學《易》亦當以占《易》驗之，故「吉凶」與「得失」處於兩端一致。更有甚者，當以「卦重三而為六」論《河圖》時，則所謂「一、三皆陽也，〈乾〉虛其一而不用者」更能突顯《易》之陰陽不測的特性。〔註209〕因此，君子於筮占之際，不得不戒慎而有所懼，而此憂患之情則表現在「占義、不占利」的天人之用上；何以如此？因為《易》為君子所圖謀是在於「合義而利」。

〔註209〕 《周易內傳發例》，頁 657。

第四章 「象爻一致」的經權之理

　　關於《易》之「象辭」與「爻辭」的來源為何？這似乎是個不容易回答的問題，因為我們很難從現有的文獻去追溯《易》的起源；不過，當代有些學者則企圖從《易》與《詩》去尋找二者之間的關聯線索。〔註1〕其實，船山於《周易內傳》中，他認為《比·象》之言「不寧方來」的「不寧方」猶《詩》言「不庭方」。〔註2〕雖是如此，〈比〉言「不寧方來，後夫凶」與《詩》言「榦不庭方，以佐戎辟」；二者各自處於不同的情境之中。〔註3〕因此，一旦《易》的「象辭」、「爻辭」有引用《詩》的文句、或摘自古歌的文字，〔註4〕那麼它就成為新的、獨立的「文本」；換言之，我們對《易》的「象辭」、「爻辭」就需要從特定時空來理解其新的意義，而不應還被侷限在原先的內涵上。況且，

〔註1〕參見黃玉順：《易經古歌考釋（修訂本）》，頁6。見氏言：「高亨先生（他把「短歌」分為四類）的歸類雖然不盡準確，但他首次用「賦比興」的詩學範疇研究《易經》古歌卻是難能可貴的。然而，他對「短歌」究竟是出於引用還是創作，態度仍不明確。」

〔註2〕參見《周易內傳》，頁124。「不庭方」一詞見《詩經·大雅·韓奕》言：「奕奕梁山，……朕命不易，榦不庭方，以佐戎辟。」（參見高亨：《詩經今注》（臺北縣：漢京文化事業，1984年），頁458。）

〔註3〕船山釋此言「唯上六獨處於外，志欲相充，而受『後至』之誅，是以凶。」至於上述《詩》所言，其大意是「安定不寧靜的國家，要輔保你的君主。」

〔註4〕參見黃玉順：《易經古歌考釋（修訂本）》，頁13。見氏言：「這是《易經》古歌最常見的情況，也是《詩經》最常見的情況。一種是摘自首句。《易經》的例子，如《屯》摘自古歌首句『屯如邅如』，……。《詩經》的例子，如《關雎》摘自『關關雎鳩』，……。一種是摘自首句以外的某句。《易經》的例子，如《否》摘自『休否』，不是首句；……。《詩經》的例子，如《漢廣》摘自『漢之廣矣』，……，均非首句。」

《易》的筮辭包括「卦、爻象之辭」及「斷占之辭」，〔註5〕其中涉及天、人之道的問題，而不能僅從人事一端來考量而已。既然《易》的「象辭」和「爻辭」皆涉及天人之道，那麼本章之論述是針對「象爻一致」、〔註6〕以及包括其中的經權、體用之相關問題來展開說明。

一、「象」、「爻」相互為用的內涵

就船山主張「四聖一揆」之說而言，他認為文王即伏羲畫「卦」見「象」，而周公則即「象」明「爻」。〔註7〕然而，周公又如何即「象」明「爻」呢？簡言之，此即船山於易學上如何說明「象爻一致」的問題呢？他說：

> 「象」為「爻」材，「爻」為「象」效，以「象」之經，求「爻」之權，未有不鍼芥相即者也。至如《履·象》「不咥人」，而六三「咥」者，舍其說以應〈乾〉之成德而躁以進也，而「象」已先示以履虎之危機。〔註8〕

按上述之言，所謂「『象』為『爻』材」，此意味著「象辭」為一卦全體之象，而卦辭大多採「記事」及「斷占」之辭為主，〔註9〕說明「象」之天道雖顯，而人道卻仍隱而未顯；因而，周公就文王之「象」以時位之幾而達變於「爻」，

〔註5〕參見高亨：《高亨《周易》九講》，頁140～160。見氏著：《周易》筮辭分類表，其中高氏將「卦、爻象之辭」區分為「記事」、「取象」及「說事」之辭等三類。

〔註6〕此「象爻一致」可視為解《易》的主要方法，認為一卦諸爻的地位不盡相同。傳統上以「五」爻為主，餘爻為輔，但他（船山）認為應以每一卦的具體情況考量，以斷定六爻間的主輔關係，而藉以說明「象爻一致」的具體化表現。船山以「象爻一致」解《易》的方法，歸納如下：（1）一爻之義貫穿於其他五爻，如一陽或一陰之卦；（2）貞悔兩體相應，而以其中不相應者為主，如〈中孚〉之以二、五爻之不應為主；（3）因卦變而剛柔往來，以相往來者為主，以〈損〉、〈益〉為〈否〉、〈泰〉所變；（4）卦象同而中四爻之升降異位，即以剛柔升降之用爻為主，如〈賁〉、〈噬嗑〉；（5）中四爻象同，而初、上為功不同，則以剛柔之用爻為主，如〈家人〉、〈睽〉、〈蹇〉、〈解〉。（參見船山《周易內傳發例》，頁662～665）。

〔註7〕文王的年代晚於伏羲有數千年之久，而他為紂王囚於羑里而演六十四卦，並立卦名、作卦辭；至於周公為文王的兒子，而關於周公作「爻辭」一事，船山於釋〈明夷〉之初九言：「周公於〈明夷〉之後，極其變而著之於爻，以為明之有晦，晦之復明，乃理數之自然，以見文王艱貞之德，必終之以變伐之事，而周之革商為順天之舉。」（《周易內傳》，頁307）。

〔註8〕《周易內傳發例》，頁661～662。

〔註9〕參見高亨：《高亨《周易》九講》，頁140。高亨稱《乾·象》言「元亨利貞」中的「元亨」為記事之辭；而「利貞」為斷占之辭。

〔註10〕此即「『爻』為『象』效」的說明。因此,就「象」、「爻」的天人之道而言,二者在本質的關係上是密不可分的。至於,船山認為「『象』經、『爻』權」的意義為何?我們首先就《說卦》言:「(《易》)兼三才而兩之,故《易》六畫而成卦。」來探討;關於《易》之六畫,其中初、二為地道,三、四為人道,五、上為天道。因此,《易》之六畫而天、人之理已寓於其中。

大致言之,船山易學的主旨,其目的無不在於顯天道、即昭回人道;然而,《易》如何通天、人之理的內涵呢?《說卦》曰:「是以立天之道,曰陰與陽;立地之道,曰柔與剛;立人之道,曰仁與義。」按此,陰、陽、柔、剛為天地之道,而仁、義則為人道。這麼一來,包含天、地、人三才之道的「象」,它就以一超時間、超空間的型態而存在著,此即是「象」為「經」的意義所在;相對地,卦之六爻各有其特定的時位,而各爻象徵著不同的社會身份和地位,因而每一爻在卦之中是扮演著不同的角色;其次,卦之六爻是為一有機體,其中諸爻之間可能存在著乘、承、比、應的關係,而於筮卜中更能令筮者領會到得失之幾。因此,「爻」是以「象」作為本質的現實發用,然「爻」之用是要與筮者之身份及所問之事結合一起來領會,而此即稱「爻」為「權」的理由所在。至於,何以《履·象》言「不咥人」,而〈履〉之六三言「咥」者?我們唯有透過對「經」與「權」之關係做深入說明,才能理解「象」與「爻」的相互內涵之義。

在古籍中,關於「經」與「權」的問題,就以《孟子·離婁上》言嫂、叔之授受不親一事最發人省思。〔註11〕因為其中涉及到二個不同層面的問題:首先,關於男女的倫理問題;其次,有關人性的價值。就禮教的規範而言,男、女之間本有不可侵犯性,況且嫂、叔更要遵循人倫禮儀而相互尊重;然而,當人命關天之際,那麼出於惻隱之心的救人行動,這就是孟子所言「四端」的良能發用,亦即出於人性之「善」的道德實踐。這麼一來,所謂「男女授受不親」的禮儀規範,它的規範性並非是一成不變的;特別地,當「人命」涉及安危的時機考量時,則對禮教的理解是可以因時而調整的。因此,孟子

〔註10〕《周易內傳發例》,頁 649。
〔註11〕參見(宋)朱熹:《四書章句集註》,頁 284。《孟子》書中言:「淳于髡曰:『男女授受不親,禮與?』孟子曰:『禮也。』曰:『嫂溺則援之以手乎?』曰:『嫂溺不援,是豺狼也。男女授受不親,禮也;嫂溺援之以手者,權也。』」

的「經、權」主張，其與《易》之以「『象』經、『爻』權」的情況類似，亦即在一個類「存有」的法則之下，可因應生活的實際情境而調整。不過，「『象』經、『爻』權」的意義，這比孟子所言之「經、權」的問題更具機體性；或者說，『象』與『爻』之間本位於一個「體」與「用」相函的環節之中。

關於「體、用」的問題，船山於釋《大過・彖》而言：「卦之六位，初在地下，潛藏未見，有體而不能用；上寄居天位之上，不近於人，有用而體託於虛；皆物之所不樂居也。」〔註12〕按此，船山所言「體、用」之關係，其中必涉及天人之理路，否則「體」與「用」不能相函。因此，就一卦之六爻而言，初為地之道，其得失之幾未明，因而「地道」之體雖顯，然「人道」之用未彰；相對地，上為天之道，吉凶得失之「用」已明著，但其卻「貴而无位，高而无民」之不近於人，〔註13〕故「體非其體」而託於「虛」。然而，如何從「爻」以明「由用以得體」之幾？船山釋《周易外傳・大過》言：

> 且陽之過也，以保一時之往也。乃其援引固結，相與以明得意者，其去小人之噂沓背憎，志雖異而情不殊。情不殊，則物或瞷之，物或瞷之，則勢難孤立。有所欲為而缺陰之用，則有所必求而偷合乎陰矣。故年不謀老少，士不卜從違，白首无懟，弱齡无待，相鄰而靡，苟得而歡，將昔之怙黨居中、絕陰于无位之初志，亦茫然而不可復問。〔註14〕

按上述之言，所謂「大過」，陽之過也；然而，「陽之過」又如何保一時之往？因為中四爻之陽已成，且居三、四之人位，因而天、人之理備於其中；其次，四陽固結之志在於拒陰於外，並以君子之貞去小人之淫。不過，〈大過〉處「棟橈」之世，雖天人之理在；然而，貞、淫之道，或幽或明，豈能有持恆之定則呢？船山認為：「橈其卑下，則危其崇高，未有能安者也。」〔註15〕既然陽之不安，則必有求偷合於陰者；求「陰陽合」之道，其未必合於「君子之道」。其次，既然於上述言「橈其卑下，則危其崇高」，因而二、五雖為卦之中，然卻落於「年不謀老少」的田地。〔註16〕

〔註12〕《周易內傳》，頁255。
〔註13〕參見（宋）朱熹：《周易本義》，頁35。見《乾・上九》曰：「亢龍有悔」，何謂也？子曰：「貴而无位，高而无民，賢人在下位而无輔，是以動而有悔也。」
〔註14〕《周易外傳》，頁896。
〔註15〕《周易外傳》，頁896。
〔註16〕〈大過〉之九二：「枯楊生稊，老夫得其女妻，无不利。」〈大過〉之九五：

此外,「陽之過」是否有可取之處?船山認為取之於《大過·大象》言「獨立不懼,遯世无悶」之精神即可得;〔註17〕然而,其中是否存有「君子之道」呢?大致說來,《易》之言「君子」,其不外是能「擴私去利」;〔註18〕或者如〈渙〉之六三:「渙其躬」而言其能「公而忘私」者。〔註19〕君子唯能去利、忘私,因而可為其所為而無愧於心。但是,君子之志未必能明於世人,即使「自位其位而不位人所爭之位」以明哲保身,〔註20〕其不必然能免除一己之咎;然而,《易》之旨在於尋求「休咎」之道,故〈大過〉之上六雖言:「過涉滅頂」之凶,然終不足以咎。〔註21〕然而,君子又如何學《易》以尋求「休咎」之道?船山言:

> 中四爻出於地上,人效其能,而登天位,固為陽之所宜處;而天之化、人之事、物之理,無陽不生,無陰不成,無理則欲濫,無欲則理亦廢,無君子莫治於小人,無小人莫事君子,而〈大過〉整居於內,既據二、五之中、復據三、四人位以盡其才,擯二陰於重泉之下、青霄之上,豈非陽之過乎!〔註22〕

根據上述,《繫傳》言:「其初難知,其上易知,本末也。」按此,初爻其得失之情未明而難知;至於,上爻其因吉凶得失已明著而易知。唯中四爻雖出於地而未極於天,因而天、人之理數寓於其中;而所謂「天人之理」則備三才之道,亦即天之化、人之事、物之理無不出於「陽主生、陰主成」而立其功,故君子能效法天地無私,以尋求陰、陽相濟之道。然而,〈大過〉之「過」為何?船山言:「〈大過〉業延陰以效用,而又置之疏遠,故過也。」〔註23〕按此,〈大過〉因陽太過而造成陰陽不協調,而此就人事言之,存在君子、小人相互猜忌;若以「物之理」而言,此可從〈大過〉之九三言「棟橈」而見其象。

「枯楊生華,老婦得其士夫,无咎,无譽。」老夫、女妻;老婦、士夫,皆謂年齡不相稱之合。

〔註17〕參見《周易外傳》,頁896。
〔註18〕參見《周易內傳》,頁59。
〔註19〕參見《周易內傳》,頁470。
〔註20〕《周易外傳》,頁896。
〔註21〕參見《周易外傳》,頁896~897。船山言:「……孤保深幽,敦土求仁,雖金刑居上,得勢下戕,『滅頂』之凶,不足以咎。」
〔註22〕《周易內傳》,頁255。
〔註23〕《周易內傳》,頁255。

至於，如何從〈大過〉之「陽」太過以明君子之道？船山言：「〈乾〉之積陽甚於〈大過〉，而非過者，十二位之在幽明，各司其化，奠陽於明，奠陰於幽，陰不自失其居，故陽可無過。」〔註24〕按此，〈乾〉之六陽六陰十二位，各處於或幽或明，陰陽之往來可「兩端一致」，故「陰不自失其居」而陽不招過；相反地，〈大過〉之四陽，其擯初、上之陰於「幽」，故陰於幽、明之兩端，不能「藏往知來」，而僅處於「幽」之一端。然而，卦之六爻而天、人之理數已具，亦即「兩端一致」之理存於其中；因而，船山認為若以「理」、「欲」為兩端，則理、欲必須「兩端一致」。至於，〈大過〉之「陰」非有干「陽」之嫌，且唯陰、陽之合而可成「天之化」，故君子、小人非判然分而為二。因此，唯君子獎小人以成治，而小人之「咎」可補、可休，此方明《易》為君子謀之旨。

歸結上述，筆者於本節中藉由對〈大過〉之闡述，以明「彖」、「爻」相互為用的內涵；特別地，「彖」作為「經」，其是「權之經」；而「爻」作為「權」，其是「經之權」。因此，所謂「『彖』經、『爻』權」其在於「彖」與「爻」之體用相函。

二、「彖」以明「體以致用」之蘊

船山雖在〈大有〉提出「由用以得體」的易學方法見解；然，此目的在於強調《易》之「體有、用有」的精神。不過，就船山論述「四聖一揆」之旨時，他對「體以致用」之方法亦多所運用。《易》之六十四卦中言「元、亨、利、貞」四德者，其包括〈乾〉、〈坤〉、〈屯〉、〈隨〉、〈臨〉、〈无妄〉、〈革〉等七卦。不過，就《繫傳》言：「乾坤其《易》之蘊邪！」及船山主張《周易》並建〈乾〉、〈坤〉而言，則〈乾〉、〈坤〉於六十四卦中有其獨特之地位。其次，船山從一卦具六陰六陽之「爻」與六幽六明之「位」，以釋〈乾〉、〈坤〉為《易》之蘊；相對地，〈乾〉、〈坤〉之「四德」其是否蘊涵著天人之蘊呢？至於，此處所言「天人之蘊」其義為何？大致說來，它即「體以致用」之蘊；亦即「以氣言體」而命、性、情是以機體生化流行之方式發用。然而，《易》言「體以致用」其與性、情之關係為何？船山言：

> 是故性情相需者也，始終相成者也，體用相函者也。性以發情，情
> 以充性。始以肇終，終以集始。體以致用，用以備體。陽動而喜，

〔註24〕《周易內傳》，頁 255。

陰動而怒，故曰性以發情。喜以獎善，怒以止惡，故曰情以充性。
三時有待，春開必先，故曰始於肇終。四序所登，春功乃備，故曰
終以集始。无車何乘？无器何貯？故曰體以致用。不貯非器，不乘
非車，故曰用以備體。〔註25〕

按上述之言，所謂「相需」、「相成」及「相函」等，皆針對一個不可分的「體」
之發用而給予的描述；然，就「『象』經、『爻』權」而言，這裡的「體」是指
「象」而言，尤其是指「象辭」作為《易》的「存有」之意義來說。關於此一
「存有」的意義，筆者可就《正蒙・參兩篇》言：「一物兩體，氣也。一故神
（張子自註：兩在故不測），兩故化（張子自註：推行於一），此天地所以參
也。」〔註26〕按此，相當於作為存有的「象經」是以「始」「終」、「體」「用」
之「爻權」的方式來發用；不過，在此機體生化的過程中則存在著「兩端一
致」之理，因而所謂「性情相需」、「始終相成」和「體用相函」皆在於體現此
「兩端一致」之理；然而，船山言：「道行於〈乾〉〈坤〉之全，而其用必以人
為依。」〔註27〕按此，船山以「動」「靜」、「喜」「怒」言「性以發情」，此是
人參與《易》道之用，而「天人之理」即寓於其中；至於，當以「喜」「怒」、
「獎善」「止惡」言「情以充性」時，則《大有・象》言：「君子以遏惡揚善，
順天休命」之旨即彰顯出來。

雖然，天命有善而无惡；〔註28〕然，天道之或隱或顯，其不必然顯而
不隱。因而，「象經」之顯則有待「爻權」之用了；不過，「爻權」即為「經
之權」的「權」，這麼一來，「經」、「權」相函之道即相當於「體用相函」之
理。至於，所謂「體以致用」之理，此可從張子言「一物兩體，氣也」的「一
物」來思考，因為「一物」是先於「兩體」而存在；或者說，先有「車」而
後才有「乘車」之事，先有「器」物而後有「貯物」之情。因此，若以「車」、
以「器」為喻，則「體以致用」之理即昭然無疑。不過，既然上述言「道行
於〈乾〉〈坤〉之全」，且〈乾〉、〈坤〉之「象」皆含元、亨、利、貞之「四
德」，那麼「乾坤四德」其如何「體以致用」而敞開天人之蘊呢？底下針對
此一問題敘述之。

〔註25〕《周易外傳》，頁 1023。
〔註26〕《張子正蒙注》，頁 46～47。
〔註27〕《周易外傳》，頁 850。
〔註28〕參見（宋）朱熹：《周易本義》，頁 81。見朱子釋《大有・象》而言：「天命有
　　　善而无惡，故遏惡揚善，所以順天。反之於身，亦若是而已矣。」

（一）「乾坤四德」的天人之蘊

關於天人之問題，學者梁啟超認同譚嗣同的說法而稱許船山為中國幾百年來真能通天人者；〔註29〕此外，當代史學家錢穆先生雖推崇船山之由「心學」轉為「史學」的思想具有精深獨到之處；〔註30〕但是，船山似乎沒有所謂「心學」的思想階段，因為他承繼張載思想而不認同佛、道之流於一端的唯心價值。然而，船山的史學的思想其是否能獨立於易學之外呢？船山於《宋論》釋〈太宗無嗜好惟喜讀書〉一節而言：

> 耳目口體於天下之物，相得而各有分；欲之所自興，亦天也，匪徒小人之所依，抑君子之所不能去也。然而相得者，期於得而止；其合也，既合而固可無求。匪徒崇高富貴者之易於屬厭，抑貧窶之子可致而致焉者也。〔註31〕

按上述之言，耳目口舌身為「小體」，而心則為「大體」；若從人倫價值以看待大、小之體的區分，那麼就會出現《孟子‧告子章句上》所言：「從其大體為大人，從其小體為小人」的說法。〔註32〕然而，如果從船山強調《易》之「合天人性命」之理的話，那麼當以「欲」與「理」為兩端時，二者可臻於「理欲一致」的結果；至於，船山對史學之詮釋的方式為何？學者林安梧先生認為船山是視歷史、政治史及人性史三者是等同為一的；〔註33〕其次，林氏再從「兩端一致」的進路以探究人性史哲學。〔註34〕因此，船山首先從人性史進行考察而認為「欲之所自興，亦天也。」〔註35〕按此，他再將人性中既存的「欲」及由大、小體之相得而歸結的「理」連結，並以「兩端一致」之理說明「理」、「欲」之「合」。因此，船山的史學是源於其對人性史的考

〔註29〕 參見梁啟超：《論中國學術思想變遷之大勢》，頁142。見氏言：「瀏陽譚氏謂五百年來學者，真能通天人之故者，船山一人，非過言也。《讀通鑑論》、《宋論》兩編，史識卓絕千古，其價值至今日乃大顯，無俟重贊。」

〔註30〕 參見錢穆：《中國思想史》，頁245。

〔註31〕 （清）王夫之：《船山全書》第11冊（《宋論》）（長沙：嶽麓書社，1992年），頁66。

〔註32〕 參見（宋）朱熹：《四書章句集註》，頁335。

〔註33〕 參見林安梧：《王船山人性史哲學之研究》，頁30。

〔註34〕 參見林安梧：《王船山人性史哲學之研究》，頁97。見氏言：「……；但值得注意的是並不是說船山先發明了一套兩端而一致的對比辯證思維模式，然後再將這模式運用於歷史上，毋寧是船山對於人性史之考察而諦觀得知此『兩端而一致』的對比辯證思維模式。」

〔註35〕 （清）王夫之：《船山全書》第11冊（《宋論》），頁66。

察，而他的人性史是與其易學密切地結合在一起；尤其，船山首先以「兩端一致」考察人性史，再藉此進一步對歷史的發展做深入的闡述。

事實上，當船山將「兩端一致」之理運用於史學的發展說明時，這是隸屬於現實之「機體綿延」的天人發用階段；不過，關於本小節所言之「天人之蘊」，此是要從「體以致用」的機體生化層面來思考。關於天、人的問題，船山於《思問錄》中認為「誠」為天道，「誠之」為人道；至於「天人之道」其為何？筆者認為此可藉由「誠之幾」來加以說明。然而，船山在《乾・彖》中其如何以「誠之幾」來闡發〈乾〉之四德？他說：

> 元、亨、利、貞者，〈乾〉固有之德，而功即於此遂者也。「元」，首也；取象於人首，為六陽之會也。天下之有，其始未有也，而從無肇有，興起舒暢之氣，為其初幾。形未成，化未著，神志先舒以啟運，而健莫不勝，形化皆其所昭徹，統群有而無遺，故又曰「大」也。成性以後，於人而為「仁」；溫和之化，惻悱之幾，清剛之體，萬善之始也，以函育民物，而功亦莫（俾）其大矣。
> 〔註36〕

按上述之言，「元」取象於人首，並引申為「大」；因而，《易》之言「元亨」，即「大亨」之意。既然〈乾〉之德具有「大亨」之意，那麼船山又如何闡述「大亨」之「大」的存有含意？大致言之，這裡所言之「大」其當不限於耳目可及之「象」，而是要能像《繫傳》所言：「《易》與天地準，故能彌綸天地之道。」一樣；然而，此處所言之「彌綸」其義為何？船山於釋張子言「幾」之義而曰：「事無其形，心有其象。」〔註37〕按此，耳目所見之「形」雖為「象」，而耳目所不及、但「心」可及，其亦可稱之為「象」；又，船山言：「《易》有象，象者像器者也。」〔註38〕按此，凡耳目、或心所可及之形、之事皆可以「象」稱之；此即說明《易》之象是彌綸偏布而無所不在，故〈乾〉之「元」即「大」之義，於此昭然而顯。

然而，為何我們不能將船山於上述言「天地之有，其始未有也，而從無肇有」中的「從無肇有」理解為《道德經・第二十五章》言「有物混成，先

〔註36〕《周易內傳》，頁43～44。
〔註37〕《張子正蒙注》，頁93。此船山釋張子《正蒙・神化篇》言：「幾者，象見而未形也。」
〔註38〕《周易外傳》，頁1028。

天地生」的說法呢？船山認為所謂「道」是與天地並行而未有先後的問題；
〔註39〕至於，「混成」一義，在於老子見「道」之合而不知其合之妙。〔註40〕
關於此「從無肇有」之說，此可從天道之「誠」體的發用來思考，亦即從「誠
之幾」的面向來探討；但《易》之言「體」，其不外指「陰陽」與「道」相
互為「體」；船山於上述又言：「興起舒暢之氣，為其初幾」，其義為何？我
們要從船山言「十二位之陰陽，隱見各半，其發用者，皆其見而明者也」來
理解。〔註41〕「誠之幾」的「誠」是指一卦之「體」包含十二位陰陽之顯隱
而為天地之全，〔註42〕「體」之發用，其意指陰陽相錯其位，而陰陽二氣
之動已寓於其中。所謂「陰陽相錯其位」，此並非老子言「有生於無」之意，
而是《繫傳》言：「神以知來，知以藏往」之「藏往知來」，並於其盈虛、消
長、往來中起機體生化的效用現象。

　　當船山於上述言「形未成，化未著」時，此處的「未」其並非指「無」之
意，而應從「藏往知來」的「藏往」來理解其義。至於，上述所謂「神志先舒
以啟運，而健莫不勝」之義為何？船山於《張子正蒙注》言：

> 健而動，其發浩然，陽之體性也；順而止，其情湛然，陰之體性也。
> 清虛之中自有此分致之條理，此仁義禮智之神也，皆可名之為氣而
> 著其象。蓋氣之未分而能變合者即神，自其合一不測而謂之神爾，
> 非氣之外有神也。〔註43〕

按上述之言，船山藉由〈乾〉健、〈坤〉順以說明陽、陰之「體」性；然而，
就〈乾〉而言，所謂「神志之舒以啟運」，此於陰陽二氣「藏往知來」中即
有「體誠存性」之幾，因而仁義禮智之神存乎其中。不過，〈乾〉、〈坤〉之
為功，在於以健順之幾與陰陽、翕闢、生殺之候相應而起用。〔註44〕至於，
〈乾〉象天而有清虛之氣；然，單獨以「清剛之體」是否能起變合之作用
呢？船山接受張子言「一物兩體，氣也」的主張，〔註45〕並認為可於陰陽、

〔註39〕參見《周易外傳》，頁823。
〔註40〕參見《周易外傳》，頁823。
〔註41〕《周易內傳》，頁225。
〔註42〕參見曾昭旭：《王船山哲學》，頁61。
〔註43〕《張子正蒙注》，頁82。此為船山釋《正蒙・神化篇》言：「苟健順、動止、
　　　　浩然、湛然之得言，皆可名之象爾」之義。
〔註44〕參見《張子正蒙注》，頁82。
〔註45〕《張子正蒙注》，頁46。

翕闢之變合中見《易》之神化不測。船山特別強調合陰陽、翕闢為變合之「神」，因而「陰陽不測」之「神」非氣外之「神」；至於，船山上述所言「合一不測之神」的「合一」，是指「氣」處於未分的狀態。這麼一來，我們又如何於「一物兩體」中說明船山之「象」經之義可「即氣言體」呢？〔註46〕船山言：

> 凡卦有取象於物理人事者，而〈乾〉〈坤〉獨以德立名；盡天下之事物，無有象此純陽純陰者也。陰陽二氣絪縕於宇宙，融結於萬彙，不相離，不相勝，無有陽而無陰、有陰而無陽，無有地而無天、有天而無地。故《周易》並建〈乾〉〈坤〉為諸卦之統宗，不孤立也。〔註47〕

按上述所言，何以我們能以「即氣言體」來說明船山「體以致用」之理？筆者認為所謂「即氣言體」，是以「陰陽二氣絪縕」之「氣」，以立「〈乾〉〈坤〉並建」之「體」。《繫傳》雖言：「神无方，《易》无體」，但船山則以「〈乾〉、〈坤〉並建」為「體」，並開啟其易學的「人文創化」之發展。然而，船山如何以「〈乾〉〈坤〉並建」作為「體以致用」之「體」的根基呢？船山雖認為「太極者，〈乾〉〈坤〉之合撰」；〔註48〕但是，「太極」之蘊其是否僅限於〈乾〉陽、〈坤〉陰之兩儀？其實不然，因為船山言：

> 是故〈乾〉純陽而非无陰，〈乾〉有太極也；〈坤〉純陰而非无陽，〈坤〉有太極也。〈剝〉不陽孤，〈夬〉不陰虛，〈姤〉不陰弱，〈復〉不陽孤，无所變而无太極也。卦成於八，往來於六十四，動於三百八十四，之於四千九十六，而皆有太極。〔註49〕

據上述之言，「太極」可謂「氣之未分」狀態；不過，當「太極為〈乾〉、〈坤〉之合撰」時，則「氣」雖未分而〈乾〉陽、〈坤〉陰之變合已寓於其中，因而「合陰陽之變」即顯不測之神。這麼一來，合陰陽、剛柔、健順、清濁、虛實於「一氣」之渾淪而「即氣言體」，則「〈乾〉〈坤〉並建」之「體」現；此外，船山言：「《周易》並建〈乾〉、〈坤〉為太始，以陰陽至足者統六十二

〔註46〕參見曾昭旭：《王船山哲學》，頁 328～329。見氏言：「故吾人看船山之重言氣，決不可誤解之為『只是氣』，而當正解之為『亦是氣』，⋯⋯『亦是氣』則即氣以顯體。」

〔註47〕《周易內傳》，頁 74。

〔註48〕《周易外傳》，頁 990。

〔註49〕《周易外傳》，頁 1024。

卦之變通。」〔註50〕按此，〈剝〉、〈復〉不陽孤，〈夬〉、〈姤〉不陰虛；之外，六十四卦、三百八十四爻皆奠基於「〈乾〉〈坤〉並建」之「體」，並產生機體「生生不已」的效用。

關於上述，筆者首先探討〈乾〉之「元亨」含意；其次，說明《易》不言「有出於無」，而是主張「藏往知來」的盈虛之道；最後，以「〈乾〉〈坤〉並建」作為即「象」明「體以致用」的「體」。接下來，筆者針對「乾坤四德」的人文之蘊來論述。事實上，當釋〈乾〉之「元」為「大」時，那麼天地形化皆為其所昭見，亦為萬善之始；既然〈乾〉之「四德」為萬善之始，則其於天人之際又如何發用？換言之，船山認為「成性以後，於人而為仁」其義為何？〔註51〕若以《繫傳》曰：「一陰一陽之謂道，繼之者善也，成之者性也」而言，則「乾元」必為萬善之始，〔註52〕而六十四卦及天地萬物皆繼其「善」；然，天地萬物所成各有其「性」，而唯「乾元」所昭顯之人性則以「仁」稱之。

至於，〈坤〉之「彖」除「四德」外，其又言「君子有攸往，先迷後得主，利。」〔註53〕按此，〈坤〉德在於柔順；然，君子雖效法〈坤〉之柔順，但不能溺於一己之私利而迷，故當亦發揚〈乾〉之剛健之德，以求陰陽合德之情。然而，君子如何面對〈坤〉於「四德」中所言之「利」而不迷？船山：

> 君子之有所往，以陰柔為先，則欲勝理、物喪志而迷；以陰柔為後，
> 得陽剛為主而從之，則合義而利。此因〈坤〉之利而申言之，謂君
> 子之所利於〈坤〉者，「得主」而後利也。〔註54〕

按上述，《易》為君子所謀者，非以陰柔私欲為先，而在於合「義」而利；然，君子如何「合義而利」呢？君子首先在於尋求「陰陽合德」；唯陰陽合德，那麼「欲」不勝「理」、「理」不迫「欲」，而終能臻乎「理欲一致」之道。不過，君子之「合義而利」其與《坤·彖》言「得主而後利」又有何關係？船山言：「馬之健行，秉〈乾〉之氣而行乎地，陽之麗乎陰者也。『牝馬之貞』與〈乾〉合德以為正也。」〔註55〕按此，船山認為〈坤〉純陰而非無

〔註50〕《周易內傳》，頁43。
〔註51〕《周易內傳》，頁44。
〔註52〕參見《周易內傳》，頁44。
〔註53〕《周易內傳》，頁73。
〔註54〕《周易內傳》，頁75。
〔註55〕《周易內傳》，頁75。

陽，〔註 56〕因而〈坤〉雖以「牝馬」象之，然亦可秉〈乾〉氣有健行之情；既然〈坤〉能秉〈乾〉而行，則君子所效法者非徒〈坤〉而已，其當以〈乾〉、〈坤〉合德為要。因此，《坤・象》言「得主」之「主」，其相當〈大有〉九二之「象」言：「大車以載，積中不敗」的「積中」之意；而此即謂五之「虛」能納二之「實」，故誠信持盈而物莫能傷。〔註 57〕

關於「誠信」的問題，這可就《論語・學而》言「信必近義」的說法來思考，〔註 58〕而此是指那些具有誠信之人，他們必能在行為上實踐一己的諾言；不過，此僅展現人倫價值的人道義，但還未彰顯天道義的內涵。至於，船山認為《乾・文言》提及君子具仁、義、禮、信之四德，此是就天人之道以說人道；〔註 59〕此外，就船山論《易》而言，他認為此人道四德、即孔子藉《繫傳》以昭示學《易》、占《易》之「至仁大義」，〔註 60〕並以「信必近義」闡述天人之理。因此，就〈坤〉而言，君子以「信」得主而利，而此「利」必是「合義而利」；換言之，當君子以〈坤〉陰與陽〈乾〉合德時，則《繫傳》言「至仁大義」之理必寓於其中。

歸結上述，船山於釋〈乾〉之「四德」中指出天地萬物成性之後，唯人具有「仁」之性；其次，他於釋〈坤〉之「四德」中指出君子得陽剛為主而利，然此「利」必是合「義」而利。至於，何謂「乾坤四德」的天人之「蘊」？船山於《周易內傳發例》釋「吉凶得失一道」而言：

> 唯乎得失者，統此一仁義為立人之道，而差之毫釐者謬以千里，雖人且有疑焉。一介之從違，生天下之險阻，其初幾也隱，其後應也不測，誠之必幾，神之不可度也。故曰：「明於憂患與故。」又曰：「憂悔吝者存乎介。」〔註 61〕

按上述所言，船山認為明白道理的君子對於筮占而得的「吉」或「凶」，他是容易因應的。相對地，與德行關聯的得失則存在著諸多難以預料的變數，縱

〔註 56〕參見《周易內傳》，頁 74。船山言：「陰陽二氣絪縕於宇宙，融結於萬彙，不相離，不相勝，無有陽而無陰、有陰而無陽，無有地而無天、有天而無地。」

〔註 57〕《周易內傳》，頁 165。

〔註 58〕（宋）朱熹：《四書章句集註》，頁 52。《論語・學而》言：「信必近義，言可復也；恭近於禮，遠恥辱也；因不失其親，亦可宗也。」

〔註 59〕參見《周易內傳》，頁 59。

〔註 60〕參見《周易內傳發例》，頁 682。

〔註 61〕《周易內傳發例》，頁 654。

使筮得〈乾〉卦，雖謂人神大通而利於占問；〔註62〕然，〈乾〉之初即言「潛龍勿用」，而〈乾〉之上卻言「亢龍有悔」。既然〈乾〉之「四德」意味著「人神大通」，而初、上之爻又何須言「潛」、或言「亢」呢？

其次，何以船山特別闡述筮占吉凶過程中所涉及的得失之情，並強調以孔、孟之「仁義」作為立人之道呢？因為得失之幾，就像〈咸〉之九四所言：「憧憧往來，朋從爾思」的描述那樣，人心就在念起念滅中，經常處於或貞、或淫的猶豫中而難以抉擇，因而當一念「差之毫釐」時，則得失之情將「謬以千里」，即使筮者對於將「吉凶」與「得失」相提並論仍心有所存疑。不過，個人於一念的或貞、或淫的抉擇中，則天下之險阻即伴隨出現；因為卦之爻時常隱晦難明、神化不測的。因此，《易》之道在於揭示「人」處於天地之中存在一種難以預料的憂患之情，而人唯能做的就是「體誠存性」，並以仁義作為「立人」之道的準則；最後，若《易》之理在於闡述筮者與其擔慮由筮占而來的悔吝之凶，那倒不如能像〈豫〉之六二所言：「介于石，不終日。」因為此在於說明若筮者能以「貞而不淫」之中正自持，此就像石頭之立於地而堅定不移，那麼凶悔吝終能快速地迎刃而解。

關於《易》是以「天人之理」示人憂患；不過，君子之「筮吉凶於得失之幾」，〔註63〕其目地在於「體誠存性」，並藉此立人道以揭示「仁義」的天人之蘊；然而，何以「乾坤四德」具有天人之蘊的「仁義」內涵？船山言：

> 元、亨、利、貞，分言之則四德，合言之則二理。復禮為仁，禮者仁之秩敘；信必近義，信者義之始終。文王合四德而順言之，孔子分四德而合言之，義固兩存，……。〔註64〕

關於元、亨、利、貞之四德，《乾·文言》曰：「元者善之長也，亨者嘉之會也，利者義之和也，貞者事之幹也。」船山認為：「元、亨、利、貞者，〈乾〉之德，天道也。君子則為仁、義、禮、信，人道也。」〔註65〕按此，〈乾〉之「四德」既含天人之道，而「仁義」之蘊即存乎其中；不過，「四德」於人道之發用雖具有仁、禮、義、信之德，但何以船山卻以「仁義」之理而稱之？船山認為孔、孟所言之「仁義」則能盡「乾坤四德」之「蘊」；而此為船山論《易》

〔註62〕參見黃玉順：《易經古歌考釋（修訂本）》，頁37。
〔註63〕《周易內傳發例》，頁654。
〔註64〕《周易內傳發例》，頁671～672。
〔註65〕《周易內傳》，頁59。

的「人文創化」之特色。不過，關於「乾坤四德」的天人之「蘊」內涵，其除了可就上述的闡述而了解外，亦可從《乾·彖傳》言：「乾道變化，各正性命，保合太和，乃利貞」中所言之「保合太和」的進路來探討。對此，下一小節闡述之。

（二）「四德」函「保合太和」為體

「乾坤四德」的意涵及其於《易》的地位，我們在上一小節已稍有闡述；接下來，筆者將從機體的進路以探討「四德」如何對《易》之卦爻起實質的效用呢？不過，要探討此一問題如何可能之前，我們有必要先確認「四德」函「保合太和」為體。關於「太和」一詞的意義，船山於《周易內傳》釋《繫傳》言「一陰一陽之謂道」中已對其有所界說。〔註66〕不過，船山僅以「太極」、「陰陽」及「陰靜、陽動」等關係來描述「太和」的意義；但是，他對陽動、陰靜之性則並未詳述之。至於，船山所言「保合」的意義又是如何呢？筆者認為「保合」之義，其除了說明《易》之陰陽、剛柔、理欲、陽動及陰靜等兩兩之間皆能相互保持和諧之外，船山是以「〈乾〉、〈坤〉並建」陰陽至足之性情以統六十二卦之變通；換言之，當以「〈乾〉、〈坤〉並建」統六十二卦之變通中，則「乾坤四德」存在著一足以統六十二卦之變通的「四德」之性情。此外，關於「乾坤四德」之性情即能以《乾·彖傳》言「保合太和，乃利貞」稱之。然而，船山如何說明關於《易》的六十四卦於天人之際皆具「保合太和」之特性呢？船山於釋〈乾〉之爻而言：

> 「知至至之，知終終之。」大哉！《易》不言中而中可擇矣。夫離
> 「田」而上即「天」也，離「天」而下即「田」也。出乎田，未入
> 乎天，何位乎？抑何時乎？析之不容毫髮，而充之則肆其彌亘。保
> 合之為太和，不保不合則間氣乘而有餘不足起矣。乘而下退，息乎
> 田而為不足；乘而上進，與于天而為有餘。不足則不可與幾，有餘
> 則不可與存義。勉其不足之謂文，裁其有餘之謂節。節文具而禮樂
> 行，禮樂行而中和之極建。〔註67〕

按上述之言，船山稱讚《乾·文言》之九三言「知至至之，知終終之」之「知」具《乾·彖傳》言「大明終始，六位時成」之義。關於〈乾〉之「四德」的

〔註66〕《周易內傳》，頁525。船山說：「合之則為太極，分之則謂之陰陽，不可強同而不相悖害，謂之太和，皆以言乎陰陽靜存之體，而發動亦不失也。」

〔註67〕《周易外傳》，頁831。

界說，船山是以仁、禮、義、信配「四德」，而程伊川《易傳》和朱熹的《本義》都以「貞」德配「智」（知）；〔註68〕因為船山認為：「是故夫智，仁資以知愛之真，禮資以知敬之節，義資以知制之宜，信資以知誠之實；故行乎四德之中，而徹乎六位之終始。」〔註69〕按此，船山認為「智」不屬於〈乾〉之「四德」中的任何一德，但它卻可在「四德」中起實質的效用，因而不論仁愛之真、禮敬之節、義制之宜及信誠之實等，皆與「智」之作用密不可分。

　　《易》有六十四卦，而一卦有六爻。不過，爻之由初至上有六，六為偶之數而無「中」；《易》雖無爻數之中，但其所謂「中」則另有他義。然而，船山於此其所謂《易》之「中」的意義為何？他對照〈乾〉之九二：「見龍在田」與〈乾〉之九五：「飛龍在天」以說明《乾・象傳》言「保合太和」之義。大致說來，當船山言離「田」而上即「天」、離「天」而下即「田」時，此在說明天道乃周流六虛、剛健不已；不過，《易》處天人之際，則〈乾〉之六爻皆時乘六龍以御天，〔註70〕且於「乾道變化」中「各正性命」；〔註71〕換言之，就天人之際而言，六爻之動無不在於求合「天人性命」之理。然而，此「天人性命」之理為何？首先，九二之「田」為內卦之「中」、九五之「天」為外卦之中，而天命靡常，故唯立人極之「中」而天人性命以昭顯。

　　其實，船山之所謂「太和」其是僅就「陰陽合德」之蘊而言；然而，何以船山又言「保合之為太和」，其義為何？大致說來，這在於說明卦爻於變通之際，「天人性命」之理是處於至密不可分的狀態；換言之，「保合之為太和」其在於以一種動態的機體生化發展來看待《繫傳》言：「生生之謂《易》」的意涵。然而，何以船山會認為卦爻於「出乎田，未入乎天」之變通時其會出現「不保不合」的現象呢？〔註72〕船山釋《周易外傳・泰》而曰：

> 所以然者，（〈泰〉）上者天之行也，下者地之勢也。〈坤〉之欲下，
> 豈後於〈乾〉之欲上哉？且〈乾〉欲〈坤〉之下，豈後於〈坤〉之
> 自欲哉？然初者，四他日之位也；三者，非四他日之位也。使四乘
> 其居高極重之勢，驟下而逼陽之都，則紛怒互擊而陽且敗，〈歸妹〉

〔註68〕參見王孝魚：《周易外傳選要譯解》，頁 11。
〔註69〕《周易外傳》，頁 824。
〔註70〕參見《周易內傳》，頁 52。
〔註71〕參見《周易內傳》，頁 52。
〔註72〕參見《周易外傳》，頁 831。

所以「无攸利」矣。何也？氣輕而不能敵形之重也。〔註73〕

按上述所言，〈泰〉為內〈乾〉、外〈坤〉，而〈乾〉之氣清、〈坤〉之氣濁；因而，清輕之氣往上、重濁者往下，故往上者為天之行、往下者地之勢。其實，〈乾〉、〈坤〉之行乃自然之理數所然，因而〈乾〉之往上、〈坤〉之往下，其於往來之時間上並無孰先、孰後的爭議問題。不過，在〈泰〉之內、外卦之中，初四、二五、三上等，其皆兩兩處於「陰陽合德」之理中；雖然〈泰〉之九三爻辭言：「无平不陂，无往不復。」而斷占之辭又言：「艱貞无咎」。至於，所謂「艱貞」是指三爻處於十分艱危的地位，而它更應當守正不移而堅守立場；〔註74〕因為三爻處於天地、陰陽至密之交，而三、四爻二者並不相應，故三非四他日之位。〔註75〕

其次，〈泰〉道雖於卦爻之往來間有至密之交；然而，船山認為：「道行於〈乾〉〈坤〉之全，而其用必以人為依。不依乎人者，人不得而用之，……。聖人之所以依人而建極也。」〔註76〕按此，「乾坤四德」其非徒天道而已，而是有「天人性命」之理存於其中，否則徒「道」不足以自行，這是船山立「人極」之義所在。不過，「天」與「人」之間的關係為何？船山認為：「盡人而求合乎天德，則在天者即為理。」〔註77〕按此，所謂「盡人而求合乎天德」，此即為「立人」之道；唯有藉由立人極，那麼天理、人欲始能「兩端一致」。相對於〈泰〉之六爻陰陽兩兩相應，〈歸妹〉為內〈兌〉、外〈震〉，初、四皆為陽，而無「陰陽合德」之情，且陽以求陰之情甚急，因而四之陽下逼內卦初、二之陽，且諸陽遂相互攻擊，以致相悖而互傷。因而，〈歸妹〉之卦爻即不能「保合太和」，但《歸妹·象》對此則言：「征凶，无攸利。」可知當「象」之象呈現「不保不合」而滯於行時，聖人能獎人以善而示之斷占之辭，期許學《易》者從中知所戒慎。

再者，根據上述船山釋〈乾〉二、五之爻而言：「勉其不足之謂文，裁其有餘之謂節。」〔註78〕然而，船山如何「勉其不足、裁其有餘」以臻於「保合太和」呢？我們可從船山釋《說卦傳》而如此言：

〔註73〕《周易外傳》，頁852。
〔註74〕參見王孝魚：《周易外傳選要譯解》，頁69。
〔註75〕參見《周易外傳》，頁852。
〔註76〕《周易外傳》，頁850。
〔註77〕《周易內傳發例》，頁675。
〔註78〕《周易外傳》，頁831。

是以〈乾〉之剛積，初則「潛」而不「飛」；〈坤〉用柔成，二則「直」而不「括」。〈比〉逢樂世，「後夫」抱戚於「无號」；〈師〉蹈憂危，「長子」諧心於「三錫」。〈未濟〉男窮，「君子」之暉有「吉」；〈夬〉剛道長，「獨行」之慍「若濡」。即此以推，反者有不反者存，而非極重難回以孤行於一遷矣。〔註79〕

按上述所言，《易》之六十四卦，唯〈乾〉、〈坤〉二卦為純德；而其餘六十二卦皆陰陽相雜。不過，因一卦之爻六陽六陰而為十二，而一卦之中或幽或明而位亦有十二；因此，船山認為《易》有六十二雜卦，而卦雖雜而其德必純。〔註80〕至於，何以「卦雜而德純」呢？此在於一卦之爻相錯其位，而見者明、不見者幽；換言之，不見者為「藏往」、見者則為「知來」。因此，所謂「有餘、不足」是意味著爻於相錯其位而產生「藏往知來」的或幽、或明之現象。

此外，當我們對《易》之「藏往知來」的含意有所了解之後，則可以探討船山於上述所言諸卦的相關意涵。〈乾〉之六爻皆剛，而初九言「潛龍勿用」其與上九言「飛龍在天」有相反之勢。〈坤〉之六爻皆柔，而六二言「直方大」其恰與六四言「括囊」之意相反。〈比〉為五陰一陽，而諸陰雖順從九五之君，可謂「建萬國、親諸侯」之威；然，《比‧彖傳》則言「後夫凶，其道窮也。」按此，〈比〉以九五親比之心後於眾陰之夫而憂。〔註81〕〈師〉為〈比〉之綜，亦是五陰一陽，而九二雖位於初、三陰之間而蹈危；然，九二之「象」言「王三錫命，懷萬邦也。」按此，以九二長子奉王命而協力行事為喜。〈未濟〉為內坎、外離，水火不交，六爻皆不得位，本為時窮難行之象；然，六五言「君子之光，有孚吉。」此外，六五之「象」亦言「君子之光，其暉吉也。」按此，《易》之獎人於善、亦獎人於「艱貞」之道，此於〈未濟〉甚明。〈夬〉為一陰在上、五陽在下，本有陽剛道長之象；然，九三言「獨行遇雨若濡，有慍。」按此，《易》示人於進退之節，慎於行事之謂。

根據上述之分析，所謂卦爻之「反者」，它可視為卦「象」於「體以致用」的機體生化過程中所呈現的環節現象；然而，任一機體環節的發展並非

〔註79〕《周易外傳》，頁1113。
〔註80〕《周易外傳》，頁1111。
〔註81〕參見王孝魚：《周易外傳選要譯解》，頁347。

純以「正」或「反」之截然分而為二的方式來進行。相對地，船山這種闡述卦「象」之「體」的發用精神，此就像勞思光先生認為船山預認了一不斷生萬有之天道、且將人之性視為是從天之處而來的分有者。〔註82〕不過，船山所言「天道」是處在世界之內的機體發用流行，因而它並不會出現如勞先生之以存有論看待儒家「天道觀」而衍生的困難；〔註83〕因為船山以「誠天化理」的主張克服「天，一理也」的侷限。類似地，任一卦爻之「性」雖為天道的分有者；然，何以天道於各爻的發用中並不盡然相同呢？我們可從船山認為「反者有不反者存」的意涵來理解，〔註84〕而「反者」意味《易》之以顯天道的方式來昭回「不反者」的人道仁義本質，此就像《未濟·象》言：「无攸利」，但於六五之「爻辭」和「象」則獎勵君子往前而光明可期。不過，《易》於天人之際中，天、人之道或隱或見，因而當以「反者」為隱，而「不反者」則為見；反之亦然。至於，〈乾〉之六爻辭是否僅針對某人、某事而撰之乎？船山言：

> 即如〈乾〉以時言，而豈必一人焉由潛而見、而躍、而飛亢，閱歷盡而不爽乎？孔子終於潛，周公終於見，文王終於躍，堯始即飛，比干、伯夷始即亢。人事如此，物之變、天之化，尤其不可測者。〔註85〕

按上述之言，學《易》者較習慣以一種歷時性的邏輯思維來看待卦之六爻的關係，尤其對〈乾〉的理解更是如此；然而，若我們視《易》的內涵是以卦「象」為體、為經的發用，那麼這即是將「象」看成是「存有」的機體生化之作用；換言之，「象」作為「存有」其不必然要依循爻之序，並以一種歷時性的方式來呈現。因此，〈乾〉之六爻以潛、以見、以躍、以飛、以亢，這可不必指向某人的一生遭遇來比喻；此外，「潛」者亦不限於孔子，「見」者也不僅適用於周公而已。大致說來，《易》強調陰陽二氣絪縕、密不可分；然而，船山所謂「保合太和」的含意其又為何？船山言：

> 〈乾〉以純健不息之德，御氣化而行乎四時百物，各循其軌道，則

〔註82〕參見勞思光：《中國哲學史·第三卷下》，頁739。
〔註83〕參見勞思光：《中國哲學史·第三卷上》，頁90。見氏言：「試想：持『天道』觀念看世界時，世界既已被看成本來符合最高之『理』者，則一切『違理』之可能，即不能不推到第二序之某種因素上（如「人欲」之類），……。」
〔註84〕參見《周易外傳》，頁1113。
〔註85〕《周易內傳發例》，頁667。

雖變化無方，皆以〈乾〉道為大正，而品物之性命，各成其物則，不相悖害，而強弱相保，求與相合，以協於太和，是乃貞之所以利，利之無非貞也。以聖人之德擬之，自誠而明著，察事物之所宜，一幾甫動，始終不爽，自稚迄老，隨時各當，變而不失其正，益萬物而物不知，與天之並育並行，成兩間之大用，而無非太和之天鈞所運者，同一利貞也。〔註86〕

根據上述所言，「勉其不足之謂文，裁其有餘之謂節。節文具而禮樂行，禮樂行而中和之極建。」〔註87〕〈乾〉以剛健不息之氣而行乎天地萬物之中，並以元、亨、利、貞四德成萬物之性命；然，何以〈乾〉之初九言「潛龍勿用」？〈乾〉之陽初動，其氣本弱，還不能陰陽浹洽，故宜「潛」而不宜「見」；然，天道流行或隱或見，而聖人作《易》則勉其不足，故孔子釋《乾·文言》之初九言：「龍德而隱者也，不易乎世，不成乎名，遯世无悶，不見是而无悶，樂則行之，憂則違之，確乎其不可拔，潛龍也。」按此，潛「隱」之義有二：其一，身份卑微而不足為人所見；其二，懷才不遇而不得不隱，故與其「動」、不如「靜」以待時。然而，「潛」固於時機不宜，但非無所事事；因此，當於「進德修業」而樂行、於「時機之至」而憂違。

就〈乾〉之爻而言，何以〈乾〉之上九言「亢龍有悔」？〈乾〉陽剛健不息，且健而不虛；唯上九之陽於位、於時皆極；因而，陽過強而不能保其弱，故強、弱不能相協於太和。故孔子釋《乾·文言》之上九言：「貴而无位，高而无民，賢人在下位而无輔，是以動而有悔也。」按此，〈乾〉之上九，陽之盛也；而上陽之動，則下之陽無能與匹敵。這麼一來，當上九之陽一動，則「時非其時，位非其位，賢人非其賢人」；〔註88〕簡言之，當此陽剛之極至，則六陽豈能「保合太和」呢？亦即，聖人作《易》又如何「裁其有餘」而節之？聖人以「動而有悔」示之，使其知所節制。

因此，《乾·文言》乃聖人以「德」擬之，勉其不足，而裁其有餘；因而，〈乾〉道能以「利貞」之情而行於六爻之中；故《乾·彖傳》云：「乾道變化，各正性命」。然，何以唯〈乾〉之「四德」函「保合太和」為體，那麼「四德」所函「天人之蘊」方能彰顯？關於「四德」函「天人之蘊」一事，

〔註86〕《周易內傳》，頁 52～53。
〔註87〕《周易外傳》，頁 831。
〔註88〕《周易內傳》，頁 64。

其義為何？船山釋「乾元用九，乃見天則」而言：

> 故人之於道，唯有不足，無有有餘；唯有不及，無有太過。盡心乃
> 能知性，止至善而後德以明、民以新，故曰「聖人，人倫之至。」
> 道二，仁與不仁而已，無得半中止之道也。君子於此，可以知天，
> 可以盡性矣。〔註89〕

按上述所言，就人道而言，船山認為人在「進德修業」上都不會「有餘」、
或「太過」的時候；換言之，人唯有「盡人事而求合乎天德」，那才能知天、
窮理以盡性；然而，《乾‧文言》以仁、禮、義、信言「四德」，而何以船山
特別重視「仁」呢？船山除於評程子（明道）言「雞雛觀仁」之說而未周徧，
〔註90〕又於《思問錄內篇》言程子（明道）謂「雞雛可以觀仁」而觀天下化
機之仁。〔註91〕因此，船山認為君子不該停留於「仁」之端，而是要對「仁」
加以擴充，那才能窮理盡性以至於命，也才能止於至善；若君子於「仁」與
「不仁」之間，得其半而中止，那麼這與「雞雛觀仁」又有何異？大致說來，
船山釋《乾‧象傳》言「保合太和」的內涵，亦以「四德」函「保合太和」
為「體」來說，而天人之道存於其中。

　　關於「卦」與「爻」的關係為何？宋代大文豪蘇軾於其《易傳》如此言：
「卦以言其性，爻以言其情，情以為利，性以為貞，其言也互見之。」〔註92〕
按蘇子之言，以卦言「性」與以爻言「情」，二者是處於「保合太和」的狀態，
且他進一步提出「性」為貞、「情」為利的主張；這麼說來，他將「性」及「情」
歸於〈乾〉之「四德」的做法，這在易學史上有其獨特的見解。不過，關於
「卦」與「爻」之「保合太和」的問題，船山卻從「象爻一致」來加以闡述；
之外，船山又以「性一情萬」來看待「性」與「情」之關係，並將二者納入
「一本而萬殊」的機體環節中。然而，蘇子之視「情為利、性為貞」的看法其
是否符合「乾坤四德」的內涵？

　　關於上述問題，我們可就船山釋朱子《本義》而言「利貞」的意義來探
討；船山說：「若利貞，則謂其合義而可固守，即有戒焉，義謂其義之合不
以權而以正也。」〔註93〕按此，船山認為「四德」之「利」應為「合義而

<hr>

〔註89〕《周易內傳》，頁68。
〔註90〕《周易外傳》，頁826。
〔註91〕《思問錄內篇》，頁417。
〔註92〕（宋）蘇軾：《蘇氏易傳》（臺北：廣文書局，1974年），頁9。
〔註93〕《周易內傳發例》，頁671。

利」，此繫於《乾・文言》以呈現「乾坤四德」的天人之蘊；至於「貞」之義有二：其一，筮者於筮占中要合「義」以「正」、而不以「權」，此關涉到「《易》為君子謀」的意涵；其二，「貞」若就斷占之辭而言，所謂「貞吉」雖言其既正又吉；〔註94〕但是，此亦可從六畫卦分內、外之三畫卦而言「立本而趨時」的「立本」之義，此中涉及船山對「吉凶得失一道」的闡述。其次，蘇子對「性」、「命」之關係僅從「性之至者非命也，无以名之而寄之命也」的分析入手；〔註95〕殊不知「性」之實、「命」之虛，其不能合「天人性命」之理，因為蘇氏言「命之虛」的「虛」是為假託之名，而非《易》之「藏往知來」的「幽」或「隱」；大致說來，蘇子出入於佛、老，其易學的弊端則受王弼注《易》見解的影響甚大，〔註96〕因而，他專著眼以「無」論《易》，而不能就「體有、用有」的無妄之誠來對《易》進行深入的理解。歸結上述，筆者從「體以致用」的機體生化面向以討論「乾坤四德」之為經、為體的內涵，而底下一節，我們就由「用以得體」來探討「爻」何以為「權」的課題。

三、「爻」以顯「兩端一致」之理

所謂船山易學的「兩端一致」之理，此是就爻動之情以顯《易》之「藏往知來」，並從中顯天道、以昭回人道的天人之理。不過，由「爻」所顯示的「天人之理」其是從「盡人而求合乎天德」的人道面向來探討。六十四卦皆具「兩端一致」之理，但本論文限於篇幅因素，底下僅就〈屯〉、〈隨〉、〈臨〉、〈无妄〉及〈革〉等五卦著手探討。此五卦之「彖」皆具元、亨、利、貞之四德；然，「四德」雖顯天道而人事卻未明。關於此，底下分述之：

（一）就〈屯〉而言

《屯・彖傳》曰：「剛柔始交而難生。」然而，〈屯〉之言「難生」其義為何？船山云：

> 「難生」，謂九五陷於二陰之中，為上六所覆蔽，有相爭不寧之道焉。陽之交陰，本以和陰而普成其用，然陰質凝滯而吝於施，陽入其中，欲散其滯以流形於品物，情且疑沮而不相信任，則難之生不

〔註94〕參見《周易內傳發例》，頁671。
〔註95〕（宋）蘇軾：《蘇氏易傳》，頁8。
〔註96〕參見《周易內傳發例》，頁652。

能免也。故六二「疑寇」，九五「屯膏」，上六「泣血」，皆難也。
〔註97〕

按上述之言，〈屯〉具四德而天道行；然，〈屯〉之九五雖為卦之主、但陷於二陰之中，因而九五之陽與六二之陰，二者不能陰陽合德，以致相互猜疑而人道不彰。更有甚者，六二疑初九之寇已，〔註98〕而九五為上六所掩，時雨不降而有屯膏之象。其次，上六之陰位高已極，不能久留；然，九五無法與其相和，故上六哀傷之情可見而有「泣血」之象。

既然九五之主不能得時以用，而只能委其任於初九之陽。然而，〈屯〉之初九又如何代九五以行建侯之事？張載於其《易傳》釋初九而言：「磐、桓猶言柱或石。磐，磐石也；桓，桓柱也。謂利建侯如柱石在下，不可以動；然，志在行正也。」〔註99〕按此，張子僅從屯卦初九之《象》言「雖磐桓，利居貞。」以釋「磐」、「桓」之字義；至於，朱子於《本義》中曰：「磐桓，難進之貌。……又本成卦之主，以陽下陰，為民所歸，『侯』之象也。」〔註100〕按此，朱子則於釋「磐桓」之義後，他又釋初九為卦之主，並說明初九何以有成「侯」之象的緣由；不過，他卻不能更明確地說明〈屯〉之初九之所以能建「侯」的深遠的理由。

事實上，不論張載、或朱熹的《易傳》都不能正視《屯·彖》曰：「元亨利貞」的內涵及意義；而程頤於其《易傳》釋《屯·彖》而言：「屯有大亨之道，而處之利在貞固。……天下之屯，豈獨力所能濟？必廣資輔助，故利建侯也。」〔註101〕按此，伊川於此能從〈乾〉之「四德」的面向來闡述；特別地，他指出天下之屯，非某卦爻所能獨力救濟的，而必須以「居屯濟屯之道」為之。〔註102〕這麼一來，伊川論《易》則著重在如何「通志成務」、如何顯「天人之理」。然而，處〈屯〉之際，又如何行「居屯濟屯」之道？〈屯〉初九之「象」言：「以貴下賤，大得民也。」按此之意，當〈屯〉之初九於〈屯〉難時，其以陽居陰之下而有「以貴下賤」之象。〔註103〕不過，何以〈屯〉之

〔註97〕《周易內傳》，頁93。
〔註98〕參見《周易內傳》，頁95。
〔註99〕（宋）張載：《橫渠易說》（臺北：廣文書局，1974年），頁31。
〔註100〕（宋）朱熹：《周易本義》，頁47。
〔註101〕（宋）程頤：《周易程氏傳》，頁21。
〔註102〕（宋）程頤：《周易程氏傳》，頁23。見程氏釋〈屯〉之初九所言。
〔註103〕參見（宋）程頤：《周易程氏傳》，頁23。

初九「以貴下賤」即可大得民？關於其中的理由，我們可從船山釋《屯‧彖》而略知其義；他說：

> 元亨利貞，〈乾〉之四德，此卦〈震〉首得陽施，為物資始，陽氣震動，於物可通；九五剛健中正，雖陷陰中而不自失，足以利物而自得其正；故〈乾〉之四德，皆能有之；此天地之始化，得天最夙者也。然雖具此四德，而於時方為屯難：初陽潛於地下，五陽陷於陰中，陽為陰覆，道不得伸，……「利建侯」者，九五居尊，陽剛得位，而道孤逢難，必資初九之陽，鼓盪迷留之群陰，乃可在險而不憂。〔註104〕

按上述之言，〈屯〉具元亨利貞「四德」，此卦為內〈震〉、外〈坎〉；因而，〈屯〉初九之「象」雖言「磐桓」，而此不似〈乾〉初九言「潛龍勿用」之義。相對地，唯〈屯〉之初九能「志行正」，則將有「利建侯」之勢，因為〈屯〉之九五為「屯其膏」之象，而其非能有〈乾〉九五「飛龍在天」之榮，故五陽為上陰所覆而不能伸其志。然而，〈屯〉處難之時，不能不有「陽」以作主，否則「天人之理」將否塞而不通。既然〈屯〉初、五之陽皆得〈乾〉之「四德」所資，且初九又能「志行正」；因而，〈屯〉之九五所委任者其非初陽莫屬。

〈坎〉象徵「險」，然五陽之「屯其膏」而何時能出乎「險」呢？船山言：「……以動民心而歸己，然後可出險而有功。故其合宜而利物者，在建初九以為輔也。」〔註105〕按此，〈屯〉處難之時，初陽當能權宜相應而不為陰所困；然，為道者可因應時機以權變，但在「立人之道」則宜「正」而不宜「權」，因而初陽代五陽為主，並以「志行正」鼓盪群陰之迷留，而陰陽猜疑之情漸消；這麼說來，五陽之所以能出坎險，此在於五陽委任初陽以建「侯」而立其功。其次，就時位而言，五為「貴」、初為「賤」，而五陽委任初陽以建侯，此即〈屯〉「以貴下賤」之天人之道的一端；至於，初陽代五陽為「侯」，其「大得民」的意義為何？船山言：

> 當〈屯〉之世，欲達其〈屯〉，則陰之聽命乎陽必矣。而誰與命之？將以其位，則五處天位，而初者其所建之侯也。將以其才，則〈震〉之一陽，咸任起物，而五處險中，藏固而不足以有為者也。然則為

〔註104〕《周易內傳》，頁 91～92。
〔註105〕《周易內傳》，頁 92。

之陰者，雖欲不「乘馬班如」而不得矣。〔註106〕

按上述，處〈屯〉之世，君子當何為呢？《屯‧大象》曰：「雲雷屯，君子以經綸。」按此，此經綸之義，就如伊川所言：尋求「居屯濟屯」之道；換言之，〈震〉為〈乾〉父、〈坤〉母之長子，而初陽一震，可撥亂反正。然而，初之「以陽服陰」，其並非以「力」威取勝，而是以志行之「正」下陰，因而初陽之能大得民的原因，在於初能「以陽下陰」，故能鼓動群陰之迷留，而有「乘馬班如」之象。〔註107〕因此，〈屯〉初之「以陽下陰」則為天人之道的另一端。

歸結上述，〈屯〉難生之時，不論九五能「以貴下賤」、或初能「以陽下陰」，此皆說明處〈屯〉難之時，九五之君能「禮賢下士」，而初於代五行權之時亦能「以尊下卑」。因此，若以「時位」和「德行」為二端來看待《屯‧爻辭》的話，那麼「兩端一致」之理即存乎其中；換言之，此「兩端一致」體現在以「事」與「理」之為兩端，以成其「一致」之理。至於，伊川言「居屯濟屯」亦體現在此「兩端一致」的內涵；然，朱熹在《周易本義》認為《易》之「本義」僅為卜筮之用，而不能闡揚有關《易傳》的義理精神。故朱子《本義》雖有筮占之戒而卻無法就「天人之道」的意義上，深入闡述《易》的「通志成務」之理。

（二）就〈隨〉而言

關於《隨‧彖》曰：「元亨利貞，无咎。」〈隨〉為三陽三陰之卦，船山言：「〈隨〉者，〈否〉（上）陽來初以從陰而消〈否〉者也。」〔註108〕按此，船山是從卦變以言〈隨〉與〈否〉之間的關係；不過，〈隨〉函「四德」的天人之蘊為何？船山釋《隨‧彖傳》言「隨時之義大矣哉！」而言：

> 卦下一陽本自〈否〉變，乃「傾否」之卦。〈乾〉德屈而下，撥亂反
> 正、唯聖人順天道以行大用，然而可以隨時，故歎其時義之大，非

〔註106〕《周易外傳》，頁837～838。

〔註107〕〈屯〉之二、四、上等爻皆言「乘馬班如」，其義為何？首先，船山釋六二而言：「初陽震動欲出，而二以陰居其上，止之不進，與初異志，如乘馬相隨而分歧路，蓋疑初九之寇己也。」其次，船山釋六二而言：「四與初應，而又上承九五，不專有所適，故有『班如』之象。然柔得位而為退爻，始雖疑而終必決往，與初為正應。」最後，船山釋上六而言：「陽方興而已履中位，上六獨懷異志以相難，初既得民，五膏盈滿，（上）豈能終過之哉？」

〔註108〕《周易外傳》，頁866。

可輕用，以枉道從人，近世無忌憚之小人以譙周、馮道隨時取容當
之，則廉恥喪，而為世患深矣。〔註109〕

按上述，〈否〉上九之所以「傾否」，是為「時」之所致。王弼注《隨・彖傳》
而言：「〈隨〉之所施，唯在於時也，時異而不隨，〈否〉之道也，故〈隨〉時
之義大矣哉！」〔註110〕按此，所謂「時異而不隨」，此意指當天、人不同道
之時，其非隨之時；因而，唯有〈否〉於「傾否」之際，那麼君子才能順時
而為。此外，船山認為：「聖人法天而德與配天」，〔註111〕因而唯聖人能隨
心順事、率性而為；至於，人行於世間，處處當以謹慎為要，不以一己之私
以枉道而行；然，小人則不知廉恥而無忌憚逢迎以謀私利，張子對此言「《易》
為君子謀」以戒之。

　　〈否〉本天、地不交，若從上、下卦言之，則〈否〉即上、下不交。然，
〈隨〉因〈否〉之「傾否」而上、下交通以成「時之義大矣」之勢。然而，
〈隨〉之六爻又如何隨「時」而立其功？船山言：

　　　　震于否者，天下之所以大驚者也；隨于陰者，天下之所以大疑者也。
　　　　冒天下之驚疑而以行其不測之勇，將勿為輕試矣乎？曰：非也。否
　　　　固必傾矣，是天下相渝之日也。天下未渝，而投其身於非類之中，
　　　　則志未足以白而先失乎己；天下將渝，而無嫌于非類之比附，則犯
　　　　天下之驚疑而固不自失也。故曰「〈隨〉時之義大矣哉」。非其時，
　　　　即其人，未可也。非其人，即其時，未可也。〔註112〕

據上述之言，〈震〉為初陽之動，而《震・彖》言「震驚百里」。按此，〈震〉
之「傾否」，其似雷聲傳遍百里之遠，而天下皆知〈否〉之將傾。陰本隨陽，
而〈隨〉之初陽卻隨陰，故天下疑陽之所為；然，〈隨〉之義在於「以下從
上」，〔註113〕因而陰、陽之相隨，其義如何？船山認為〈隨〉之陽得〈乾〉
之「四德」，故初陽得「元亨」之德而四、五之陽得「利貞」之德；〔註114〕
因而，長男之〈震〉隨少女之〈兌〉可以无咎。

　　〈震〉之初陽以震驚、弭疑之勢來傾〈否〉而不損其健行，且在天下皆

〔註109〕《周易內傳》，頁182～183。
〔註110〕（晉）王弼著，樓宇烈校釋：《老子周易王弼注校釋》，頁303。
〔註111〕《周易內傳發例》，頁656。
〔註112〕《周易外傳》，頁867。
〔註113〕參見《周易內傳》，頁181。
〔註114〕參見《周易內傳》，頁181。

知〈否〉已傾之時而隨二陰而行；然，按〈隨〉之義，則二之以陰隨陰，故〈隨〉之六二言「係小子，失丈夫。」按此，因二隨三之陰而行，故其失與初九相交之情，此咎吝不待言而明；其次，〈隨〉之六三言「係丈夫，失小子。」按此，三捨二從四之陽，此雖〈隨〉道之所在，而三之陰隨四陽亦道之正。再者，〈隨〉之九四言「隨有獲，貞凶。」對此，伊川在《易傳》言：「九四以陽剛之才，處臣位之極，若於隨有獲，則雖正亦凶。」〔註115〕按此，四雖處眾民之上，而為民心之所依歸，故言「隨有獲」；然，《繫傳》言：「二多譽，四多懼，近也。」簡言之，四因近五爻之君，因而雖正亦不能免於凶。至於，船山以「舍生而取義」釋九四「象」言「其義凶」者，〔註116〕此有嫌過度申述「貞凶」之義。

〈隨〉之九五處中正之道，下與六二相應，因而「天人之理」存乎〈隨〉之中；故〈隨〉之九五言「孚于嘉，吉。」既然五陽為卦之主，當位又得中，因而其隨人而非屈。〔註117〕至於，上六已處〈隨〉之極，因其上無有可從隨者，故上六為五所拘繫而不使離；〔註118〕這麼一來，當五、上為陰陽合德之幾，則人、神相通於「亨」祭，故上六言「王用亨于西山。」其義如此。

總結〈隨〉之《爻》義，當知所謂「〈隨〉時義大矣哉」，此體現〈隨〉因「時」之勢而「理」在；換言之，就「時」而言，「勢」與「理」為兩端，則可臻乎「理勢而一致」的「兩端一致」之理。然而，如何以〈隨〉之「爻」說明其能以「理」、「勢」為兩端、而達於「兩端一致」之理？船山言：

> 嗚呼！自初陽之倜然絕其類以居下，而天下遂成乎〈隨〉時矣。初不吝出門之交，則二不恤丈夫之失；三乃決策於丈夫之係，而不戀小子之朋；五亦嘉與上，而上弗能不為維係也。然則昔之否塞晦蒙，絕天地之通理，亦豈非陽之忍于棄世，而可僅咎陰之方長也乎？〔註119〕

按上述所言，〈隨〉初陽以「傾否」而渝天下，故其離〈否〉之上而來〈隨〉之初，而〈隨〉成之時，此即天下之時。船山謂「以下從上」為〈隨〉之義，而此亦為〈隨〉之「理」所在；因而初之出門交於二，此是時「勢」使然；至

〔註115〕（宋）程頤：《周易程氏傳》，頁99。
〔註116〕參見《周易內傳》，頁185。
〔註117〕參見《周易內傳》，頁186。
〔註118〕參見《周易內傳》，頁186。
〔註119〕《周易外傳》，頁867。

於，二不恤丈夫而係小子，三係丈夫而棄小子，亦時「勢」該如此。九四言「貞凶」，此為君、臣所處時位之「勢」而不得不然；其次，就九五之君而言「孚于嘉」，此言君德在於隨人之善。最後，上六處極而已無從隨之位，故上為五所拘繫且以陰陽合德而維之，並藉人陽、神陰而「亨」于西山以成乎天人相通。

《隨‧彖》言「四德」而函「保合太和」，陽之咎不該歸之於陰、陰之決亦不得以責陽。因為「〈隨〉時之義」大矣哉！若「時非其時」而僅即其人，則不足以言「元亨」；相對地，若「人非其人」而僅時之至，則不足言「利貞」。因此，唯「〈隨〉時之義」不昧於〈乾〉之「四德」，其才能言「大」之義，且存乎「理勢一致」之理方能彰顯。

（三）就〈臨〉而言

《臨‧彖》曰：「元亨利貞，至于八月有凶。」按此，〈臨〉具〈乾〉之「四德」，何以其「卦辭」言「凶」呢？船山言：「《（彖）傳》言『消不久』，謂陽之消陰未久而又悅從乎陰也。言『有凶』者，抑不必其凶，六三所謂『既憂之无咎』也。」〔註120〕按此，《易》以獎人為善而休咎，初、二之陽於消陰不久，而又與三之陰相悅。陽的作為雖然前後不一；然，三本進爻而能知所憂懼，因而六三以言「无攸利」，此意指三之陰能克制自己以聽陽之臨，故終可以免咎。不過，關於〈臨〉之義為何？船山言「臨，治也；咸，感也。」〔註121〕

既然〈臨〉之義為「治」；然而，何以〈臨〉初九之「象」言「咸臨貞吉，志行正也」？船山言：

> 「咸臨」者，名正而不居，力強而不尚，循其素位，報以應得，无機无形，禍不自己，彼且相忘而示我以所懷矣。因其所示，發其所藏，替其所淫，緩其所害，采入而致功，移風革化而怨不起。如是乃可以臨，而无有不順命之憂矣。〔註122〕

按上述所言，〈臨〉初之陽與四之陰相應，而天人之理存於其中；初九以「咸」為〈臨〉之道，而志行兼備，既能感人心、又能臨治其民。然而，君子如何通「天人之理」呢？《臨‧彖傳》言「剛浸而長」，此即陽長陰消之時，故君子

〔註120〕《周易內傳》，頁 194～195。
〔註121〕《周易外傳》，頁 870。
〔註122〕《周易外傳》，頁 870～871。

之治民如風行草偃；換言之，君子之以「上行下效」教化民心，因而「治」民可以德而不以威；這麼一來，「治人者」及「受治者」皆能彼此感懷而相忘尊、卑之分際。

不過，何以上述言〈臨〉之初陽「无有不順命」之憂？初九以剛居陽，而可「善其行以成其志」；〔註123〕既然「志」與「行」能達於一致，則「臨」之所治、皆天命之所「善」；因此，君子可以不憂不慮，此爻占言「貞吉」之義。然而，何以〈臨〉九二之「象」言「咸臨吉无不利，未順命也。」按此，五以陰之「虛」納二陽之「實」，故陰陽合德而吉无不利；然，二以剛居柔，未當位、且迫近四陰，而陰之凝有狠凶之勢，不順受二陽之臨。至於，〈臨〉之「理」在於「剛浸而長」，故陽長陰消乃自然之理數；九二雖不當位，而於「命」雖不順，〔註124〕但能以「咸」臨之，此亦能合「情」與「理」於一致。歸結上述，〈臨〉之初、二陽皆言「咸臨」，且「治」道非一，若陽以「咸」消陰，則陽感陰以「情」；這麼一來，以「情」和「理」為二端，則可達於「兩端一致」。

至於，〈臨〉函「四德」其是否具「保合太和」的內涵呢？船山言：

> 六陰六陽，絪縕於兩間，而太和流行，故〈乾〉曰「不息」，〈坤〉曰「時行」，非有間斷也。……〈臨〉中無〈遯〉象，亦無〈觀〉象。若謂理勢之必然，則無卦不有錯綜之消長。〈乾〉之初亦可戒以堅冰，〈坤〉之初亦可許以潛龍，何獨於剛初長之時，豫憂〈觀〉、〈遯〉於隔歲建丑之月，謂明歲秋期之迫哉？〔註125〕

按上述之言，船山言〈乾〉、〈坤〉之曰「不息」、「時行」等，此皆體現《繫傳》言「生生之謂《易》」的含意。至於《臨·象傳》言「剛浸而長」，此是言「陽長而消陰」，故「爻」動而不息，非有間斷之義；然而，何以船山言〈臨〉無〈遯〉、〈觀〉之象呢？〈遯〉為〈臨〉之錯卦，而〈觀〉為〈臨〉之綜卦。船山認為《易》乃「周流六虛，不可為典要」；簡言之，船山不認同京房於其「卦氣說」中主張執十二卦象十二月，〔註126〕同時亦不同意以

〔註123〕《周易內傳》，頁196。
〔註124〕參見李郁：《周易正言》（臺北：廣文書局，1974年），頁103。見氏言：「上行為順，陰陽各得其正謂之命。二雖在中，然未正位，順而上行，亦无不利也。」
〔註125〕《周易內傳》，頁194。
〔註126〕以〈復〉建子象十一月卦，〈臨〉建丑為十二月卦，…至〈觀〉建酉為八月卦、〈剝〉建戌象九月卦，〈坤〉建亥象十月卦。此為「十二辟卦消息」。

此釋《臨‧彖》言「至于八月有凶」之義。因為船山認為：「《易》之為道，自以錯綜相易為變化之經，而以陰陽之消長屈伸、變動不居者為不測之神。」〔註127〕

其實，《易》以「綜」為用而象人事之往復，〔註128〕並於卦象變化中見其陰陽消長之道。至於，〈臨〉之為道在於「陽長而陰消」，但船山於《周易外傳‧雜卦》中言：「反者有不反者存。」〔註129〕按此，〈乾〉之初九言「潛龍勿用」，而其反者「堅冰」即寓於其中；相對地，〈坤〉初六的狀況亦然。這麼說來，卦之「爻」於合其嚮背，皆是「陰陽二氣絪縕」而密不可分。然而，〈臨〉之上六為〈坤〉體，其順之至；上之陰處卦之上，而其「時已過，權以謝，委順以受陽之臨。」〔註130〕按此，上六之順非「靜」而不動，而是如上六「象」言「志在內也」；然而，此所謂「志在內」之義有二：其一，上之陰順從初、二之陽；其二，於陽臨上之際，可「陰陽合德」而成其大者。〔註131〕大致說來，〈臨〉之義為「剛浸而長」，因而，初、二為陽，其非不足；相對地，三、四、五、上為陰，亦非有餘。既然，〈臨〉之「爻」象不存在不足、或有餘之現象，故其函「四德」而具「保合太和」之體。

（四）就〈无妄〉而言

《无妄‧彖》曰：「元亨利貞。其匪正有眚，不利有攸往。」按此，所謂「无妄」的意義是表現在「匪正有眚」的理解上；然而，「眚」之義為何？船山言：「天道全於上，天化起於下，元亨利貞，四德不爽。而其動也，非常正之大經，於人或見為『眚』。」〔註132〕按此，所謂「天道全於上」，此乃以「彖」為經、為體，而「天化起於下」則謂「爻」為權、為用。至於，所謂「四德」不爽，此意指「四德」函「保合太和」為體，並以機體生化的方式發用，此即「體以致用」；然而，以「彖」為「體」的發用其是否皆能「以常為經」呢？船山言：

若日月之運行，自有恆度，誠然不相凌躐，而人居其下，則見為薄

〔註127〕《周易內傳發例》，頁676。
〔註128〕《周易內傳發例》，頁658。
〔註129〕《周易外傳》，頁1113。
〔註130〕《周易內傳》，頁199。
〔註131〕《乾‧文言》曰：「夫大人者，與天地合其德，與日月合其明，與四時合其序，與鬼神合其吉凶。」按此，《易》之道在於「陰陽合德」，並以此崇德廣業。
〔註132〕《周易內傳》，頁235～236。

蝕，必退而自省，不敢干陰陽之變，以成人事之怨，所以「不利有
攸往」。言其「匪正」者，未嘗非元亨利貞之道，而特非人所奉若之
正也。〔註133〕

按上述之言，天地、日月之運行，自有其規律的秩序，而人是不能逾越這些
自然規則來理解它們；然而，人處於天地之中，往往因日蝕、月蝕及流星等
自然現象而感到驚恐，並視之為天降災祥的徵兆。不過，當人對此諸多自然
現象加以反省之際，卻因深怕觸犯不測之陰陽，並將其與人事的過失連結起
來，故於卦之占辭上言「不利有攸往」；然，事實上，所謂「匪正」，那僅是人
無法了解天道之全所致，因而其無法有一個相應於「匪正」而足以令人奉行
不渝的「正」解存在。

　　然而，《无妄·彖》言「不利有攸往」，但〈无妄〉之六二卻言「利有攸
往」，二者之別為何？此又如何從「象」經、「爻」權的角度來思考？船山言：
「〈无妄〉，災也；非天有災，人之災也。」〔註134〕按此，既然〈无妄〉之災，
非天之有災，且《无妄·彖》言「四德」而匪正有眚，則〈无妄〉函「四德」
為體，而用囑咐於「爻」。不過，人之災眚，在於以「无妄」為「妄」、以「妄」
為「无妄」，故「爻」動而有攸往之情存於其中。然而，《易》之言「无妄」非
「無」之義，因此船山不認同老莊之以「無」為常、以「有」為迹的說法；至
於，船山如何批評老莊之「以有為妄」的見解呢？船山言：

> 若夫以有為迹，以无為常，背陰抱陽，中虛成實，斥真不仁，遊妄
> 自得，故抑為之說曰：「吾有大患，為吾有身；反以為用，弱以為動，
> 穅秕仁義，芻狗萬物。」究其所歸，以得為妄，以喪為真，器外求
> 道，性外求命，陽不任化，陰不任凝。故其至也；絕棄聖智，顛倒
> 生死；以有為妄，斗衡可折；以生為妄，哀樂俱捨，又何怪其規避
> 晝夜之常，以冀長生之陋說哉！〔註135〕

按上述之言，船山認為《易·无妄》闡述天地萬物「生而有」的精神，而此
與老子之以「虛」為真的主張相迥異；因為不論老子提出包括「以无為常」、
「負陰抱陽」而「中虛成實」、或「斥仁義」之不真以及「以己身為患」等
等，皆在於強調「以有為妄」、甚至視「生而有」為妄的看法。然而《易》

〔註133〕《周易內傳》，頁236。
〔註134〕《周易內傳》，頁236。
〔註135〕《周易外傳》，頁886。

強調「陽主生」而化、「陰主成」而凝，因而〈无妄〉於初九即言「无妄，往吉。」其次，船山亦言：「君子於天之本非有妄者，……因時消息以進退，而不敢希天以或詭於妄。」〔註136〕按此，船山認為不論以得為妄、以失為真，或者器道不一、性命相乖等，皆詭於妄。其實，按張子云「《易》言幽明，不言有無」的見解略知，〔註137〕《易》應「以變為常」，而非以「有」或「無」為常。因為若執於「有」、或「無」的一端看法，那麼「爻」將「靜」而非動，而此已悖離「生生之謂《易》」的精神內涵。

然而，船山如何藉「以變為常」說明〈无妄〉之「爻」權的機體綿延意涵？他釋〈无妄〉之六二「不耕穫，不菑畬，則利有攸往」而言：「二柔得位而居中，雖與〈震〉為體，而動不自已，靜聽以收其成，則往而利。」〔註138〕按此，六二雖不耕種、不菑畬而能有收穫，但不能以此為「妄」，因《易》強調「藏往知來」的「藏往」之理已寓於其中；所謂「藏往」之理，此如船山所言：「在天者即為理，縱橫出入，隨感而不憂物之利，則人所謂妄者，皆无妄也。」〔註139〕事實上，唯聖人才能隨感而不憂物之利，因為聖人不謀於私利之營求，且能「大公無私」，故不隨俗世之見而「妄」；這麼一來，若「妄」與「无妄」為二端，則於藏「妄」之往，方能知「无妄」之來。如果以「妄」為變，那麼「无妄」之常即寓於其中；簡言之，當〈无妄〉六二「合利於義」而不為俗見之「妄」所惑，則「无妄之誠」才能以機體綿延的方式發展，而船山於上述言「人所謂妄者，皆无妄」恰是《易》之「以變為常」的思想體現。

至於，〈无妄〉又如何於函「四德」而體天人之蘊呢？船山釋〈无妄〉九五之「象」曰「无妄之藥，不可試也」而言：

> 是故聖人盡人道而合天德。合天德者，健以存生之理；盡人道者，動以順生之幾。百年一心，戰戰慄慄，踐其真而未逮，又何敢以此為妄而輕試之藥也哉！故曰：「先王以茂對時，育萬物」，蓋言生而有也。〔註140〕

按上述所言，聖人作《易》在於通天、人之道，但其首先著眼於合「天人性命」之理的闡述；就〈无妄〉之卦而言，其為內〈震〉、外〈乾〉，因而，〈乾〉

〔註136〕《周易內傳》，頁235。
〔註137〕《周易內傳發例》，頁659。
〔註138〕《周易內傳》，頁239。
〔註139〕《周易內傳》，頁235。
〔註140〕《周易外傳》，頁890。

之健於趣時而求存生之理。其次，〈震〉初陽之幾承天之命，以函「四德」體誠信之心，動而不失其立本之旨，故〈无妄〉初九之「象」言「无妄之往，得志也。」按此，以「无妄之誠」臨人而人無不受感化。因而，〈无妄〉踐其真乃在「盡人道」之理，而非「心即理」，故天理亦有「人道」所未逮。既然如此，聖人之「无妄」在於求「天人合德」，那麼豈敢以「心即理」為无妄之藥而試之？大致說來，先王承天命而不違四時之序，以「變」起不測之化而育萬物；因此，當就天人而言「生而有」之理，那麼「无妄之誠」其信而可徵。

然而，「生而有」的无妄之誠其如何體現在〈无妄〉上九之「象」言「无妄之行，窮之災也」上呢？船山言：「時已過，位已非其位，權已歸下，恃其故常而亢志以行。」〔註141〕按此，上九處位之極，權已歸下而窮之災，而非有「妄」；因而，其不能「以變為常」而恃其故常。上九之窮，其非「靜」而不動、亦非歸於「無」，而是藏往之「幽」；是以，上九所謂「无妄之行」，其僅是「藏往」之行。因此，就《易》之「藏往知來」而言，〈无妄〉上九之「窮」，其非有不足。至於，一卦之六陰六陽，陰陽二氣絪縕，上九之「窮」既無「不足」，則同時也無有「有餘」之虞。這麼一來，〈无妄〉之「爻」分有「象」之「四德」而「保合太和」。因此，〈无妄〉之「理」在於「生而有」，而當以此「理」與「妄」為兩端時，則可達於「兩端一致」之理。

（五）就〈革〉而言

《革・彖》曰：「革。巳日乃孚，元亨利貞，悔亡。」《易》之「以變為常」，因而，船山言：「革者，非常之事，一代之必廢，而後一代以興；前王之法已敝，而後更為制作。非其德之夙明者，不敢革也，故難言其孚，而悔未易亡也。」〔註142〕按此，〈革〉之卦為內〈離〉、外〈兌〉，而卦之象謂二女相爭之意；若就歷代之典章制度而言，既存的一代強調傳承之法為「常」，而下一代則以「變」為法；換言之，「常」是法、「變」亦法，那麼〈革〉之爭已不可免。然而，爭「常」、爭「變」之勢僅能存其一方，而二者如何於爭執膠著中勝出呢？船山言：「有道者勝焉，則革。」〔註143〕按此所言之「道」，其即是〈革〉之道；不過，學《易》者又如何從〈革〉之內、外卦象以領會「革」道

〔註141〕《周易內傳》，頁241。
〔註142〕《周易內傳》，頁396。
〔註143〕《周易內傳》，頁397。

的內在意涵？船山言：

> 是故〈離〉兩作，而上明為下明所迫；〈巽〉重申，而後風踵前風以
> 相盪。迫之甚，則鬱庝消灼而火道替；盪之不已，則消散不寧而風
> 位不安。故息之者以豫防其替，止之者以早授其安。物將替而為故，
> 乍得安而見新。此〈離〉五之陰，避重明以遷於上，〈革〉之所以虎
> 變也。〈巽〉四之陰，息緒風以遷於五，〈鼎〉之所以中實也。其因
> 過盛以遷，遷而陰先往以倡之變者，均也。〔註144〕

按上述之言，若以〈乾〉父、〈坤〉母言之，則三畫之〈離〉為中女、〈巽〉為
長女。不過，若就六十四卦而言，那麼〈離〉兩作、〈巽〉重申；因而，〈離〉
和〈巽〉二者皆是「三而重之」的重卦。〈離〉之九四言「突如其來如，焚如、
死如、棄如。」按此，意指前明餘焰猶存，「剛」即替四之「柔」陰，此有下
迫上之象；類似地，〈巽〉之六四言「悔亡，田獲三品。」按此，四乃乘承皆
剛，應有悔；然四以柔居柔而得位，故悔亡。何以言「田獲三品」？船山言
「柔以申命，下順聽之，故田而多獲。」〔註145〕不過，〈巽〉本非征伐之卦，
〔註146〕而六四之「申命」意指其不安之情。因此，《易》示人以憂患，並啟防
患於未然之道；因而，船山於〈離〉、〈巽〉言「豫防其替」、「早授其安」，皆
是與時俱進的權宜之理。

至於，〈離〉、〈巽〉二卦於「防替」、「授安」上的具體做法為何？〈離〉
五之陰遷於上而為〈革〉；〈巽〉四移至五而為〈鼎〉。按此二卦皆「陰」之
過盛而不得不率先以變。不過，〈革〉之「時」雖基於天人之勢而非如此不
可，但〈革〉之成亦非倉促之刻即可立其功；特別地，〈革〉之初九言「鞏
用黃牛之革。」按此，船山言：「其『鞏』也，乃所以革也。有文王之服事，
而後武王可興。修德以俟命，無容心焉。」〔註147〕按此，初九之位卑微而
其德未彰，故宜退而守之以待「革」時之至，此乃「鞏」之義；其次，〈革〉
之道在於能順天而應人，因而除體天道「四德」外，更須盡仁、禮、義、信
之德行，而後才可用〈革〉者。因此，〈革〉當以歷史為借鏡，唯先有文王
順從、服事紂王，而後武王方能建其功。這麼說來，〈革〉非單憑人之力、

〔註144〕《周易外傳》，頁 943。
〔註145〕《周易內傳》，頁 458。
〔註146〕《周易內傳》，頁 458。
〔註147〕《周易內傳》，頁 399。

人之智即可及，因而不容對其過度有心籌謀。

　　既然〈革〉要符合「順天而應人」之道，那麼〈革〉九三之「象」言「革言三就，又何之矣？」其義為何？船山言：「革以言乎三就之後，則當三陽未就之初，又何可輕往乎！」〔註148〕按此，〈革〉之事，非個人一己之事，而此應當謀於眾人；但是，當眾人對「革之事」還未同心一致時，怎可輕率而往呢？簡言之，「革之事」唯至〈革〉之九五言「大人虎變，未占有孚」時，〈革〉之「變」方始明朗，而此「變」是對前代之典章制度加以損益而矯正其弊端的做法。〔註149〕然而，〈革〉之「爻」如何分有其「象」言「巳日乃孚」的天人之「蘊」呢？這可從〈革〉之六二言「巳日乃革之」至九五言「未占有孚」，其皆說明〈革〉之「時」是處於由微而著的機體綿延歷程；尤其，船山釋九五言「未占有孚」而言：

　　　　「未占」者，不待此爻既驗乎占，自九三以來，知明行美，〈乾〉道已純，內信諸己，外信諸人，本身徵民，則裁成百王，更無疑也。若此類爻動應占，非人之所可用；筮而遇此，為世道文明、禮樂將興象，占者決於從王可也。〔註150〕

按上述，〈革〉之勢已至，不待占而天人之理甚明；就爻象而言，三、四、五之爻為剛而成〈乾〉；〈乾〉函「四德」而天人之蘊存於其中，蓋自九三起即「仁義中正交協乎天人，然後可以孚於下土，而人說從之。」〔註151〕因此，當以仁義信諸於人時，那麼九四處「剛柔相濟」之際，何悔之有？因為天命於〈革〉明著之時而歸於人，故九五以剛健中正而顯「未占有孚」之象。其次，何以由〈革〉五之陽健行於世而預知禮樂將興呢？船山釋〈革〉上六言「君子豹變，小人革面」而言：

　　　　其為君子也，雖「蔚」而予之以「文」。文其所固有，失位而莬，莬而不失其盛，而後君子之志光。其為小人也，雖「革面」而許之以「順」，面不可為革，中未順而外說，說而不問其心，而後小人之志平。〔註152〕

按上述所言，〈革〉於九五「大人虎變」之後，王位已大勢底定；然而，前

〔註148〕《周易內傳》，頁400。
〔註149〕參見《周易內傳》，頁401。
〔註150〕《周易內傳》，頁401。
〔註151〕《周易內傳》，頁400。
〔註152〕《周易外傳》，頁944。

朝遺臣之志則鬱結難伸，故有「蔚」之象。不過，君子之志當非僅謀於現實名利而已，更要努力於文化薪火的傳遞上，而發揚仁義、禮樂人倫之道；尤其，君子猶不安於前代典章禮制之廢，而欲奮起以一己之作為，行教化於天下而遂其志。一代之君，其治於一代之法，而小人之性情仍頑強不化；然，船山上述言「君子雖『蔚』而予之『文』。」此在於揭示君子之以教化小人而能使其識時務，並從〈革〉之道而悅；至此，所謂「小人革面」之功將歸於「君子之志光」。

不過，關於君子如何教化小人而使其能「革面」、又能「革心」呢？船山言：「或曰：『〈離〉之從〈革〉也，勢處不厚，同類相偪，內爭而息肩於外，革而未其類，革面而未洗其心，則聖人何獎乎？』」〔註153〕按此，〈離〉之五陰往上、而上之陽下五而為〈革〉；然而，何以〈革〉之上六是籌謀於未然者？因為「得天下」者未必能立刻「治天下」；前者強調「武功」，而後者著重「文治」。因此，「武功」之爭後必待「文治」以弭平裂痕。如果恃「力」克人者而不能以「德」服人，那麼〈革〉之道未竟其功。因此，作《易》的聖人唯獎勵「革面」的小人亦為君子，〔註154〕那麼小人於「革面」後才能「革心」。

歸結上述所言，《革‧彖》曰：「巳日乃孚。」，而《革‧彖傳》曰：「革之時大矣哉！」由此二者略知，〈革〉道之「時」成在於「爻」之「有孚」。不過，〈革〉三之陽言「革言三就，有孚。」按此，其自三至五而成「三就」之義，並以「有孚」立〈革〉之功；至於，上六言「君子豹變，小人革面。」按此，小人之「革面」是賴君子對其行教化；然，若君子之德行可「信」及小人，則小人既能「革面」、亦能「革心」；簡言之，小人之所以能「革面」、「革心」，此理由在於君子能孚於小人。因此，若以《革‧彖》言「巳日乃孚」為經、為體，且其在機體生化不已中「體以致用」，那麼「革言三就，有孚」、「君子孚於小人」二者能在以「爻」為權、為用的「機體綿延」發展中，闡述〈革〉函「四德」的「兩端一致」之理；換言之，唯〈革〉之「武功」與「文治」兼備，而此即〈革〉道之成。

〔註153〕 《周易外傳》，頁944。
〔註154〕 參見劉次源：《易通》（臺北：廣文書局，1974年），頁234。見劉氏釋〈革〉上六言「君子豹變，小人革面，征凶，居貞吉」而言：「革道已成、與更始也。小人革面亦君子也，與民休息宜安止也。」

四、即「象」見「爻」而「象爻一致」

關於《易》之「象」與「爻」的關係如何，對此，學《易》者經常根據
《繫傳》曰：「『象』者材也。『爻』也者，效天下之動者也」來說明其義，而
船山對此認為「材」者體質之謂而「效天下之動」是指「材」之用。〔註155〕
不過，「象」與「爻」在本質上是否能達於「一致」呢？船山言：

> 《（繫）傳》曰：「觀其『象辭』，則思過半矣」，明乎「爻」之必依
> 於「象」也。故曰：「『象』者材也，『爻』者效也。」材成而斲之，
> 在車為車，輪輿皆車也；在器為器，中、邊皆器也。各效其材，而
> 要用其材，故曰：「同歸而殊塗，一致而百慮。」舍其同歸一致，叛
> 而之他，則塗歧而慮詭於理，雖有危言之不窮，猶以條枝而為棟樑，
> 析豫章而為薪蒸，材非其材，烏效哉？說《易》者於「爻」言「爻」，
> 而不恤其「象」；於「象」言「象」，而不顧其「爻」；謂之曰未達也，
> 奚辭！〔註156〕

按上述所言，何以《繫傳》曰：「觀其『象辭』，則思過半」呢？因為，文王
體伏羲卦「象」之義而明天人之道，並以元、亨、利、貞述卦象得失吉凶之
所繇。之後，周公又即文王之「象」以見時位之幾；〔註157〕至於，孔子又
即文王「象」及周公「爻」而繫「傳」，〔註158〕以顯天道即昭人道，而天人
之「蘊」存乎其中。因此，四聖之《易》同於一揆；簡言之，若伏羲卦「象」
作為「文本」，則文王之「象」即其本質的時代內涵敞開，類似地，如果以
文王之「象」作為「文本」，那麼周公之「爻」是以多面性的方式闡述「象」
而展開其義。

不過，何以船山言「材成而斲之」？我們可從船山言：「以筮言之，則
由三變以得一畫以為初，漸積至十八變而成備。」〔註159〕按此，我們或許
會誤認《易》是先有「爻」、而後有「卦」；若是如此，何以上述言文王體伏
羲卦「象」而繫之「象辭」？船山言：「然成卦者，天地固有之化，萬物固
有之理，人事固有之情，筮而遇之則占存焉。」〔註160〕按此，聖人作《易》

〔註155〕參見《周易內傳》，頁587。
〔註156〕《周易內傳發例》，頁661。
〔註157〕參見《周易內傳發例》，頁649。
〔註158〕參見《周易內傳發例》，頁649。
〔註159〕《周易內傳發例》，頁666。
〔註160〕《周易內傳發例》，頁666。

兼天、地、人三才而兩之，因而，陰陽、剛柔、仁義備於其中；就天人之道而言，《易》之六十四卦皆具「天人之理」，而人於學《易》、占《易》中明「天人性命」之理。因此，《易》之卦乃天地自然之理數，而以「大衍之數」筮而遇之，則天人之理寓於其中。

至於上述，船山言「在車為車，輪、輿皆車」，其義為何？船山為「車」作為「象」之材，而車可成「輪」、亦可成「輿」；因而，若以「輪」、「輿」為兩端，則二者將可「兩端一致」。事實上，船山雖明白此即「兩端一致」之理，但他卻以《繫傳》言：「同歸一致」之理稱之。然而，何謂「同歸一致」之理？其是指一卦之爻有六陰六陽，位亦有十二，而於消息往來、盈虛中體現在「藏往知來」之或幽、或明當中；因而，一卦之爻、位恆見其六。關於天、人之道的分別為何？

船山於《思問錄內篇》認為「誠」是天道而「誠之」是人道，〔註161〕以「體誠存性」說明「誠之必幾」的內涵。因此，若以船山之合「誠」、「誠之」來闡述天、人之道的做法，這與他視「象爻一致」為「經」、「權」之理的主張，二者在思維上可說是如出一轍。

按照上述，船山的「象爻一致」主張是奠基於「四聖一揆」的前提上；不過，當我們從「經」、「權」的觀點以看待「象爻一致」時，那麼《易》之六十四卦皆不能或免於此一原則的要求。然而，本論文基於篇幅所限，不能對所有卦爻的特性逐一介紹、或加以印證和說明，而底下僅擇取幾個較具爭議性的「卦」來討論，包括〈履〉、〈同人〉及〈豫〉等。

（一）〈履〉的「象」、「爻」關係

《履·彖》言：「履虎尾，不咥人。」然，〈履〉之六三卻言「履虎尾，咥人凶。武人為于大君。」對此二者之關係，船山於《周易內傳發例》言：「《履·彖》『不咥人』，而六三『咥』者，舍其說以應〈乾〉之成德而躁以進也，而『彖』已先示以履虎之危機。」〔註162〕按此，船山除了從「象」經、「爻」權的角度來說明二者之間的差異理由外，他還據〈履〉之內、外卦因素以及六三爻的爻位特性來加以說明；不過，何以〈履〉之六三舍其說以應〈乾〉之成德卻有「履虎尾」之象呢？朱熹在《本義》說：「六三不中

〔註161〕參見《思問錄內篇》，頁 402。
〔註162〕《周易內傳發例》，頁 662。

不正，柔而志剛，以此履〈乾〉必見傷害，故其象如此，而占者凶。又為剛武之人得志而肆暴之象。」〔註163〕按此，既然六三非居中正之位，然柔而志剛，有武人剛愎自用之象，故爻言占者凶。

　　不過，《履·彖》所言「履虎尾」，其「象」是否與〈履〉之六三言「履虎尾」之象相同呢？大致說來，「彖」所言是本於一卦之「象」，此必然有別於一爻之「象」；因而，底下我們針對學者們對《履·彖》之「象」的說法來分析：首先，伊川言「履藉於剛，乃見卑順說應之義。」〔註164〕按此，〈履〉為內〈兌〉外〈乾〉；因而，就〈履〉之卦象而言，「剛」制於外，則卑「順」而說見於內。其次，朱熹言：「以〈兌〉遇〈乾〉，和說以躡剛強之後，有『履虎尾』而不見傷之象。」〔註165〕按朱子所言，他以〈兌〉為說、〈乾〉為剛，而卦象由下往上，有「躡」隨之義的說法。至於，在釋〈履〉之義較特別地則屬清代宋書升《周易要義·履》言：

> 虎目六三在兌體，兌為虎也。尾目九五。卦自〈大有〉來，五與三通氣為虎蹲而屈尾至前之象、故稱虎尾。卦象又為陰踐而前，故言履虎尾。咥，齧也。下卦兌為口，象乾剛處上，巽柔處下，以遜之、故為不咥人。〔註166〕

按宋氏之言，他於〈履〉之六爻中指出「虎目」、「尾目」所在之位，並視〈履〉由〈大有〉而來；其實，〈履〉之爻，三之陰與上之陽相應，剛柔並濟，即有「吉」象，而何待三、五之爻相通氣？因此，宋氏言「五與三通氣為虎蹲而屈尾至前」之象，其義為何？對照於此，船山言：「〈履〉，《本義》謂『躡而進之』，是也。……蓋專言〈履〉，不足以盡卦之名義，必言『〈履〉虎尾』，而後卦象始顯也。」〔註167〕船山認為〈履〉言「履虎尾」之「虎尾」，此是為了盡卦名之義，並使卦象能夠彰顯、而採用的權宜之計；因而，若視〈履〉有「虎」之象而言之鑿鑿其既有「虎目」、又有「虎尾」，則似太過於附會〈履〉之「彖辭」。不過，宋氏之言〈履〉由〈大有〉之變而來，此說並無不可，而〈履〉之五陽、三陰各處於天、人之位，因而〈履〉含「天人相通」而有「亨」象。〈履〉既有「亨」象，因此《履·彖》即有「履虎尾，不咥

〔註163〕（宋）朱熹：《周易本義》，頁70。
〔註164〕（宋）程頤：《周易程氏傳》，頁58。
〔註165〕（宋）朱熹：《周易本義》，頁69。
〔註166〕（清）宋書升：《周易要義》（濟南：齊魯書社，1989年），頁26～27。
〔註167〕《周易內傳》，頁135。

人」之象。

　　不過，宋氏之就三、五爻以言〈履〉之義，而略過初、二之德，此似嫌太過簡化。因此，船山如何釋《履·彖》言「不咥人」之義？他說：

　　　　「不咥人」者，以全卦言之。〈兌〉之德說，既非敢與〈乾〉競，而初、二二陽與〈乾〉合德，〈乾〉位尊高，其德剛正，不為所惑，則亦不待咥之以立威，而自不能犯。陰可以其說應之，志上通而有亨道也。〔註168〕

按船山上述所言，何以〈兌〉不敢與〈乾〉競而德說呢？船山言：「履，德之基也。集義，素履也。」〔註169〕按此，船山於此不釋六三言「咥」者的問題，而是從卦德言〈履〉之義，因為〈履〉六三是孤陰處於憂危之位，而柔能順剛，故其有「德之基」之象；然而，何以船山又言「集義，素履」呢？對此，初、二二陽雖為〈兌〉體，但處卑下、志於往，其義在於與〈乾〉合德，故有「素履」之象；至於「集義」之義為何？唯初之與二无所求者，〔註170〕且能厚其懷來而消其言笑，〔註171〕而其所懷來者是在德之善，故此與朱子釋「集義」相應和。〔註172〕然而，何以〈乾〉位尊高而三之陰可以其「說」應之？船山言：「上（九）序致祥之績，固不在所應之六三，而必策動於初、二矣。」〔註173〕按此，〈履〉之陽皆能上、下合德而正；因而，六三無所施其陰狠之計。其次，陽本養陰，而五陽能養三之陰以德而使之好德樂道，故《繫傳》言〈履〉和而至」、「〈履〉以和行」等，皆讚許其以「和」為德之基；這麼一來，《履·彖》言「履虎尾，不咥人」，其義至明。

　　然而，何以〈履〉之六三言「咥人凶」呢？事實上，就卦之爻而言，其僅是「筮而遇之則占存」，而爻之「象」非指特定的人、事、物；例如朱熹釋〈履〉之六三而言「……，如秦政、項籍，豈能久也！」〔註174〕按此，三之陰喻歷史上肆暴之武人的形象，而言「豈能久也」，此意味「履虎尾，咥人凶」之象。至於，船山又如何釋〈履〉六三言「武人為于大君」之義？船山言：

〔註168〕《周易內傳》，頁135～136。
〔註169〕《思問錄內篇》，頁409。
〔註170〕參見《周易外傳》，頁848～849。
〔註171〕參見《周易外傳》，頁848。
〔註172〕參見（宋）朱熹：《四書章句集註》，頁232。朱子言：「集義，猶言積善，蓋欲事事皆合於義也。」
〔註173〕《周易外傳》，頁849。
〔註174〕（宋）朱熹：《周易本義》，頁70。

陰之情柔而性慘，故為「武人」。「為」謂圖謀而逞其妄作，若蘇峻、
祖約、苗傅、劉正彥是也。既言凶，而又言「武人為于大君」者，
見三雖終自敗亡，而志懷叵測，無忌憚而鼓亂，固君子所宜早戒也。
不為小人謀，故終戒君子。〔註175〕

按船山上述之言，所謂「陰之情柔而性慘」，此應如伊川之言「三以陰居陽，
志欲剛而體本陰柔，安能堅其所履？」之義；〔註176〕換言之，〈履〉六三之
情，其即是小人居心叵測的寫照，而小人之奸險所圖謀為何？此無非是貪於
權勢及名位；不過，既然小人「才非其才」，其又如何「位其位」呢？因此，
小人之圖謀終自敗亡，故六三有「履虎尾，咥人」之象。然而，船山承張子言
「《易》為君子謀」，但何以他於此又言「《易》不為小人謀。」按此，小人謀
於《易》者不外是吉、凶而已；然，船山認為「吉凶得失」本為一道，豈能顧
此失彼呢？這麼一來，《易》之戒君子又如何？船山釋〈履〉上九而言：

上九居高臨下，與三相應，三方履上而干之，而平情順受，俯視而
見其情，不急加譴，但反求諸己，審所以消弭之道而化災為祥，則
三亦消阻旋退，以說應而不敢生憑陵之心，善以長人，吉莫大焉。
〔註177〕

按上述之言，六三所圖謀之心如武人之「為」，在於逞其邪「淫」，並企圖履
上而干陽之事；然，〈履〉之上九言「視履考祥」，亦即以陽德俯視陰之情，
而不隨陰之虐暴而失其常，並能反求諸己，審度形勢以化解三陰之妄作，且
消弭其亂於無形。因此，上九之所以能發揮「善以長人」的仁德，這首先在
於其不以君子逼迫、揭穿小人之惡行；相反地，他以立「人道」之「貞」來
自我要求，而終「化災為祥」，並使三陰知難而退，此即上九言「其旋元吉」
之義。

　　歸結上述，何以《繫傳》稱許〈履〉為「履和而至」、「履以和行」？或
許，這僅是以整體看待〈履〉之意義的現象說明，而此並不代表〈履〉的諸爻
之間沒有波瀾存在。按上述所論，六三之陰情，如武人之為而逞其志於「淫」；
然，上九能定其心以審度大局的情勢發展，並發揮陽德以「貞」其志。因此，
就〈履〉之內〈兌〉、外〈乾〉而言，當能以「貞」、「淫」為兩端，並以「貞

〔註175〕《周易內傳》，頁138。
〔註176〕（宋）程頤：《周易程氏傳》，頁61。
〔註177〕《周易內傳》，頁140。

淫一致」以通天人之理，因而《繫傳》言「〈履〉，德之基」之義於此彰顯。這麼一來，《履·彖》言「履虎尾，不咥人」、〈履〉六三言「履虎尾，咥人」，二者的矛盾恰能透過「貞」、「淫」之「兩端一致」的精神來化解。據此，船山言「彖」經、「爻」權的意義終能在二者之本質「一致」中獲得說明。

（二）〈同人〉的「彖」、「爻」關係

《同人·彖》曰：「同人于野，亨。」然，〈同人〉之六二曰：「同人于宗，吝。」按二者所言，「亨」者，乃亨通之義；至於「吝」者，其義是求行而不遂。〔註178〕因此，就〈同人〉一卦而言，它表示亨通而無滯；但是，於〈同人〉之諸爻間卻出現有不得行而「吝」的現象。《易》之戒，在於為君子圖謀；然，《易》為君子所謀為何？對此，船山釋〈渙〉之六三「渙其躬，无悔」而言：「三為進爻而位剛，本欲上行以應乎剛，是能公爾忘私者，雖不當位，而遂其就陽之素心，固无悔矣。」〔註179〕按此，〈渙〉三之陰，以柔處剛，不中不正，而又為進爻，本該有「悔」；〔註180〕然，三陰雖不當位，但其能「公而忘私」，並上而求陽以合德，因而三之陰無所悔，《易》以此戒君子之行。

至於，《同人·彖》言「同人于野」的「于野」之義為何？船山言：

「于野」者，迄乎疏遠，迨乎邱民，皆欲同之之謂。為眾所欲同，其行必「亨」。柔非濟險之道，而得剛健者樂其同心，則二之柔既足以明炤安危之數，而陽剛資之以「涉大川」，必利矣。〔註181〕

按上述之言，船山認為所謂「于野」之義，其包括親疏、遠近之民皆欲同於「天」者；因為二、五之爻處內、外卦之中，且其能陰陽相應而合德，故天人通氣而有「亨」之象。由《同人·彖傳》曰：「柔得位而應乎乾，曰同人。」按此，柔之「心」非私溺於「人心」，而是以「天心」應乎〈乾〉。因此，當六二之「柔」以應〈乾〉時，則合陰陽之德而「險」可涉；換言之，六二之心，非溺於私心行濟險之道，而是得陽剛之資以利涉大川之「險」。

不過，以〈同人〉之全卦言之，六二「陰」雖上應〈乾〉者，而其志如何不私溺？對此，宋代趙彥肅認為：「得中應〈乾〉同乎天也。同乎天者，同乎

〔註178〕參見《周易內傳》，頁514。
〔註179〕《周易內傳》，頁470。
〔註180〕參見《周易內傳》，頁514。船山稱「悔」者，行焉而必失。
〔註181〕《周易內傳》，頁155。

人也。二、五心也，人心、天心同。」〔註182〕按此，趙氏是從「天人合德」的面向以闡述《同人‧象傳》之義，尤其，他以二、五為「心」說明「同人」之義，並強調二、五相應旨在於同天、人之心。然而，船山如何說明此「同天、人之心」是「大同」而非「苟同」呢？他說：

> 二正應在五，不言應剛而言〈乾〉者，人之志欲不齊，而皆欲同之，則為眾皆悅之鄉原矣。唯不同乎其情之所應，而同乎純剛無私之龍德，以理與物相順，得人心之同然而合乎天理，斯為大同之德，而非苟同也。〔註183〕

按上述之言，〈同人〉之義，在於眾陽皆欲同於二陰而求剛之所安；〔註184〕不過，若二陰欲與眾陽同，則須抑一己之志以取悅眾陽；這麼一來，二陰則有鄉愿之嫌，因為其與眾陽交往之心卻不能像龍德那樣是純剛而無私。因而，當陰得陽之心未能合乎天理時，那麼二陰之出於私情而使眾陽皆悅的做法，並以無所謂而隨意之為，其終流於「苟同」；相對地，若二陰能效法君子之貞、亦即凡事能「合義而利」，則其不但能明天人之理、且可與物情相順而體存天、人同心的「大同」之德；換言之，若二陰不能以「義」利物，且任物情恣意所為，那麼〈同人〉之六二將因「苟同」而「吝」。

然而，船山如何說明〈同人〉六二言「同人于宗」之「吝」的權宜意涵？他說：

> 陰陽相敵，則各求其配而无爭。其數之不敵也。陰甘而陽苦，陰與而陽求，與者一而求者眾，望甘以為利之藪，則爭自此始矣。唯夫居尊以司與者，眾詘於勢而俟其施，則〈大有〉是已。過此者，不足以任之。故同者，異之門也；〈同人〉者，爭戰之府也。〔註185〕

根據上述，〈同人〉之所以出現陰陽相爭，那是因為陰寡而陽多；然，六二雖與九五正應，但其又介於初、三陽之間，而無法遠交他陽，故有「于宗」之象。不過，二陰在面對初、三、五陽之爭，其又如何自持？船山言：「二近初、三，即同之，雖有正德，不能待也，其志褊矣。是以九五號咷而興師。」〔註186〕按此略知，〈同人〉是眾陽爭與二之陰以合其志，陰陽爭鬥實

〔註182〕（宋）趙彥肅：《復齋易說》（臺北：廣文書局，1974年），頁46。
〔註183〕《周易內傳》，頁156。
〔註184〕參見《周易內傳》，頁155。
〔註185〕《周易外傳》，頁859。
〔註186〕《周易內傳》，頁158。

屬相當激烈；不過，初、三之陽位卑而勢弱，不足成焦點，否則二陰就顯得志氣過於狹隘。

　　既然五之陽與二之陰正應，其怎能漠視他陽對二陰的覬覦，並意圖施予初、二之懲罰。其次，四介於二、五之間，而四近三、亦有奪取二之情；然而，二之陰與四之陽非正應，而四終能自明而改過，故〈同人〉之九四《象》言「乘其墉，義弗克也」。至於上九之陽，位遠而時已過，不以己意為意，且能「人同亦同」，故有「同人于郊」而不爭之象。大致說來，〈同人〉之「同」是樂與人同；簡言之，當五陽樂於求二之陰時，其表面雖謂「同人」，但內在卻各有盤算，此即船山於上述言「同者，異之門也」的含意所在。

　　不過，〈同人〉之六二《象》言「同人于宗，吝道也。」其義為何？對此，我們可從張元夫釋「同人于宗，吝道」之義而說：「同人于宗，宗即限于所親也。同人于宗，吝道也。即不能推己以及人也。」〔註187〕按張氏言，若「同人于宗」僅同於親近的人，而不能同於遠疏者，那麼二之陰將無法受眾陽相協，而會有行而不遂的阻礙；因此，船山言：「君子之交，近不必比，遠不必乖。」〔註188〕換言之，君子不溺於私情，而能以「一視同仁」之天心來看待親疏、遠近的人；亦即，君子唯善推一己「無私之心」而及於人，那麼《易》於顯「天心」之際、即能昭回「人心」的仁義之道。

　　總結上述，為何〈同人〉六二之占辭所以言「吝」？那是因為二陰面對眾陽之求，它不能無動於衷；然，陰動以應陽，它未必能心存無私而合乎天理，尤其「同人于宗」之「宗」，其義只侷限於親近之人。相對地，二陰唯能摒除其狹小的心志，進而往上以應〈乾〉，那麼「人心」、「天心」才能「兩端一致」；換言之，〈同人〉之「心」既含有人心之「欲」、亦有天心之「理」，而若以「理」、「欲」為兩端，則〈同人〉之「爻」是處在「理欲一致」的機體綿延發展中。因此，〈同人〉六二之言「吝」，此是就時、空的可能現實情境來探討；亦即，當天心隱而不足以顯人心的無私時，那麼占得二陰為「吝」。相對地，若二陰往上應〈乾〉，則「人心」合於無私之「天心」；這麼一來，《同人·彖》言「同人于野」則是以「兩端一致」的權宜之方式在諸爻中敞開，而此即所謂「彖爻一致」的精神體現。

〔註187〕張元夫：《易經述聞》（臺北：臺灣商務，1974年），頁32。
〔註188〕《周易內傳》，頁158。

（三）〈豫〉的「象」、「爻」關係

《豫·彖》曰：「利建侯行師。」按此，船山言：「一陽奮興於積陰之上，拔出幽滯之中，其氣昌盛而快暢，故為『豫』。」〔註189〕船山於此就上〈震〉之動、下〈坤〉之靜以言〈豫〉具有動、靜之理；唯〈震〉動於當動，而〈坤〉靜能順之，則動、靜之氣快暢行之而四之陽欲有所為。不過，《豫·彖傳》曰：「豫之時義大矣哉」的「時義」為何？船山言：

> 〈豫〉與〈復〉同道，而〈豫〉動於上，天道也；〈復〉動於下，人
> 道也。以天道治人事，必審其幾，故歎其「時義」之大；以人道合
> 天德，必察其微，故歎其「見天地之心」也。〔註190〕

據上述之言，〈豫〉之動已出乎地上，而〈復〉之動剛萌乎地中。因而，就卦象言之，〈震〉在上，是以致動之用而其動也皆靜中所豫；〔註191〕〈震〉指一陽之初起而相繼以微動。〔註192〕然，何以〈復〉要「以人道合天德」呢？船山言：「天地之心，無一息而不動，無一息而非復，不怙其已然，不聽其自然。」〔註193〕按此，所謂「天地之心」，其於人即為「不忍之心」；簡言之，此即「為仁由己，戒由人」的道德實踐。因此，人唯踐行其「不忍之心」，那才能復見天地之心。至於，〈豫〉如何「以天道治人事」呢？關於人事之能「治」與否，其首要前提在於「天道」是否彰顯？船山言：

> 「建侯行師」，王者命討之大權，所宜慎也，而以快豫行之，疑於不
> 利。故聖人推言所以利之故，而歎其時義之大，非善體者不能用也。
> 審其時，度其義，知〈豫〉為天地聖人不測之神化，則不敢輕於用
> 〈豫〉，而無「鳴豫」之凶、「盱豫」之悔矣。〔註194〕

按上述所言，《豫·彖》言「利建侯行師」與《屯·彖》言「利建侯」中的「建侯」之義有別。〈屯〉是剛柔始交而難生，因而，五陽委其任於初陽而行建侯之事；然，〈豫〉乃四陽受命為侯而行討伐之權。因此，〈豫〉於致用之動，不得不審其幾，否則一旦四陽擁權勢在身、卻德位不能兼備時，那麼

〔註189〕《周易內傳》，頁175。
〔註190〕《周易內傳》，頁177。
〔註191〕參見《周易內傳》，頁176。船山言：「〈坤〉在下以立動之基，〈震〉在上以
　　　　致動之用，靜函動之理，其動也皆靜中之所豫，……。」
〔註192〕參見《周易內傳》，頁229。
〔註193〕《周易內傳》，頁229。
〔註194〕《周易內傳》，頁176。

陽所立之功不能以德服人；其次，四陽雖德位兼備、卻不合於行師之時義，那麼陽所立之威則疑有濫權之嫌。這麼說來，「建侯行師」之義，非四陽之德、位、時三者兼俱，否則所謂「豫」將成為侯者之任情恣意妄作之事。

為何聖人以「利」推言「建侯行師」之事呢？其實，〈豫〉之事唯聖人足以任之，船山對此言：「聖人耳順從心，無所不樂，而天下見其非常，此聖而不可知之神所以上合天道也。」〔註195〕按此，孔子六十耳順、七十從心所欲，故言聖人耳順從心；然而，就學《易》而言，船山認為若以聖人之德且能審〈豫〉時之至，那麼聖人自處〈豫〉且學而時習之、不亦說乎！〔註196〕並以此德媲美內聖外王之偉業，此即聖人臻乎不可知之神，以合乎天道之義；然，天之希聖，因而作《易》聖人獎之於得「位」之四陽而言「利」。至於，《豫‧大象》曰：「豫，先王以作樂崇德」，此義說明即使古代先王亦不輕易用〈豫〉，而唯於頌揚先王之「德」，才始以〈豫〉推崇其豐功偉業之蹟。因此，以初、三之德薄、位卑，是不足以用〈豫〉，否則將有「鳴豫」、「盱豫」之凶悔。

關於〈豫〉九四之「象」曰：「由豫大有得，志大行也。」船山對此言：「四之志，本欲振起群陰而散其鬱滯。靜極而動，一由乎道，孰能禦之？」〔註197〕按此，四陽之志之所以能振起群陰而散諸陰之滯，在於其德、位、時三者兼俱，因而〈豫〉道之行，本乎天、人相通之理，其「時」之至而「義」已明。不過，四陽如何代五陰以行君權呢？關於此，我們先探討〈豫〉之六五言「貞疾恆不死」的意義為何？首先，就爻辭之義而言，劉次源於《易通》言：「貞疾，痼疾；以柔居五為四所迫，既不能禦、又不相得，故致痼疾。縱不至死，亦奄奄一息也。」〔註198〕按此，五陰之疾，雖不至於死，但其生之氣亦微，因為縱使四陽無凌駕五陰之心，然陰、陽又不得相唱和以成〈豫〉道。此苟延殘存之象，船山認為衰周之君及矯廉之士無不如是。〔註199〕其次，〈豫〉之六五言「貞疾」、及九四言「由豫大有得」，二者是相互為表裡的關係，因為《豫‧彖》言「建侯行師」之事，此即意味著四陽代五君行權之勢已成。

〔註195〕《周易內傳》，頁177。
〔註196〕參見（宋）朱熹：《四書章句集註》，頁47。
〔註197〕《周易內傳》，頁180。
〔註198〕劉次源：《易通》，頁99。
〔註199〕參見《周易內傳》，頁180。

然而，〈豫〉之四陽之所以能「由豫大有得」，其「立本而趣時」之道為何？就「立本」而言，六二言「介于石，不終日」，其為〈坤〉順之德；所謂「介于石」，非靜而不動，蓋知幾者之微，因而船山言：「介于石，中立而不倚於物，則至正而萬變不出其樞機，善惡之幾不待審而自著。」〔註200〕按此，二陰之德、位兼備，且能以一己中正之德審善、惡之幾，並率初、三之陰往上而為四陽所得。至於，六二之「趣時」則表現在「不終日」的意義上；而所謂「不終日」是指二陰洞察善惡之幾，其動可以不待終日而應之速。〔註201〕因此，〈豫〉之六二以「趣時」而歸四陽所得，且陰陽合德。不過，以〈豫〉之趣時而言，其道並非僅行乎二陰，四陽亦因「時義」使然，故能動而不滯。既然〈豫〉之四陽言「朋盍簪」，那麼上六之言「冥豫，成有渝，无咎。」其義如何？船山言：

> 四順以動，莫之能遏，志行而必成其功。其功既成，上不得不變其情，與之交暢。處卦之終，而其勢危，而其上更無關抑之者。非若五之有中位可安，而重陰覆之，徒自苦以終身也。能自渝焉，則无咎矣。〔註202〕

按《豫·彖傳》言「豫之時義大矣哉」而言，則〈豫〉之道應該因「時」而變；所謂「成於渝」之義，在於指四陽能成就「建侯行師」之功，此非僅恃一己之力，而卻有賴於群陰的扶助，尤其，上六更應自立自強；因為，上六遠於四陽，而不思有所振奮而昧於〈豫〉之情，故有「冥豫」之象。因此，上陰的趣時之道，在於其能自渝而下與四陽交暢，否則將處勢之危、而自苦其身；換言之，上陰能因「時義」如此而不得不變其情，故其能不苟且度日而下順四陽之志，以協助四陽「建侯行師」之大業。

歸結上述，船山言：「〈豫〉『建侯行師』之利，九四當之，非餘爻之所能逮。」〔註203〕按此，〈豫〉四陽為卦之主，其代五之君行權；然，九四非餘爻所能及之處，在於其德、位、時三者兼俱。大致說來，四陽之以「德位」作為「立本」，並與群陰相交暢；此外，當四陽之動，其動無不是順天之「時」，而群陰於審時義而皆能「趣時」應之。因此，就天、人之道於機體綿延發展

〔註200〕《周易內傳》，頁178。
〔註201〕參見《周易內傳》，頁178。
〔註202〕《周易內傳》，頁181。
〔註203〕《周易內傳發例》，頁662。

中，〈豫〉之以「德位」、「時義」為兩端，則其「爻」權之義就在此「兩端」中取得「一致」的效用；至於，《豫·彖傳》言「順而動」，此體現〈豫〉之為經、為體的根本。不過，如果以《易》之六十四卦盡函「立本而趣時」的精神言之，那麼〈豫〉之「彖」經、「爻」權其奠基於德、位、時三者兼俱，並能達乎「彖爻一致」的經權之理。

五、小　結

　　關於船山提出「彖爻一致」的主張，這並不是獨立於他的易學系統之外；相對地，他所謂「彖爻一致」的課題，此中涉及到《易》之實體是立於世界之中、或立於世界之外的問題？對此，學者朱伯崑在《易學哲學史》中言：

> 宇宙間，並沒有一個單一的實體立于萬法之外，主宰萬有，並作為寶藏將萬有吸入其中。王氏此論是說，萬有既存在著同一性，又存在著差異性。其同一性基于太極即太和之氣，其差異性出于稟有的太和之氣的分際不齊。萬有雖參差不齊，但擴充其同一性，又相互調劑，無需于萬有之上立一實體，統治萬有。〔註204〕

按上述所言，船山的易學思想是為一機體發展型態；因而，包括《易》所言之形、象、器皆落於此一「機體世界」中而生生不息。不過，所謂「同一性」，此相當於「彖」為經、為體的意涵；而所謂「差異性」，此即「爻」為權、為用的現象呈現。然而，「彖」及「爻」皆處於《易》的機體世界之中，何以會有「同一性」和「差異性」的分別呢？

　　大致說來，「彖」的意涵在於「天道」，而其所函之「人道」並未彰顯；簡言之，上述所言「太極即太和之氣」，此為船山「即氣言體」的同一性意義；至於，當「太極」作為存有之「體」而處於現實發用的階段，那麼萬有皆稟有太和之氣的分際不齊；亦即，船山認為卦之「爻」具有彼此差異性的存在。然而，如何面對諸爻的參差不齊而擴充其本質呢？其實，這關涉到學《易》者對「彖」及「爻」之間關係的理解，而本論文則從船山論《易》的機體進路以說明「彖」、「爻」各自的內涵，然後再進一步申述其「彖爻一致」的精神及意涵。

　　既然「彖」之義僅在於顯「天道」，而其中「人道」之蘊還未明朗；這麼

〔註204〕朱伯崑：《易學哲學史·第四卷》，頁236。

一來，學《易》者如何能即「象」顯天道、以昭回人道之「蘊」呢？本章第一節首先探討「象」之「體以致用」的意義；然而，何以我們能以「即氣言體」來說明船山「體以致用」之理？筆者認為所謂「即氣言體」，是以「陰陽二氣絪縕」之「氣」，以立「〈乾〉〈坤〉並建」之「體」。「太極」可謂「氣之未分」狀態；不過，當「太極為〈乾〉、〈坤〉」之合撰時，則「氣」雖未分而〈乾〉陽、〈坤〉陰之變合已寓於其中，因而「合陰陽之變」即顯不測之神。這麼一來，合陰陽、剛柔、健順、清濁、虛實於「一氣」之渾淪而「即氣言體」，則「〈乾〉〈坤〉並建」之「體」現。

其次，筆者針對「乾坤四德」的人文之蘊來論述。事實上，當釋〈乾〉之「元」為「大」時，那麼天地形化皆為其所昭見，亦為萬善之始；既然〈乾〉之「四德」為萬善之始，則其於天人之際又如何發用？換言之，船山認為「成性以後，於人而為仁」其義為何？若以《繫傳》曰：「一陰一陽之謂道，繼之者善也，成之者性也」而言，則「乾元」必為萬善之始，而六十四卦和天地萬物皆繼其「善」；然，天地萬物所成各有其「性」，而唯「乾元」所昭顯之人性則以「仁」稱之。

再者，船山認為〈坤〉純陰而非無陽」，因而〈坤〉雖以「牝馬」象之，然亦可秉〈乾〉氣有健行之情；既然〈坤〉能秉〈乾〉而行，則君子所效法者非徒〈坤〉而已，其當以「〈乾〉、〈坤〉合德」為要。船山於釋〈乾〉之「四德」中指出天地萬物成性之後，唯人具有「仁」之性；其次，他於釋〈坤〉之「四德」中指出君子得陽剛為主而利，然此「利」必是合「義」而利。因此，「象」所要昭回人道之「蘊」，此即儒家的仁、義之道。

此外，船山釋《說卦傳》而言：「反者有不反者存，而非極重難回以孤行於一逕矣。」〔註205〕按此，卦爻之「反者」，它可視為卦「象」於「體以致用」的機體生化過程中所呈現的環節現象；然而，任一機體環節的發展並非純以「正」或「反」之截然分而為二的方式來進行。相對地，船山這種闡述卦「象」之「體」的發用精神，此相當於「誠天化理」的機體發用流行，而一陰一陽之道的運行皆體現「保合太和」的和諧精神。

至於，船山如何說明「乾坤四德」如何函「保合太和」以體天人之蘊呢？對此，相對於〈泰〉，〈歸妹〉為內〈兌〉、外〈震〉，初、四皆為陽，而無「陰陽合德」之情，且陽以求陰之情甚急，因而四之陽下逼內卦初、二之陽，且

〔註205〕《周易外傳》，頁1113。

諸陽遂相互攻擊，以致相悖而互傷。因而，〈歸妹〉之卦爻即不能「保合太和」，但《歸妹·彖》對此則言：「征凶，无攸利。」可知當「彖」之象呈現「不保不合」而滯於行時，聖人能獎人以善而示之斷占之辭，期許學《易》者從中知所戒慎。此外，船山之所謂「太和」其是僅就「陰陽合德」之蘊而言；然而，何以船山又言「保合之為太和」，其義為何？大致說來，這在於說明卦爻於變通之際，「天人性命」之理是處於至密不可分的狀態；換言之，「保合之為太和」其在於以一種動態的機體生化發展來看待《繫傳》言：「生生之謂《易》」的意涵。

若以「彖」作為「體」的「同一性」意義，那麼「爻」即表現為「差異性」的「兩端一致」之「用」；大致說來，船山易學的「兩端一致」之理，它在於就爻動之情而顯《易》之「藏往知來」的盈虛之道，並從中顯天道、以昭回人道的天人之理。不過，由「爻」所顯示的「天人之理」其是從「盡人而求合乎天德」的人道側面來探討。針對此一問題，本章第三節的諸小節則就〈屯〉、〈隨〉、〈臨〉、〈无妄〉及〈革〉等五卦著手探討。此五卦之「彖」皆具元、亨、利、貞之四德；然，「四德」雖顯天道而人事卻未明朗。

首先，若以「時位」和「德行」為二端來看待《屯·爻辭》的話，那麼「兩端一致」之理即存乎其中；而此亦體現在以「事」與「理」之為兩端，以成其「兩端一致」之理。其次，據〈隨〉之「爻」義，當知所謂「〈隨〉時義大矣哉」，此體現〈隨〉因「時」之勢而「理」在；換言之，就「時」而言，「勢」與「理」為兩端，則可臻乎「理勢而一致」的「兩端一致」之理。接下來，〈臨〉之初、二陽皆言「咸臨」，且「治」道非一，若陽以「咸」消陰，則陽感陰以「情」；這麼一來，以「情」和「理」為二端，則可達於「兩端一致」。再來，〈无妄〉之「爻」分有「彖」之「四德」而「保合太和」。因此，〈无妄〉之「理」在於「生而有」，而當以此「理」與「妄」為兩端時，則可達於「兩端一致」之理。最後，若以《革·彖》言「巳日乃孚」為經、為體，且其在機體生化不已中「體以致用」，那麼「革言三就，有孚」、「君子孚於小人」二者能在以「爻」為權、為用的「機體綿延」發展中，闡述〈革〉函「四德」的「兩端一致」之理。

若伏羲卦「象」作為「文本」，則文王之「彖」即其本質的時代內涵敞開，類似地，如果以文王之「彖」作為「文本」，那麼周公之「爻」是以多面性的方式闡述「彖」而展開其義。關於「彖」、「爻」之關係，船山言「在

車為車，輪、輿皆車」，其義如何？船山以「車」作為「象」材，而構成「車」部分的「輪」、「輿」則相當於「爻」效；因而，若以「輪」、「輿」為兩端，則二者將可「兩端一致」。本論文基於篇幅所限，不能對所有卦爻的特性逐一介紹、或加以印證和說明，而僅擇取包括〈履〉、〈同人〉及〈豫〉等較具爭議性的「卦」來討論。

首先，《履·象》言「履虎尾，不咥人」、〈履〉六三言「履虎尾，咥人」，二者的矛盾恰能透過「貞」、「淫」之「兩端一致」的精神來化解；據此，船山言「象」經、「爻」權的意義終能在二者之本質「一致」中獲得說明。其次，〈同人〉六二之言「吝」，此是就時、空的可能現實情境來探討；亦即，當天心隱而不足以顯人心的無私時，那麼占得二陰為「吝」。相對地，若二陰往上應〈乾〉，則「人心」合於無私之「天心」；這麼一來，《同人·象》言「同人于野」則是以「兩端一致」的權宜之方式在諸爻中敞開，而此即所謂「象爻一致」的精神體現。最後，就天、人之道於機體綿延發展中，〈豫〉之以「德位」、「時義」為兩端，則其「爻」權之義就在此「兩端」中取得「一致」的效用；至於，《豫·象傳》言「順而動」，此體現〈豫〉之「象」為經、為體的根本。不過，如果以《易》之六十四卦盡函「立本而趣時」的精神言之，那麼就〈豫〉之「象」經、「爻」權的意義言之，則其奠基於德、位、時三者兼俱，並能達乎「象爻一致」的經權之理。

事實上，船山之「象爻一致」的主張是奠基於其「〈乾〉〈坤〉並建」的易學宗旨之上；而「〈乾〉〈坤〉並建」是船山作為「人文創化」精神之闡述的根基。當船山認為「太極」為〈乾〉、〈坤〉之合撰時，那麼「太極」函「乾坤四德」而保合太和，此即以〈乾〉陽、〈坤〉陰言「太極」之體；不過，當船山主張《周易》並建〈乾〉、〈坤〉而以陰陽之至足統六十二卦之變通時，[註206]那麼以六十二卦象人事的「差異性」而生化不已。類似地，「象爻一致」之所以可能，那是當「象」材僅涉及「天道」時，而天人之蘊已蘊含其中；然，船山除由「體以致用」說明「體」的「同一性」外，他亦言「由用以得體」，而欲得「體」之「用」，此必有賴於「兩端一致」之理。至於，由「爻」效而得的「兩端一致」之理並無「典要」可循，因為《繫傳》言：「《易》周流六虛，不可為典要也。」

〔註206〕《周易內傳》，頁43。

第五章 「《易》為君子謀」的
哲學人類學思維

　　船山承繼張載而倡言「《易》為君子謀」的主張，此就我們生存的當代哲學思潮而言，它具有一種哲學人類學的思維內涵；特別地，德國哲人謝勒（Max Scheler, 1874～1928）在其《人在宇宙中的地位》（*The Human Place in the Cosmos*）一書中說：「人作為精神的存有者，是超越了自身及其所處的世界。」〔註1〕按此，謝勒以「精神的存有者」作為其哲學人類學的人類圖像，而「精神」一詞的意義為何？學者凱利（E. Kelly）揭示出四項隸屬於謝勒所言之精神的基本特性，〔註2〕此中在於歸納謝勒對「人是什麼」

〔註1〕（德）Max Scheler, *The Human Place in the Cosmos*, translated from the German by Manfred S. Frings. Introduction by Eugene Kelly（Evanston, Illinois: Northwestern University Press, 2009）, p.33.

〔註2〕Eugene Kelly, "Introduction, " In Max Scheler, *The Human Place in the Cosmos*, translated from the German by Manfred S. Frings. Introduction by Eugene Kelly（Evanston, Illinois: Northwestern University Press, 2009）, pp.xiii-xiv.按凱利所言之「精神」的意義，其約包括下列四項：（1）精神，它首先向我們敞開了一個世界，而動物受制於本能的驅力、以及環境的束縛；其次，人作為精神的存有者，他具有向本能驅力說「不」的能力；最後，一個替代「自我意識」之人格精神中心的建立。（2）藉由精神，人這個存有者的身體及心理就能成為「意向性」的對象。（3）精神不能被表徵成為對自身或他者的一個意向性對象。精神作為人格是純粹的現實性，且存在於意向行動的執行之中。我們唯有藉由移情地再執行那些為我們所認知的他人、而關於其意向行動中所蘊含的意義和價值，因而才能領會他人的人格精神存在。（4）人作為精神存有者的基本特性，其是一種「理想」（ideation）的行動，在此中提升了事件的現實特性、以及達到對其特性和價值的直覺洞見；這個理想的行動其相當於謝勒所稱呼的「本質觀看」。

（What is man？）之問題的回答。

不過，「人是什麼」？這是一個關於人之本質的問題；至於，「人」這個概念在中國儒家思想中，應當還找不到一個適當和確切的界定，就如在《論語・八佾》中，孔子說：「人而不仁，如禮何？人而不仁，如樂何？」〔註3〕此中所提及的「人」，或許其並不具有哲學的特定意義存在，而僅止於一種對「人」的泛稱而已。不過，在《論語》一書中，孔子常以君子、小人二者加以對比而闡述其人文思想的內涵；〔註4〕至於，聖人更是人格完美者的象徵，也代表孔子之「人文世界」的精神典範。然而，聖人與君子之間的關係又如何呢？在《論語・述而》中，孔子說：「聖人，吾不得而見之矣；得見君子者，斯可矣。」〔註5〕按此，聖人是神明不測，故難以見得；君子為才德兼俱，猶可見之。因此，在「得見」和「不得見」之間，聖人與君子之人格精神即判然有別。

雖然，孔子認為聖人的精神內涵是無從見到；不過，孟子又如何對聖人的「人格價值」做出類型的判定？在《孟子・萬章下》中，孟子說：「伯夷，聖之清者也；伊尹，聖之任者也；柳下惠，聖之和者也；孔子，聖之時者也。」〔註6〕按此，聖人是無所不通而神明不測，因而其才能並不局限於某一方面，而所謂「清」者、「任」者、「和」者及「時」者等等的稱譽，此皆為聖人因應現實情境的發用及表現而已；換言之，聖人乃通天人之道，而處時而清、處時而任、處時而和，此在於表現其人格精神的崇高和神聖。不過，孟子對聖人做出人格價值之類型的判定，此中的哲學意義為何？對此，筆者認為「聖人」的人格形象在孟子的「人文世界」中敞開來，並以「差異性」來呈現聖人之精神的豐富性。

此外，孟子筆下的聖人雖存在著人格類型的差異，但他們的精神內涵具有怎樣的共通性？孟子言：「……故聞伯夷之風者，頑夫廉，懦夫有立志。……故聞柳下惠之風者，鄙夫寬，薄夫敦。」〔註7〕按此，由伯夷、柳下惠

〔註3〕（宋）朱熹：《四書章句集註》，頁61。
〔註4〕參見（宋）朱熹：《四書章句集註・論語》。在《論語》二十篇中，只有少數幾篇不提及「君子」，而多數皆以「君子」象徵人格及德性的典範；當然，書中所提的「聖人」是為人格的完美者。
〔註5〕（宋）朱熹：《四書章句集註》，頁99。
〔註6〕（宋）朱熹：《四書章句集註》，頁315。
〔註7〕（宋）朱熹：《四書章句集註》，頁314。

披露出「清」、「和」的精神人格，此具有對包括頑固、懦弱、鄙俗及苛薄等
等隸屬於生命本能的人性啟迪；換言之，透過聖人的精神人格感召，而能化
解那些受制於生命本能的現實環境因素，並尋求一個能為人文創化敞開的
世界新領域。關於精神與生命本能的關係如何？哲學家謝勒如此說：

> 唯有精神能賦予我們這樣的看法，亦即它能在知識的特定作用及類型
> 上聚焦，那麼我們才能發現「精神」這一概念的一個究竟的決定；換
> 言之，一個精神存有者的根本界定，是它經常能超脫身心的機體束縛
> 而獲得其生存的無限性、自由及分離性。若非如此，那麼一切位於其
> 「現實生存中心（center of existence）」的現象，包括出於迷戀、壓抑
> 和身心之機體的依賴性和「生活」等等，這一切隸屬於生命內涵的各
> 式因素，皆可稱之為與自身驅力關聯的「天賦」（intelligence）。〔註8〕

按照上述謝勒之哲學人類學的觀點，他雖然主張人的生理、心理具有機體的
不可分離性，但若就精神、生命二者的關係而言，則他認為人作為精神的存
有者，是能從生命機體的環節束縛中解放開來，並獲得一種自由的超俗性；
因而，謝勒所謂「精神存有者」的含意，其存在著一個以「精神」為主軸的
人格精神中心，此不同於那些執於生活迷戀、或受制生理本能逼迫的驅力表
現，且他們是圍繞在一個「現實生存中心」的「生命」關聯中。

　　此外，如果我們以謝勒的觀點來看待孟子對「聖人」的說明，那麼關於
聖人為「清」、「任」、「和」及「時」者等等的精神價值表現，此能對照於那些
源自「現實生存中心」之頑固、懦弱、鄙俗及苛薄等等，而諸多特性可藉由與
人自身驅力關聯的人性以顯示。大致說來，孟子的聖人是透過精神人格的崇
高性，以仁、禮引領君子之德行，〔註9〕並以人格感召那些被生命驅力所束縛
的匹夫匹婦。然而，就船山而言，他於論《易》中更多關注君子處於憂患中的

〔註 8〕（德）Max Scheler, *The Human Place in the Cosmos*, p.27. 本段譯文，對照德文版
　　　原文如下："Stellen wir hier an die Spitze des Geistbegriffes seine besondere
　　　Wissensfunktion, die Art Wissen, die nur er geben kann, dann ist die Grundbestimmung
　　　eines geistigen Wesens, wie immer es psychophysisch beschaffen sei, *seine existentielle
　　　Entbundenheit vom Organischen*, seine Freiheit, Abloesbarkeit-oder doch die seines
　　　Daseinszentrums-von dem Bann, von dem Druck, von der Abhaengigkeit vom
　　　Organischen, vom 《Leben》 und allem, was zum Leben gehoert-also auch von seiner
　　　eigenen triebhafen 《Intelligenz》."（*Die Stellung des Menschen im Kosmos*/ Max
　　　Scheller. Hrsg. von Manfred S. Frings. — 17. Aufl. Bonn: Bouvier 2007, S. 42）
〔註 9〕參見（宋）朱熹：《四書章句集註》，頁298。見《孟子·離婁下》言：「君子
　　　所以異於人者，以其存心也。君子以仁存心，以禮存心。」

各種遭遇；至於，君子該以怎樣的態度來面對外來的橫逆？船山於釋《觀·彖》而如此說：

> 君子之處亂世，陰邪方長，未嘗不欲相忮害，而靜正剛嚴，彼且無從施其干犯而瞻仰之，乃以愛身而愛道，蓋亦如此。德威在己而不在物，存仁存禮，而不憂橫逆之至，率其素履，非以避禍而邀福，而遠恥遠辱之道存焉矣。〔註10〕

按上述所言，船山於釋觀卦之象，他能就其陰、陽之象而言君子、小人之消長；尤其，當君子處亂世而小人弄權之際，君子如何避害而又無損於道？這的確是件很難抉擇的事。因而，船山認為《易》為君子所謀者，其並不在於求名逐利；相對地，君子除了藉由仁、禮的精神力量向「趨吉避凶」的生命本能說「不」外，更能透過一己的德行努力而達至居窮不憂、處困不懼的精神境界。這麼一來，《易》為君子所謀的剛正德威，其恰反映在《觀·彖》言「盥而不薦，有孚顒若」的遠恥辱之道上。〔註11〕

船山認為君子雖剛正不阿，但其亦不能不受陰長之情所惑；因而，君子如何尋求處困之道？君子以存仁存禮為聖功之用，而遠恥辱之道存乎其中。然而，君子、聖人之辨為何？船山言：

> 君子有事於性，無事於命，而聖人盡性以至於命，則於命不能無事焉。天廣大而無憂，聖人盡人道，不可同其無憂，故頑嚚必格，知其不可而必為。是以受人之天下而不為泰，匹夫行天子之事而不恤罪我，相天之不足，以與萬物合其吉凶，又存乎盡性之極功，而合兩所以協一也。〔註12〕

按上述之言，所謂君子「有事於性，無事於命」，其義為何？君子、小人所受之「性」不齊；然而，船山言：「萬物靈頑之不齊，氣運否泰之相乘，天之神化廣大，不能擇其善者而已其不善者，故君子或窮，小人或泰，各因其時而受之。」〔註13〕按此，萬物靈頑之「性」皆由「命」所降，〔註14〕因而「性」

〔註10〕《周易內傳》，頁200。

〔註11〕 參見《周易內傳》，頁200。船山言：「唯未獻（祭）之先，主人自盡其誠敬而不與鬼相瀆，則其孚於神者威儀盛大而有不可干之象。」按此，船山言自重而人重，則德威自能顯於外，而恥辱可不入而遠去。

〔註12〕《張子正蒙注》，頁122～123。船山釋《正蒙·誠明篇》言：「雖然，聖人猶不以所可憂而同其無憂，有相之道存乎我也。」

〔註13〕 參見《張子正蒙注》，頁122。

〔註14〕《思問錄內篇》，頁413。船山言：「命日降，性日受。性者生之理，未死以前

有不齊之現象，而吉凶悔吝之「命」乃天之理數，非人所能窺見，故君子有處困之窮、而小人有乘權之泰；然，君子唯有立人道以統乎仁、義，而才能於善、惡之幾，揚善遏惡。因此，君子之為在於「心函性」，即心盡其量而天地之理皆明著於吾心之良能；〔註15〕然而，君子之心所不及、而其道亦不存乎其中。〔註16〕

至於，聖人如何盡性以至於「命」呢？船山言：「神者，聖之大用也。合陰陽於一致，進退生殺乘乎時，而無非天理之自然，人不得以動靜、剛柔、仁義之迹測之，聖之神也。」〔註17〕按此，所謂聖人「有事於命」，其意在於聖人能盡心存神而超乎聞見，〔註18〕因而不得以人道之迹測之；而聖人參贊「陰陽一致」的神聖性，他雖明於天人之道，但不能無憂於人道之凶、悔、吝，並能啟迪諸多昧於忠信、忤逆德義之頑靈於迷途，故知其不可而為以立聖功。其次，聖人之體誠存性，臨萬事之理又能隨時處「中」，以合天人性命之理；因而，聖人無私而虛，不以所得為泰，不因外之罪己而畏，行於所當行，並能延天以祐人。最後，聖人之以虛體理，以動盡道，又能與時偕行，故作《易》以與萬物合其吉凶，使萬物各正性命以合天。因此，聖人盡性之功在於「誠」，而船山言「誠，無惡也，皆善也。」〔註19〕按此，「誠」乃天理之實然，〔註20〕而合「性」、「命」之誠，則「有善無惡」。

大致說來，聖人以「誠」而明於陰陽不測之神化；然，其「誠」是否能得君子之心呢？船山言：「聖人達於太和絪縕之化，不執己是以臨人之非，則君子樂得其道，……。」〔註21〕按此，聖人亦是人，但其達於太和之聖功卻異於常人。至於，所謂「太和之聖功」，意指聖人於陰陽、剛柔、義利、道器之不齊中而協其為一，此即太和絪縕之化的體現；聖人之教如〈咸〉初九言「咸臨」，亦即不以威嚴責人之過，而以「誠」德感人心；因而，君子樂聖人之道

　　　　皆生也，皆降命受性之日也。」
〔註15〕參見《張子正蒙注》，頁182。
〔註16〕參見《張子正蒙注》，頁182。
〔註17〕《張子正蒙注》，頁160。船山釋《正蒙·中正篇》言：「天地同流，陰陽不測之謂神。」
〔註18〕參見《張子正蒙注》，頁364。
〔註19〕《思問錄內篇》，頁426。
〔註20〕參見《張子正蒙注》，頁136。
〔註21〕《張子正蒙注》，頁201。船山釋《正蒙》言：「能通天下之志者為能感人心。聖人同乎人而無我，故和平天下，莫盛於感人心。」

而效之，故船山言：「君子不忍人之不善，唯嚴於責己而已。」〔註22〕這麼一來，君子之相對於聖人的角色為何？就船山易學而言，所謂「君子樂聖人之道而效之」，此可視「君子」為一「效聖者」的角色；亦即，以君子持「遏惡揚善」的價值態度對照於聖人的「有善無惡」之「誠」，則此中的差別恰能反映出「《易》為君子謀」的哲學人類學思維。

至於，《易》如何就上述言君子能「不忍人之不善、而嚴於責己」呢？船山釋《周易大象解・履》而言：

> 風、火、澤，皆〈坤〉之屬也。「本乎地者親下」，而風火上行，唯澤流下，與上懸絕。〈履〉之為象，一陰介五陽之間，分內外之限，上下之辨昭然殊絕矣。君子之於民，達志通欲，不如是之間隔，唯正名定分、別嫌明微，則秩然畫一，俾民視上如澤之必不可至於天，以安其志，乃以循分修職，杜爭亂之端，所為嚴而不傷於峻，遠而不憂其乖。〔註23〕

按上述之言，既然君子作為「效聖者」，故他能為《易》所謀者，並以聖人之道而行教化百姓之職；此外，筆者認為船山於釋《易》之六十四卦中，他對〈履〉的闡述最能反映出一種哲學人類學的思維，因為《履・大象》言：「君子以辨上下，定民志。」按此，聖人可代天工而作《易》，而君子可代聖之責而教化生民；因而，君子就天人之道以啟迪生民，而使眾人皆能「達志通欲」。

至於，〈履〉為〈兌〉下、〈乾〉上，而〈兌〉象徵「澤」，澤為〈坤〉之屬，其不像風、火可上行，而唯與地為伍而親下，故能恩澤廣被生民和萬物。就〈履〉而言，一陰分五陽為上、下，而上、下之辨昭然而顯；然而，對照於君子之承聖人之志，而生民又如何蒙君子之澤而正名定分呢？對此，就君子、生民之「志」以言之，唯使生民明白其恩澤皆蒙上所賜，而「欲」之所在即為責任之所及，故於「正名定分」之際，皆能安其志而踐其事。其次，君子之為《易》所謀，在於「成己成物」以杜爭亂之源，並體現《中庸》言「不誠無物」的精神；尤其，當君子以「誠」待生民而行教化時，則嚴而不峻、遠而不乖，且能以「志」、「欲」為二端，而達至「兩端一致」之理。因此，君子效法聖人之志，且以「誠之」通天人之道。

〔註22〕《張子正蒙注》，頁201。
〔註23〕《周易大象解》，頁703～704。

　　歸結上述之言，對船山而言，「聖人」與「君子」的差別，其並不在於人性天生本質的分歧，而是關涉二者之「人格精神」的價值內涵有別。至於，「人格」、「人格精神」、「典範」及「價值類型」等，這些是本章論文所要闡述的相關課題概念；然而，為了研究「哲學人類學」這一課題的淵源及其歷史背景，我們有必要追溯西方哲學史的發展歷程，尤其，康德在《邏輯學講座》的導言中，他將人看待為「世界公民」之設想來加以闡述，〔註24〕而此中所涉及的人類學主張恰能提供當代哲學人類學的發展根基；相對地，當代以謝勒為主的哲學人類學主張，其亦為本章探討「《易》為君子謀」的課題提供一個學理的根據及闡述。為了具體說明本章節的意涵，底下細分幾小節來詳加敘述；亦即：一、當代哲學人類學的實踐內涵。二、「《易》為君子謀」的哲學人類學意涵：（一）君子作為「效聖者」的意義；（二）君子、小人之辨的哲學人類學意義；（三）船山如何看待「人」的本質。三、君子立「人道」以體現天人之理的神聖性：（一）君子之以「動」盡道；（二）君子立「人道」而得天助人；（三）體「誠」者：君子的人格形象。底下敘述之。

一、當代哲學人類學的實踐內涵

　　關於當代哲學人類學的思想起源，那不得不追溯到康德在《邏輯學講座》中提出涉及「世界公民」意涵的四大哲學問題；〔註25〕其中則以最後一個問題，即「人是什麼？」不但具哲學人類學思維的追問和開展，而且也是最為重要的，因為康德認為包括「我能夠知道什麼？」、「我應該做什麼？」及「我可以希望什麼？」這三問題，其最終都要關連到「人」的問題上來。〔註26〕然而，康德提出的人類學主張其是否能達成哲學人類學的思想境地？學者布伯（M. Buber）說：

〔註24〕 參見（德）Martin Heidegger 著，王慶節譯：《康德與形而上學的疑難》（上海：上海譯文出版社，2011 年），頁 197。

〔註25〕 參見（德）Martin Heidegger 著，王慶節譯：《康德與形而上學的疑難》，頁 197。見海氏言：「1. 我能夠知道什麼？ 2. 我應該做什麼？ 3. 我可以希望什麼？ 4. 人是什麼？」。德文版見：Martin Heidegger, *Kant und das Problem der Metaphysik*（Frankfurt am Main: Vittorio Klostermann GmbH, 1951），S. 207.

〔註26〕 Cf. Martin Buber, *Between Man and Man*, translated by Ronald Gregor-Smith. With an introduction by Maurice Friedman（London and New York: First published in Routledge Classics, 2002），p.142. 見布伯言："And Kant says:'Fundamentally all this could be reckoned as anthropology, since the first three questions are related to the last.'"。

關於康德的人類學都在他逝世許久之後才公諸於世，包括他自身出版的、或他對「人」作廣泛論述的作品，它們都無法達到哲學人類學的要求。就康德人類學的表述目的與整體的內容而言，它提供某些差異性，即一種關於「人」的知識其具有價值觀察的豐富性，例如，論唯我主義、論誠實和說謊、論幻想、論算命、論夢、論心靈疾病、論機智等等。不過，關於「人是什麼？」的問題並未被提出來；其次，那與我們自身息息相關的問題，亦即人在宇宙中的特殊地位如何，它也未涉及討論。〔註27〕

按上述學者布伯的說法，康德雖已洞識到人類學在哲學上的重要性。然而，人類學對康德而言，它仍是一門尚未被開發的原始領域；因而，他對「人是什麼？」這樣的議題還不能找到個人論述的新思維，而更多篇幅是用在人的現實美德和德性狀況來探討。其次，康德的《批判哲學》是就知、情、意三層面向來看待「人」的天賦心能所蘊含之各種原素，〔註28〕亦即透過真、善、美的理想及理念來認識自己；不過，當康德就人類的實際生活來看待一個生存著的個體，並加以深入考察時，其中個體所遭遇到的生命情境是夾雜著「世俗」（ordinary）與「超俗」（extraordinary）的神祕態度。〔註29〕因此，個體如何擺脫「世俗」的生命情境以尋求真、善、美的理想價值和典範，這就是康德在人類學課題上所要努力的目標。

事實上，當康德以「超俗」的生命境域作為「人」所追求的理想時，那麼「人」的生命態度已遠離了實際活生生的世界，並以一個「超離世界」的態度來看待自己的生活及行動；這麼一來，關於「人」的各種知識雖豐富了，但為何關於「人是什麼？」的主題卻仍被安放一邊？因為康德只見到理性的先驗性（a prior），而卻忽略了情感所具有的先天特性；〔註30〕不僅如此，康德

〔註27〕 Martin Buber, *Between Man and Man*, p.142.

〔註28〕 參見吳康：《康德哲學》，頁20～21。見氏言：「康德的三大批平：一曰『純粹理性批平』，乃對於理論的理性或科學（知識）之檢討也：二曰『實踐理性批平』，乃對於實踐的理性或道德之檢討也；三曰『判斷力批平』，乃對於吾人美感及目的性方面諸判斷之檢討，謂即對於藝術中及自然界兩方面目的性之探究也。」

〔註29〕 Cf. Martin Buber, *Between Man and Man*, p.142.

〔註30〕 Cf.（德）Max Scheler 著，陳仁華譯：《位格與自我的價值》（臺北，遠流，1991年），頁3。英文版見：Max Scheler, *Person and Self-Value*（Three Essays），With an introduction edited and partially translated by M. S. Frings（Dordrecht: Martinus

認為個體的理性可對那些於事無補的情感行動加以抑制。關於此，康德於《實用人類學》中如此說：

> 不是迅速地把自己的意向運用于一種更好的生活方式，而是去做自我折磨的懺悔，這純粹是白費力氣，而且也許會有更糟糕的後果，即認為僅僅由此（通過懺悔）就一筆勾銷了自己的罪債，于是就不用現在以理性的方式加倍努力去改善了。〔註31〕

按上述之言，康德在此強調和突顯了「理性」的優先性，並認為透過懺悔的情感與懊惱而來的贖罪，這是於事無補的；不過，就人的實際生活中，「人」更多的是與情感相關聯的行動，而理性是針對這些行動過程而進行檢核的反思。大致說來，當我們追問「人是什麼？」這樣的課題時，人對於其心靈所擁有的情感與理性是否能區分為二呢？關於這問題，如果我們視人本身即為一有機體的話，那麼這情況就會如謝勒（M. Scheler）所言：「如果我們從心理領域排除行為（首先排除人格），那麼這當然不是說，它們是生理的。這只是說，這兩者恰恰在心理、生理上是無差別的。」〔註32〕按此，對謝勒而言，所謂人的「心理」、「生理」並不能明確地區分為二的；相對地，二者是密切地關聯在一起，尤其，當我們要探討「人」在宇宙中的地位如何時，那麼「人」就要建構一個自身的「小宇宙」（microcosm），〔註33〕而就

Nijhoff Publishers, 1987），p.3。謝勒言：「乍看之下，羞恥感的『定位』（location）似乎就在人類的精神（一切超動物性的或心靈性的行動，諸如思維、直觀、意志、喜愛等，這一切行動的本質及其存在形式，總言之，即『位格』），跟那與動物只有程度之差別的生命驅力及生命感受的接筍點（contact）上。」（謝勒著，陳仁華譯：《位格與自我的價值》，頁 3，臺北，遠流，1991 年）。

〔註31〕 （德）Immanuel Kant 著，李秋零主編：《學科之爭/實用人類學》（北京：中國人民出版社，2008 年），頁 230～231。德文版見：Immanuel Kant, *Anthropologie in pragmatischer Hinsicht*, Hrsg. Von Reinhard Brandt（Hamburg: Meiner Verlag, 2000），S. 149.

〔註32〕 （德）Max Scheler 著，倪梁康譯：《倫理學中的形式主義與質料的價值倫理學‧下》（北京：三聯書店，2004 年），頁 475。見德文版原文："Wenn wir die Akte aus der psychischen Sphaere（und erst recht die Person）ausschlieβen, so ist natuerlich damit nicht gesagt, sie seien physisch. Es ist nur gesagt, daβ beides eben psychophysisch *indifferent* ist."（（德）Max Scheler, *Der Formalismus in der Ethik und die materiale Wertethik*（Bonn: Bouvier, 2000），S. 388.）

〔註33〕 Wilhelm Windelband, *A History of Philosophy-Vol. 1*, translated by James H. Tufts（New York: The Macmillan Company, 1901），p.187. 見氏言：「在『宇宙與人』的這種最有力的組合中，它被證明為『大宇宙』與『小宇宙』之間的類比，而這樣的主張是斯多亞學派（Stoics）承繼亞里斯多德的思想而來。」

「人」作為一個小宇宙而言，他所呈現的身、心是具先天的無差別性。

然而，何以康德的人類學仍未到達哲學人類學的境地呢？學者布伯認為「人的整體性」觀念還未進入康德人類學的闡述中；〔註34〕其次，海德格則從存有論的觀點認為康德在《邏輯學講座》中提出的前三問題其僅說明「人」的侷限，〔註35〕而第四問題是在於追問「人的有限性」（finitude in man）而不再視之為一人類學的問題。〔註36〕事實上，海氏對康德人類學的見解，他是企圖以「基本存有論」主張作為康德之人類學根基的說明；不過，關於康德人類學所面臨的困境，我們可從海氏在《康德與形上學疑難》書中所言：

> 康德又將道德的我，本己的自我和人的本質存在稱為『人格』。人格之人格性的本質存在何在？人格性自身就是那『伴隨著與之不可分離的尊重』的『道德律的理念』。〔註37〕

按此，康德捨棄了「人」的行動考量，並僅從意識層面的道德我或自我來界定「人格」；因而，人的行動始終受理性實踐的規範，亦即受「出乎義務」之道德律的約束。這麼一來，康德的道德主張成了單向思考的倫理獨白，〔註38〕因為它僅奠基在「自律」（autonomy）的道德律則上。

至於，康德的倫理學其是否能從「個體」的自律倫理發展為「群體」倫理的價值呢？學者蘇利文（R. J. Sullivan）在《康德的倫理學導言》書中如此說：「我們對於他人的責任並不是奠基在其權利上；相對地，他人的權利是植根於我們先天的義務上。」〔註39〕按此，如果康德之將「人格」的意義與「出乎義務」的道德律則相結合的話，那麼想藉此以打開一個隸屬行動的「人格

〔註34〕 Cf. Martin Buber, *Between Man and Man*, p.142.見氏言："The wholeness of man does not enter into this anthropology."
〔註35〕 Cf. Martin Buber, *Between Man and Man*, p.143.
〔註36〕 Cf. Martin Buber, *Between Man and Man*, p.143.
〔註37〕 （德）Martin Heidegger 著，王慶節譯：《康德與形而上學的疑難》，頁148。
〔註38〕 賴賢宗（國立台北大學中國語文學系教授）：〈批判理論中的規範證立的問題及賀弗爾對此的批判〉，《規範、共識與多元性》（「哲學與社會批評」國際學術研討會1999年3月）。見氏言：「哈柏瑪斯（JÜrgen Habermas）贊成並合作發展了阿培爾（Karl-Otto Apel）關於言談倫理學的基本構想，但不同意後者……葉起直到其行將結束的現在，阿培爾（以及稍後的哈柏瑪斯）批判了康德『倫理學的獨白』。」
〔註39〕 Roger J. Sullivan, *An Introduction to Kant's Ethics*（Cambridge: Cambridge University Press, 1994），p.128.

世界」是有困難的，因為人與人尋求於行動上凝聚成一「生命共同體」
（community）的內在基礎，這並非單憑道德的「自律」法則所能辦到的。況
且，康德於道德上所強調的「自我」，他是屬於一個先驗的狀態，並凌駕於活
生生的日常行動之上；換言之，康德的「道德主體」是與現實生活的「行動主
體」相排斥，〔註40〕亦即他所謂「道德主體」是處於日常生活的「世界」之
外的。既然「道德我」是位於生活世界之外，那麼它根本無法為「人」於宇宙
中找到整體性的定位。

　　然而，位於世界之內的「行動主體」，它是否能為「人」於宇宙中找到整
體性的定位呢？當然，我們首先要對「整體性」的意義加以界定；大致說來，
「人」於宇宙中的整體性意義，其必然要包括「人與自身」和「人與他人」這
兩種基本關係的存在。如果我們沿著上述對康德之人類學的論述脈絡，而進
一步針對海德格在《存有與時間》書中提出「此在」（being-there / Dasein）這
個主題的人類學意義來探討時，〔註41〕那麼海氏所謂「在世存有」的主張其
是否能為「人」於宇宙中找到哲學人類學的定位呢？學者布伯說：

> 只要你「擁有」你自己，擁有你自己像一個對象那樣，因而這所要
> 把握的整體性並不是仍在「那裡」（there）；換言之，只有你的存在
> 即是在那裡的整體性，而沒有其他別的東西存在。你的知覺僅僅像
> 「此在」的本真性那麼多而已，且它是附帶地屈從於你；不過，你
> 真正知覺的是這具體化核心所發展的自身。〔註42〕

按布伯上述所言，海德格將「此在」視為一文本來加以詮釋；然而，海氏雖以
「人」的特性方式來闡述「此在」，但他卻不認為「此在」僅適用於人這個對
象上，〔註43〕而如何追求此在的「本真性」（authenticity）就成了他詮釋的一
個真正目標。不過，海氏的詮釋方法亦遵從現象學的精神，亦即他如何設定
「此在」像一個具有本體的對象，然後再透過語言的詮釋而使它的內涵完全
敞開出來，因而唯有當「此在」這一擬本體已完全處於一種可被理解的對象

〔註40〕Cf.（法）M. Merleau-Ponty, *Phenomenology of Perception*, translated from the
　　　　French by Colin Smith（London: Routledge & Kegan Paul Ltd, 1962），p.129。
　　　　見氏言："The Kantian subject posits a world, but, in order to be able to assert a
　　　　truth, the actual subject must in the first place have a world or be in the world."。
〔註41〕海德格所提出的「此在」（Dasein），此是指那些能夠「追問存有」的存有者。
〔註42〕Martin Buber, *Between Man and Man*, p.148.
〔註43〕海德格的「此在」稱呼亦適用在「天使」的對象上。

時，那麼「此在」的本真性才能如實地彰顯出來。大致說來，「此在」的整體性就體現在一己之存有性的窮盡；但是，當「此在」努力於「人與自身」之敞開的行動中，它是否能產生「人與他人」之基於某種共同體的因素而能有整體行動的效用呢？

在回答上述問題時，我們要先了解海德格如何看待「他人」這個名稱；或者說，海氏如何在「此在」外找到一類其始終無法達至「本真」的對象呢？海氏在《存有與時間》書中說：我們用以追究這一現象的問題是：

> 此在在日常生活中所是者是誰？……我們沿著可藉以回答誰的問題的現象前進，追究到那些同在世一樣源始的此在結構上面。這些結構就是：共同存在與共同此在。日常的自己存在的樣式就奠基在這種存在方式中。對自己存在的解說使我們得以見出我們或可稱為日常生活的「主體」的那種對象，亦即「常人」（they/das Man）。〔註44〕

按海氏於上述所言，他以一貫追問的方式以探索「此在」的本真性；不過，「此在」於其生存的世界上，它並不是唯一的存有者。相對地，當海氏追問到那些與「此在」一同在世的原初結構時，那麼追問者一定會碰到「共同存在」（Mitsein）、「共同此在」（Mitdasein）的生存對象；換言之，「此在」與誰共同存在呢？這必然包括海氏認為的「常人」類型。

「此在」作為追問存有的存有者，它是否能使所謂「常人」對其起行動上的仿效作用呢？事實上，「此在」除了關注自身之本真的整體性其是否完全敞開外，它還深怕混迹在「常人」之中而為常人所宰制，〔註45〕因為「常人」具有諸多的惡習，包括閑談（Das Gerede）、沉淪（Das Verfallen）及被拋狀態（die Geworfenheit）等。〔註46〕大致說來，當「此在」厭棄「常人」的非本真狀態時，它不但不思考如何改變「常人」的積弊；相對地，它畏懼自身陷於

〔註44〕（德）Martin Heidegger 著，陳嘉映&王慶節譯：《存有與時間・上》（臺北：唐山出版社，1989 年），頁 146。Vgl.（德）Martin Heidegger, *Sein und Zeit*（Tuebingen: Max Niemeyer Verlag GmbH, 2001），S.114.

〔註45〕參見（德）Martin Heidegger 著，陳嘉映&王慶節譯：《存有與時間・上》，頁 212。德文版原文："……daβ das Dasein zunaechst und zumeist im Man aufgeht und vom ihm gemeistert wird."

〔註46〕參見（德）Martin Heidegger 著，陳嘉映&王慶節譯：《存有與時間・上》，頁 167〜175。

「常人」之中而不能獨善其身。海氏之以「此在」這一存有者來追問存有,僅著眼於揭示自身的存有性;至於,「此在」於面對「常人」這一類型的存有者,就顯得無能為力而思有所迴避。

按照上述所言,海德格之以「此在」為文本而進行詮釋的基本存有論,其是否具備了哲學人類學的條件和內涵呢?對此,如果我們以「人與自身」、「人與他人」作為哲學人類學之所以成立條件而言,那麼海氏之「此在」詮釋學則顯然地不符合「人與他人」之整體性的要件;換言之,海氏的《存有與時間》一書並不具備哲學人類學的內涵。或許,這種現象就如海德格自己的表白,亦即他對「此在」進行生存論及其生存方式的分析,而其中所從事的是跟人類學、心理學、生物學之類的反省無所關涉,〔註47〕因為後者是一些關於「人的科學」的學科,並奠基在範疇的抽象分類上,而海氏稱它們為具有「非此在性」存有者的存有特徵。〔註48〕

事實上,關於西方哲學史上是到了謝勒提出「人在宇宙中的地位如何?」這樣的課題,那麼所謂「哲學人類學」作為哲學的一門學科才達至完備。至於,謝勒對哲學人類學的貢獻如何?海德格是如此說:

> 好些年之前,馬克斯·謝勒(Max Scheler)就曾談到過這種哲學人類學:在某種意義上,哲學的一切中心問題都可以歸結為,人是什麼以及他的存在、世界和上帝之整體中佔據著怎樣的形而上學立場和地位。〔註49〕

按海氏之言,謝勒的哲學人類學並不是單純地將「人」視為存有者(a being),亦即不是將「人」看成為有限性的個體,否則「人」只能建構出在那裡(there)的個體整體性。相對地,謝勒的哲學人類學中的「人」是以「人格」建構出一個足以承載精神價值的「人格世界」,而在這世界中所呈現的整體性則包括「人與自身」、「人與他人」及「人與神聖性」等;換言之,「人」藉由人格以承載的精神價值,其既能參與有限性、亦能分有無限的神聖性。因此,學者布伯認為謝勒是以「尋神者」(God-seeker)看待真正的「人」。〔註50〕然而,謝勒的人類圖像如何?對他而言,「人」恰恰是個「尋神者」,因為就謝勒關於「人」

〔註47〕參見項退結:《海德格》(臺北:東大圖書,1989年),頁66。
〔註48〕參見項退結:《海德格》,頁66。
〔註49〕(德)Martin Heidegger 著,王慶節譯:《康德與形而上學的疑難》,頁199~200。德文版見:Martin Heidegger, *Kant und das Problem der Metaphysik*, S. 210.
〔註50〕Cf. Martin Buber, *Between Man and Man*, p.231.

的形上理念而言，他並不認為該視「神」為擬人論；〔註51〕相對地，他認為應看待「人」為一「擬神論」的主張。〔註52〕這麼說來，「人」並不只是存有者而已，而是為「精神」的存有者。

　　既然謝勒認為「人」是具有人格精神中心的精神存有者，那麼「人」在宇宙中的地位如何？對此，謝勒首先進行了人、禽之辨而認為「羞恥感」是人獨特具有的，並據此進一步申述說：

> 羞恥感彷彿就是人性中最曖昧不明的一個盲點。因為人在世界此一架構及其中的存在物中所據有的獨特地位，實乃介於「神性」與「動物」之間。這一獨特處境的凸顯，再也沒有比在羞恥感中來得更明白及直接的了。乍看之下……根據當代的觀察報告，跟人類共同享有許多感受，諸如恐懼、焦慮、厭惡甚至嫉妒的動物，似乎並沒有羞恥感及羞恥的表現。〔註53〕

按上述所言，何以謝勒認為「羞恥感」具有人性曖昧不明的特性呢？謝勒言：「人會以自己為恥，並且會在他心中的上帝面前感到羞恥。」〔註54〕按此，謝勒認為人的羞恥感具有一種隸屬於精神的意向性，而此意向性是使人從一己肉身的生命衝動中超越出來，並敞開人格精神中心蘊含的神聖性。其實，「神」不具肉身，所以其並沒有羞恥感可言；相對地，動物亦不具有足以承載價值的「位格」，因而它也不具有羞恥感。

　　然而，何以謝勒不認為「理智」是人、禽之辨的主要依據呢？謝勒認為：「人的本質及人可以稱做他的特殊地位的東西，遠遠高於人們稱之為理智和選擇能力的東西。」〔註55〕按此，謝勒認為單憑理智和選擇能力是不足以烘托人在宇宙中的特殊地位，因為他認為即使黑猩猩亦能反映出其具有某種理

〔註51〕參見（德）Max Scheler 著，羅悌倫等譯：《資本主義的未來》（北京：三聯書店，1997 年），頁 188。見氏言：「現代人炮製的最大愚蠢的見解是：上帝的理念是『擬人說』。這純屬誤解。相反地，關於『人』的唯一合理的觀念不折不扣地是一種『擬神說』。」德文版見：（德）Max Scheler, *Vom Umsturz der Werte*,（Bonn:Bouvier,Studienausgabe 6. Aufl. 2007），S. 187.

〔註52〕參見（德）Max Scheler 著，羅悌倫等譯：《資本主義的未來》，頁 188。

〔註53〕Max Scheler 著，陳仁華譯：《位格與自我的價值》，頁 3。英文版見：Max Scheler , *Person and Self-Value*（Three Essays），p.3.

〔註54〕Max Scheler 著，陳仁華譯：《位格與自我的價值》，頁 6。

〔註55〕（德）Max Scheler 著，李伯杰譯：《人在宇宙中的地位》（貴陽：貴州人民出版，1989 年），頁 17。德文版見：（德）Max Scheler, *Die Stellung des Menschen im Kosmos*, Hrsg. von Manfred S. Frings. – 17. Aufl., S. 41.

智的天賦，〔註56〕因而當我們企圖以「理智」來界定人的本質時，則人、禽之辨的內涵是隱而不顯的。至於，人是否有究竟的本質嗎？謝勒說：「即便人們在量上隨心所欲地設想自己具有無限理智和選擇能力，人的本質仍舊不可企及。」〔註57〕按此，謝勒認為「人」是介於「動物」與「神性」之間的過渡。〔註58〕這麼一來，即使人具有無限的理智亦不能窮盡人的本質，因為理智不能反映人擁有「羞恥心」的獨特性；換言之，謝勒之以「擬神論」來看待人的本質，那是因為人能以「人格」建構出一個人格精神中心，並在「人格精神」中心尋求一己神聖性的敞開。

　　大致說來，謝勒的人格精神中心包括「人與自身」、「人與他人」及「人與神聖性」等關係在內。首先，就「人與自身」而言，人是以「人格」作為行動的本質而承載價值與自身的責任；其次，就「人與他人」而言，謝勒在《同情之本質與形式》（ *Wesen und Formen der Sympathie* ）書中提出人與他人是奠基在「你—我無分別」的前提下，〔註59〕彼此在無法終結的歷史發展中相互體驗，並形塑出一個共同行動、共同負責的「總體人格」（Gesamtperson）。〔註60〕

　　最後，關於「人與神聖性」又如何？對此，謝勒說：

　　唯有通過一個有限人格一般與無限人格的可能之體驗關係和認識
　　關係，神（性）的本質善才分解為價值本質的各個單位，即價值類
　　型以及它們的級序之排列。〔註61〕

按此，關於「人與神聖性」，這涉及到人處於宇宙中的歷史宏觀問題；因而謝勒提出「位格典範」的價值階層，其中包括聖人、天才、英雄、文明的主導心

〔註56〕參見（德）Max Scheler 著，李伯杰譯：《人在宇宙中的地位》，頁 17【註①】。德文版見：MaxScheler, *Die Stellung des Menschen im Kosmos*,S. 41.謝勒言："Zwischen einem klugen Schimpansen und Edison, dieser nur als Techniker genommen, besteht nur ein-allerdings sehr groβer-*gradueller*-Unterschied."

〔註57〕參見（德）Max Scheler 著，李伯杰譯：《人在宇宙中的地位》，頁 17。德文版見：Max Scheler, *Die Stellung des Menschen im Kosmos*,S. 41.

〔註58〕參見 Max Scheler 著，陳仁華譯：《位格與自我的價值》，頁 6。

〔註59〕Vgl.（德）Max Scheler, *Wesen und Formen der Sympathie & Die Deutsche Philosophie der Gegenwart*（Bonn: Bouvier Verlag, 1973），S. 240.

〔註60〕參見（德）Max Scheler 著，倪梁康譯：《倫理學中的形式主義與質料的價值倫理學・下》，頁 635。德文版見：Max Scheler, *Der Formalismus in der Ethik und die materiale Wertethik*, S.510.

〔註61〕（德）Max Scheler 著，倪梁康譯：《倫理學中的形式主義與質料的價值倫理學・下》，頁 717。德文版見：Max Scheler, *Der Formalismus in der Ethik und die materiale Wertethik*, S.573.

靈及生活藝術大師等理念，〔註62〕而此理念階層相應於人類心靈之價值的範疇，則包括神聖性、心靈價值、高貴性、實用性及怡人性等等。〔註63〕因此，關於謝勒的價值階層主張，此是「人」作為「擬神論」之理念的敞開和具體化表現。

　　歸結上述所言，謝勒在哲學人類學中提出「人在宇宙中的地位」這樣的課題，其意義在於說明，「人」首先是以精神力量向自身的本能驅力說「不」，並努力於自我提升；其次，「人」透過歷史的宏觀而尋求與他人在行動上相互體驗，並以共同負責而形塑出一種總體人格。不過，謝勒之「擬神論」的哲學人類學意義，其在於說明人的心靈雖具超俗的神聖天賦，但「人性」仍不等於「神性」；因而，他認為人唯透過「人格精神中心」才能與無限人格（神性）相互體驗，那麼屬於「人」的形上理念，才能具體化為「價值階層（hierarchy）」的次序。因此，對謝勒而言，「人」唯有以「人格」承載價值，並要由低階往高階的價值努力，那麼隸屬於人性中的神聖本質善才能逐次彰顯出來；至於，「人在宇宙中的地位」如何？對此，謝勒除強調「人、禽之辨」外，更主張「人」要以「人格世界」構造出一個包含他人和神聖性在內的整體性。底下，筆者針對下一節主題來探討。

二、「《易》為君子謀」的哲學人類學意涵

　　船山繼承張載言「《易》為君子謀」的主張，而船山所言的「君子」則是以「人格」承載「公而忘私」的精神；然而，就船山的哲學思想而言，他又如何闡述「人格」的價值和意義呢？船山於《讀通鑑論》說：

> 既以身任天下，則死之與敗，非意外之凶危；生之與成，抑固然之籌畫。生而知其或死，則死而知其固可以生；敗而知有可成，則成而抑思其可以敗。……豈徒介然之勇，再鼓而衰，不足恃哉！……豪傑之與凡民，其大辨也在此夫！〔註64〕

按上述之言，對於那些能「公而忘私」而以身任天下者，當身處生死、成敗之際，他自有一番看待成敗、生死的價值信念；換言之，死雖不足畏，但死要能重於泰山；敗雖不足惜，然，莫遺笑於後人。因此，豪傑之志雖不為外在之死

〔註62〕參見（德）Max Scheler 著，陳仁華譯：《位格與自我的價值》，頁178。

〔註63〕參見（德）Max Scheler 著，陳仁華譯：《位格與自我的價值》，頁178。

〔註64〕（清）王夫之：《船山全書》第10冊（《讀通鑑論・卷二十八》），頁1106～1107。

生、成敗所可動搖，但凡事能謀定而後動，所謂「豫則立」的道理在此。船山認為生命之道在於「兩端」，而豪傑能明死生、成敗之盈虛和消長之道，故其能明白上述言「生而知其或死」、「敗而知其可成」的意義所在；因而，死生、成敗不足惑其心志。至於，凡民則逞匹夫之勇，事情猶未籌畫，即輕率而行；然而，何以凡民於一鼓作氣未成之後，常再鼓而衰呢？因為恃匹夫之勇者、其本缺乏「生從道，死從義」的高貴情操。〔註65〕

　　相對地，豪傑像英雄一樣，他們皆具有高貴的生命情操，並本其沛然莫之能禦的意志，而表現出他不為環境所困的大無畏精神。其實，船山之以「豪傑」對照「凡民」的價值模式，此就如謝勒於〈人格典範與領袖〉一文中說：

> 被我們喚作「英雄」（豪傑）的那個東西，乃是理想人性的，或半神半人（希臘的英雄），或神性的一種人格類型。英雄的核心是衝著「高貴的」東西，以及高貴性東西的實現；亦即，它是純粹的生命價值，而非技術性的生命價值的實現。〔註66〕

按上述之言，就謝勒而言，船山在《讀通鑑論》中提及的「豪傑」，它具有一種純粹的生命價值，而這裡所謂「純粹」其意味著一種超世俗的精神行動；其次，關於「技術性」的生命價值，它往往是出於理智的活動，而在康德那裡英雄的個性就成了理智分析的內容。〔註67〕這麼一來，就康德之道德實踐準則而言，豪傑的生命價值則掩蓋在「個性」的不確定性上；〔註68〕換言之，康德不能以純粹的「人格精神」價值來看待豪傑，且最終使其處於「世俗」與「超俗」之間的糾葛。然而，何以謝勒認為豪傑的生命價值是純粹的呢？因為謝勒僅將「豪傑」與「凡民」對照起來，並進一步追問二者在行動本質上的

〔註65〕參見肖劍平：《王船山人格思想研究》（湘潭：湘潭大學出版社，2014 年），頁 227。

〔註66〕（德）Max Scheler 著，陳仁華譯：《位格與自我的價值》，頁 263。

〔註67〕參見（德）Immanuel Kant 著，李秋零主編：《學科之爭／實用人類學》，頁 287。關於人之「個性」的產生，康德是以「二分法」之技巧性的方法來論述；例如他在書中說：「3.在下決心時強硬的、不屈不撓的精神（如在查理十二那裏），雖然是一種對個性十分有益的自然稟賦，但一般而言還不是一種確定的個性。」

〔註68〕參見（德）Immanuel Kant 著，李秋零主編：《學科之爭／實用人類學》，頁 288。見康德言：「因為（對個性之確定性的）這要求有從理性和道德實踐原則產生的準則。」

差別如何？這涉及到謝勒之哲學人類學的看法，因為他認為當「人」分享神聖的本質善時，人有一種喜愛「高貴」、而摒棄「平庸」的價值傾向，而豪傑是喜愛高貴的，並以「人格」承載天性中「高貴」的純粹生命價值。

不過，豪傑的高貴生命價值其是否為一成不變的呢？換言之，「豪傑」作為一種價值的型態，它是否能與聖賢的價值相互滲透？船山援引朱熹的看法而說：「有豪傑而不聖賢者矣，未有聖賢而不豪傑者也。」〔註69〕按此，若豪傑不能力求上進，以率性為道，那麼他憑剛毅不屈的精神而不失豪傑的本色；然，若豪傑除了能以浩然正氣而表現大無畏精神外，並透過「聖人以《詩》教以蕩滌其濁心，震其暮氣」之後，〔註70〕這麼一來，豪傑將能於「高貴」中分有聖賢的「神聖」價值，並熟於行仁義之道而躋升聖賢之列。

至於，君子之相對於豪傑及聖賢，他又如何體現具有人格的精神價值呢？船山釋張子曰「君子之於天下，達善達不善，無物我之私」而言：「達者，通物我於一也。君子所欲者，純乎善而無不善爾。若善則專美於己，不善則聽諸物，是拒物私我而善窮於己，不善矣。」〔註71〕按此，船山認為君子於一己求善外，更要能推己及人、及於萬物。若君子「拒物私我」，則他就不能以「善」對待天下萬物；這麼一來，君子就不能代聖賢行人倫之教化，而「善」亦窮於一己之欲。因此，君子唯以高尚之「人格」效法聖人之合天的至善精神，〔註72〕那麼他才能由「物我合一」之道提升至「天人合一」的至善境域，而此亦是作《易》聖人為君子所圖謀之道。底下之小節，筆者進一步申述君子如何效法聖人精神的意義。

（一）君子作為「效聖者」的意義

關於「君子」一詞在易經中有諸多不同的含意，而船山則會因應不同卦爻之義而賦予「君子」作為某種價值承載者的角色。船山釋《周易外傳・困》言：「故君子終不困人，而自困亦免焉。」〔註73〕按此，君子不以困人而自困，

〔註69〕〈俟解〉，頁479。羅大經說：「朱文公云：『豪傑而不聖賢者有矣，未有聖賢而不豪傑者也。』陸象山深以其言為確論。」（參見（宋）羅大經：《鶴林玉露》，卷十五（新刊鶴林玉露卷之三・人集・〈聖賢豪傑〉），頁1，臺北，正中書局，1969年）。

〔註70〕〈俟解〉，頁479。

〔註71〕〈張子正蒙注〉，頁174。

〔註72〕參見〈張子正蒙注〉，頁139。

〔註73〕《周易外傳》，頁938。

而天人之道昭顯，因而自身能免於困；此君子若能明「物我合一」之理，則精誠所至以保其所不及知。〔註74〕其次，船山釋《周易外傳‧否》言：「君子之於道，甚乎其為德，而況祿乎？且夫祿以榮道，非榮身也；榮以辱身，斯辱道也。」〔註75〕按此，船山認為君子處於〈否〉道要能識時務，而於進退之際無不以儉德自守。至於，名位財富常招人嫉妒、或啟人覬覦，不宜驕恃而據為己有。因此，若能以「祿」為公器，則以榮道而禍免及於身；若以「祿」為私物，而得失之道不明，則此將禍及人身而君子之「道」亦隱而不顯。

其實，就船山《易》中所闡述的「君子」，他經常處於天、人之道的掙扎；特別地，當君子面對小人之種種私欲、利己之行徑時，他既要寄望小人能遷善改過、又要防備其私心自用而受傷害。例如，船山釋《周易外傳‧謙》言：「嗚呼！君子一而小人萬，以身涉于亂世之末流，不得已而以〈謙〉為亨，君子之心戚矣。」〔註76〕按此，船山認為處〈謙〉之君子於面對亂世之際，既有的倫理規範已崩潰，而新的道德尚未建立；而君子處於此倫常價值混淆之時，他僅能用〈謙〉道以自持，此即反映《莊子‧人間世》言「無可奈何而安之若命」的憂心之情。〔註77〕然而，君子、小人皆是「人」，而船山又如何看待「小人」於現實世界中的形象呢？

就《易》而言，船山除了強調「《易》為君子謀」的主張外，他亦提出「《易》不為小人謀」以對照說明；至於，按船山論《易》而言，他是如何描述「小人」的具體行徑呢？船山釋〈觀〉之初六言「童觀」曰：

> 「童觀」者，所謂童子之見也。初六柔弱，安於卑疏，大觀在上，而不能近之以自擴其見聞；小人怙其便安之習，守其鄙瑣之識，據為己有，深喻而以為道在是焉，方且自謂「无咎」，以不信有君子遠大之規，君子之道所以不明不行而成乎「吝」也。〔註78〕

按上述之言，所謂「童觀」其意味見識淺薄，又不知力求長進之人，即使有博學之士可以請教，他亦自以為是而畫地自限；這麼一來，小人是以舊習為安、據鄙陋之見為珍，因而君子之道則隱而不顯。既然小人不能循道而行，並猜

〔註74〕參見《周易外傳》，頁938。
〔註75〕《周易外傳》，頁855。
〔註76〕《周易外傳》，頁865。
〔註77〕參見（東周）莊周著，（清）郭慶藩編、王孝魚整理：《莊子集釋》，頁155。莊子言：「自事其心者，哀樂不易施于前，知其不可奈何而安之若命，德之至也。」
〔註78〕《周易內傳》，頁202。

疑君子之德，故小人終因不明君子之志而行成乎「吝」。

此外，所謂「童觀」之見，其意指小人之見常受耳目感官之情蒙蔽，因而不能就內心的良知呼聲來自我省思，並時時警惕自己而思有所改進；至於，人如何摒棄一己之短視而擴充其見聞呢？《孟子・告子上》言：「從其大體為大人，從其小體為小人。」〔註79〕按此，孟子所言，它即是一種「價值取向」的行動抉擇；因而，人若能分辨「大體」、「小體」的價值意涵，並使人的良知受到啟迪，那麼「小人」亦有成為「大人」或「君子」的可能；所謂《易》以「獎人為善」的深意，亦能在此彰顯。事實上，不論大人、小人、君子、或聖人等等，他們皆是「人」；然，就船山而言，某些對「人」給予分類的名稱，它不但能反映出不同的「價值」意涵，而且還涉及有關價值階層的次序存在。特別地，船山如何就「志」和「意」而給予「人」不同的分類名稱呢？船山說：

> 意者，乍隨物感而起也；志者，事所自立而不可易者也。「庸人」有意而無志，「中人」志立而意亂也，「君子」持其志以慎其意，「聖人」純乎志以成德而無意。蓋志一而已，意則無定而不可紀。〔註80〕

按上述之言，此雖為船山闡述「辨意、志之異」的見解，但他卻能以庸人、中人、君子、聖人而此給予「人」之不同名稱。就意、志之異而言，此行教化之時，其必涉及「善」、「不善」之別，而船山亦據此構造出一個類似價值階層的次序；其實，人的心「志」是為倫理實踐的動力根源，而「庸人」無志，凡事隨波逐流，一切可是、可不是，故其對是非、善惡之判斷常無所依循，甚至混淆不清。

至於，「中人」是志立而意亂，其弊為何？對此，「中人」雖言立志，但因其欠缺自我理解，以致所立之志常流於空泛，而加上意志又不夠堅定，故常於念起念滅中猶豫不決；尤其，其不能體現擇「善」、去「不善」的決斷力。相對地，「君子」則具有一種宏觀的生命視野，並能以主觀的態度來衡量客觀的形勢，故能持其志以慎其意；換言之，君子所立之「志」在於公義，並能明義、利之辨，故其能「以意逆志」而擇「善」、去「不善」。〔註81〕然而，何

〔註79〕（宋）朱熹：《四書章句集註》，頁335。

〔註80〕《張子正蒙注》，頁258。船山釋《正蒙》言：「故能辨意、志之異，然後能教人。」

〔註81〕在此言「以意逆志」一語是出於《孟子・萬章上》所言（參見（宋）朱熹：《四書章句集註》，頁306）。

以船山認為「聖人」可純乎志以成德而無意呢？船山言：

> 身者，天之化也；德者，身之職也。乾乾自強，以成其德，以共天
> 職，而歸健順之理氣於天地，則生事畢而無累於太虛，非以聖智之
> 功名私有於其身，所遇之通塞何足以繫其念哉！〔註82〕

按上述所言，船山認為「人」之身受於天化，則人之所行必須合於天德，並
以剛健不息之志以代天工；因而，「聖人」由存神盡性以立聖功之德業，其
不私於一己而歸之於太虛，故終不累於天化之身，並善盡合天德的職責。然
而，聖人安身之道如何？船山認為聖者是仁熟而無土不安，〔註83〕其亦無所
遇而不安於「性」及「身」。〔註84〕既然「聖人」能無土不安、所遇皆能安
其身性，那麼其於進退語默皆合天之「至善」；換言之，聖人之「志」即合
天而貞其大常，因而他雖處困厄仍不繫其念於現實牽絆。據此，聖人純乎其
志以崇德廣業，而「志」之所至即合天德之所覆，故其不惑於現實困厄之偶
遇，亦不隨外境而起意念之興滅；這麼一來，聖人的精神價值則遠超乎君子
之「以意逆志」的戒慎恐懼。

　　上述所言，不論聖人、君子、中人、或庸人，皆是以「人」的形象來說
明；接下來，就船山「人禽之辨」以探討君子作為「效聖者」的理由為何？船
山言：

> 雙峰說「做個存的樣子」一語，極好。君子之存，在德業上有樣子
> 可見，如舜、禹所為等，而非有下手工夫秘密法也。只如明倫察物、
> 惡旨酒、好善言等事，便是禽獸斷做不到處。乃一不如此，倫不明，
> 物不察，唯旨是好，善不知好，即便無異於禽獸，故曰「幾希」。
> 〔註85〕

按船山所言，他稱許雙峰能說出聖人、君子之以誠天存性的樣子；尤其，君
子對「性」理的存養，更能突顯孟子言「人異於禽獸幾希」的主張。〔註86〕
不過，船山認為君子在德業上的「存」養功夫，此並非僅出於個人一己的發

〔註82〕《張子正蒙注》，頁207。船山釋《正蒙》言：「聖人成其德，不私其身，故乾
　　　　乾自強，所以成之於天爾。」
〔註83〕參見《張子正蒙注》，頁206。
〔註84〕參見《張子正蒙注》，頁206。
〔註85〕（清）王夫之：《船山全書》第6冊（《讀四書大全說》），頁1024。
〔註86〕（宋）朱熹：《四書章句集註》，頁293。《孟子·離婁下》曰：「人之所以異於
　　　　禽獸者幾希，庶民去之，君子存之。」

明，而是對先聖先賢之價值典範的襲取，因為由舜、禹而文、武、周公等聖人，皆體現此一「存」養的內涵；因而，君子之所以能明倫察物、好善言等德行，無不效法聖人「誠天」之志。大致說來，聖人、君子雖以「誠天」而通志成務，但君子僅「持其志」以慎其意，〔註87〕而尚未臻至聖人「純乎志」而成德的境地。〔註88〕

　　其次，船山如何就《易·咸》以明聖人感人心而君子樂得其道呢？他說：「聖人達於太和絪縕之化，不執己之是以臨人之非，則君子樂得其道，小人樂得其欲，無不可感也，所以天下共化於和。」〔註89〕按此，聖人以純乎志而體「誠天」之理，且五官所見所聞無非理，故聖人能合天以至善而無人事之偽。〔註90〕相對地，《咸·大象》言「君子以虛受人。」按此，君子仍慎其所感，恐一念陷於邪淫而不能自持；不過，君子如何效法聖人體〈咸〉之道呢？對此，君子該持其志以慎其起心動念之意，並於「誠天化理」之中，體二端合於一理的「太和之誠」。因此，君子作為「效聖者」的意涵，在於其能踐行「天」、「人」不能截然分而為二之理，並能精聖學之義、立聖學之功。

　　總結上述所言，船山藉辨「志」、「意」之異，而明君子、聖人之「志」無不在於合天德而行；不過，君子不能像聖人之純乎其志而無意，因而他仍受現實的困境所干擾，而於起心動念中有善、不善之別。然而，就船山論《易》而言，君子如何扮演一個公而忘私的「效聖者」的角色呢？船山言：

　　　　是以君子樂觀其雜以學《易》，廣矣，大矣，言乎天地之間則備矣。
　　　　充天地之位，皆我性也；試天地之化，皆我時也。是故歷憂患而不
　　　　窮，處生死而不亂，故人極立而道術正。《（繫）傳》曰「苟非其人，
　　　　道不虛行。」聖人贊《易》以竢後之君子，豈有妄哉！豈有妄哉！
　　　　〔註91〕

按上述之言，君子學《易》之道既大且廣，唯雜卦涉及人事之憂危，故卦爻於言「反」者而有「不反」者存；〔註92〕換言之，《易》言吉凶、或得失其非僅

〔註87〕參見《張子正蒙注》，頁 258。
〔註88〕參見《張子正蒙注》，頁 258。
〔註89〕《張子正蒙注》，頁 201。
〔註90〕參見《張子正蒙注》，頁 139。
〔註91〕《周易外傳》，頁 1114。
〔註92〕參見《周易外傳》，頁 1113。

行於一端,而是吉往凶來、凶往吉來,此為「兩端一致」之理蘊涵其中。因此,《易》之理能與天地準,而彌綸天地之際。

《易》之所謂「充天地之位」在於「用有」、「體有」,而這裡的「有」並不與「無」相對應,因為張子認為:「《易》言幽明、不言有無。」〔註93〕按此,《易》於「藏往知來」之中,其盈虛、消長皆為天地之性,而君子學《易》以盡性而不安於小成;〔註94〕因而,就天地之性而言,船山認為:「一氣之中,二端既肇,摩之盪之而變化無窮,是以君子體之,仁義立而百法不同法,千聖不同功。」〔註95〕按此,君子體誠存性,其於愛惡、取捨皆天生我之性;然而,天地之化乃絪縕一氣之伸屈,而君子立仁義之道,則二氣所分之吉凶、善不善,雖時位之所致,其亦能統乎仁義而為立人之道。因此,君子雖歷經人事之憂患而「志」卻不窮,身處生死之際而「意」不亂。

大致說來,君子之學《易》而能立「人」極,聖法雖因時而有殊異,但其「道」卻不失其正。聖人作《易》,而君子體誠存性;因而,君子欲昭天道顯隱之「誠」,則當以立人極之心而應。因此,《繫傳》之所謂「道不虛行」,其在於君子之持其志而慎其意,以承載聖人合天之「至善」,而君子作為「效聖者」的意義,則此即張子言「《易》為君子謀」的精神體現。不過,何謂「《易》為君子謀」呢?船山言:

> (君子)能率吾性之良能以盡人事,則在天之命,順者俟之,逆者立之,而人極立,贊天地而參之矣。蓋一事之微,其行其止,推其所至,皆天理存亡之幾。精義以時中,則自寢食言笑以至生死禍福之交,皆與天道相為陟降。因爻立象,因事明占,而昭示顯道,無一而非性命之理。《易》為君子謀,初非以趨利避害也。〔註96〕

按上述之言,《易》之雜卦皆言人事之憂危,而君子學《易》要能盡一己之所能,並明吉凶悔吝之道,亦即「吉」則順之而「凶」則無所違;〔註97〕然,若欲盡天人性命之理,則君子當於一事之微體誠存性,以明天理、人欲之幾,並因應卦之時義以明「物」、「我」通於一「理」;特別地,君子能就日常生活之人欲、甚至生死禍福之「理」,皆能藉由占《易》之指示以明「人欲」是不

〔註93〕《周易內傳發例》,頁659。另外,參見《張子正蒙注》,頁272。
〔註94〕參見《周易外傳》,頁1113。
〔註95〕參見《張子正蒙注》,頁42。
〔註96〕《張子正蒙注》,頁309。
〔註97〕參見《周易內傳發例》,頁654。

離「天理」；換言之，就《易》之卦爻辭而言，其中所示之「天理」、「人欲」可臻乎「兩端一致」之理，此即「人欲」隱而「天道」顯；反之亦然。

《易》之源是本於伏羲畫《卦》，而天人之理盡於其中；然而，就占《易》而言，「大衍之數五十」以筮，而因爻立象、因事明占，而顯天道之吉凶、即能昭人事之得失；而君子於得失之幾，其當能立仁義之道，以顯天人性命之理。因此，唯有勉君子能立人道而統乎仁義，而所謂《易》為君子謀」的意義才能彰顯開來。至於，何以張子言「《易》不為小人謀」呢？我們可以就船山論《易》中，進一步了解他對君子、小人的相關看法；下一小節，我們論述之。

（二）君子、小人之辨的哲學人類學意義

關於君子、小人之辨的論述，孔子在《論語・里仁》言：「君子喻於義，小人喻於利。」〔註98〕又言：「君子懷德，小人懷土；君子懷刑，小人懷惠。」〔註99〕按此，君子、小人之別，在於二者對「公義」與「私利」的價值趨向之不同。至於，船山在易學上其如何說明君子、小人之別呢？他說：

> 君子之情豫定，則先迷而後必得；小人之情已淫，則惡積而不可揜。
> 故履信思順，則天佑而无不利，迷復則十年有凶；非理無可復，情
> 已遷則不可再返也。命，告也，爻所告人者也。二者，盡利之道，
> 遷變之情也。情遷者，君子安命而無求，利告者，君子盡道以補過，
> 惟深察乎繫辭，則自辨其所之矣。〔註100〕

按上述所言，君子持其志而慎其意，故其能「從一而安」為貞；〔註101〕君子能體〈坤〉柔順之貞，因而小體之「意」雖或偏離大體之「志」而迷，但君子貞一之「性」可護「情」歸質而有所得；至於，小人之情陷於陰柔而不能體陽德之貞，因而以柔揜剛之積而過不可補。大致說來，君子之能保有誠信、柔順的美德，並能推崇賢能者而受天之佑；相對地，小人則是「有意而無志」、或「志立而意亂」，其取舍之道在於「私利」而非「公義」，因而小人趨利之烈而不能復見天地之心。所謂「迷復」在於說明小人昧於一己之私，而「仁心」

〔註98〕（宋）朱熹：《四書章句集註》，頁73。
〔註99〕（宋）朱熹：《四書章句集註》，頁71。
〔註100〕《張子正蒙注》，頁310。此船山釋《正蒙》言：「乃所謂『吉凶以情遷』者也。能深存《繫傳》所命，則二者之動見矣。」
〔註101〕參見《周易內傳》，頁75。

如覆水而不得復見；因而，船山言「十年有凶」，此說明筮《易》之吉凶於得失之幾。

其次，《易》為君子所謀者如何？對此，《易》在於指示君子明於天人性命之理，並視爻之動即天命所示，故占得悔、吝、凶之時，君子能安命而無違；若爻辭示「咎」之告，則君子當尋求補過之道。蓋《繫傳》是孔子用以顯天道、昭回人道之「蘊」，並使占《易》、學《易》合於一理。然而，船山如何由「《易》為君子謀」而倡言「扶陽而不抑陰」的陰陽合德主張呢？他於釋《萃・彖》言：

> 蓋太極之有兩儀也，在天則有陽而必有陰，在地則有剛而必有柔，在人則有君子而必有小人、有中國而必有夷狄，雖凌雜而相干，斯為大咎。乃陰以養陽，柔以保剛，小人以擁戴君子，夷狄以藩衛中國，陰能安於其類聚，而陽自聚於其所當居之正位，交應而不雜，則陰雖盛而不為陽病。鬼神以是不亂於人，而祐人以福；愚賤以是自安其類，而貴貴賢賢得以彙升：此〈萃〉之所以集眾美也。〔註102〕

按上述之言，太極為〈乾〉、〈坤〉之合撰，而〈乾〉陽、〈坤〉陰密不可分，且《說卦》曰「《易》兼三才而兩之」；因而，陰陽、剛柔、仁義皆彌綸於天地之中。至於，船山於上述言「有君子而必有小人」，這乃針對立人之道而言；不過，如何使小人擁戴君子呢？首先，君子要藉一己的高尚人格來感化冥頑之小人外，更要用「禴」以孚小人之心；其次，君子對小人當行教化之功，而船山認為：「養其生理自然之文，而修飾之以成乎用者，禮也。《詩》曰：『人而無禮，胡不遄死？』遄死者，木之伐而為樸者也。」〔註103〕按此，船山認為養人之道，此除了供應人之生理上的需求外，還要透過禮教的形塑而使其成為國家及社會的未來棟樑；如果人僅知於物質滿足而不知人倫禮儀，那麼其活著就不能領會生命的價值和意義，因此樸質的小人唯有藉由人文的浸潤，才能達至文質彬彬的君子形象。

因此，就〈萃〉而言，《易》之以「太和」精神獎勵天地萬物皆能相互為用，而君子、小人各安其類，並相應而不雜。不過，「君子」在儒家的「人文世界」之地位如何？事實上，這樣的課題亦蘊涵著哲學人類學的思維，因為

〔註102〕《周易內傳》，頁368。
〔註103〕《俟解》，頁487。

君子作為「效聖者」而承載著儒家的人文價值，並以「誠」為貴；君子之「誠」體現在〈萃〉言「有孚乃用禴」，〔註104〕因為君子藉由祭祀而使眾人集為一體，而此中恰體現出「人、我不分」的群體倫理價值。其次，《萃·彖》言「王假有廟」，此意概言王假廟以祭祀，而君子集眾人於一體以順從王之號召；因而，君子之能於「公而忘私」中分有形而上之神靈的神聖性。

　　大致說來，君子強調力行律己，並不懈於一己進德修業，而此反映「君子與自身」的關係；其次，君子能以「誠」對待小人，因而陰雖盛而不為陽病，〔註105〕而「君子與他人」之關係則建立在此「人、我不分」的前提上；最後，關於〈大有〉之上九言「自天祐之，吉无不利。」其義為何？船山言：「上九即天也，祐者非祐上也，乃六五履信思順而上祐之，即其福之至以歸本於六五之德也。」〔註106〕按此，所謂「上九即天」，其意相當於《尚書·皋陶謨》言「天工人其代之」；〔註107〕因而，當以上九之代「天工」，其在於獎六五之履信思順，則六五能獲得「德福一致」的神聖性；換言之，《易》所言之「君子」亦能由「信」、「順」而承天之祐。按此，船山認為君子可藉由「履信思順」的在世存有領會，以分有「天」之神聖的本質善。因此，若就謝勒的哲學人類學來考量，那麼《易》為君子謀」的「君子」其在儒家的「人文世界」中具有其特殊的地位。

　　接下來，我們可從君子、小人之辨、推衍有關船山言「人、禽之辨」的課題上；至於，船山如何闡述「人、禽之辨」的深意呢？他在《讀通鑑論》說：

　　　　一日行之習之，而天地之心，昭垂於一日；一人聞之信之，而人
　　　　禽之辨，立達於一人。其用之也隱，而搏挹清剛粹美之氣於兩間，
　　　　陰以為功於造化。君子自竭其才以盡人道之極致，唯此為務焉。
　　　　〔註108〕

按上述之言，關於人、禽之辨，船山並不是循著孟子言「四端」的進路發揮，〔註109〕而是就人的學習實踐來領會天地之心的深意；其次，人以「人格」承

〔註104〕〈萃〉之九二言：「孚乃利用禴，无咎。」
〔註105〕參見《周易內傳》，頁368。
〔註106〕《周易內傳發例》，頁670。
〔註107〕參見屈萬里：《尚書集釋》，頁34～36。所謂「天工人其代之」，其義：堯典之天功，其雖天定，而天不自作，故云人代。
〔註108〕（清）王夫之，《船山全書》第10冊（《讀通鑑論》），頁346。
〔註109〕參見（宋）朱熹：《四書章句集註》，頁238。孟子言：「惻隱之心，仁之端

載「聞」、「信」之道而開啟一個隸屬「人文創化」的世界，而此中即彰顯人、禽的差異所在。至於，人立足於天地之中，並能不廢天賦的敏銳心靈以日用其才，而於日積月累中造其功，則由心靈而開展的清剛、粹美之氣就能像《中庸》所言：「可以贊天地之化育，則可以與天地參矣。」〔註110〕按此，對儒家而言，人在宇宙中的地位，是體現在「人」能參贊天地之化育；不過，就船山而言，他以「君子」作為「效聖者」的角色，並以形塑而成的「人格世界」承載人倫中的各種價值。

然而，船山在「人禽之辨」課題上，他如何以「君子、小人」之辨對照孟子言「君子存之、庶民去之」而闡述之呢？他說：

> 人之所以異於禽獸者，君子存之，則小人去之矣。不言『小人』而言『庶民』，害不在小人而在庶民也。小人之為禽獸，人得而誅之。庶民之為禽獸，不但不可勝誅，且無能知其為惡者；不但不知其為惡，且樂得而稱之，相與崇尚而不敢踰越。〔註111〕

按上述之言，船山認為「君子」具清剛之氣的靈敏精神，且能明辨善惡、是非，而以「羞惡之心」、「合義而利」，體現「誠天化理」之志；相對地，小人則徇私己利、以私害公、結黨營私且黨同伐異，而無絲毫反省慚愧之感，故羞恥心已蕩然不存；因而，船山於上述言：「小人之為禽獸，人得而誅之。」此在於說明小人悖於明倫察物之理，已達至人神共憤的程度。

其次，船山認為小人之惡，人可見而得知；至於，庶人之惡，人又如何明其矯情之行徑而不屑之呢？船山認為庶人之為惡，人不但不知其惡而樂稱之，因為庶人對明倫、察物、居仁及由義等，皆迎合俗見且鄉愿而賊德；〔註112〕尤其，所謂「明倫」在率真、「察物」在妙悟、「居仁」在善於處世、「由義」在靈俐等，〔註113〕皆不能誠其志而亂其意。大致說來，庶人之志雖立而卻以意亂之；〔註114〕然，一旦其「意」亂，即不能「誠己誠物」而矯情賊德之事接踵而至。此外，庶人昧於俗見而怠忽人道之立，而人道廢

也；羞惡之心，義之端也；辭讓之心，禮之端也；是非之心，智之端也。」此為人之「四端」。

〔註110〕（宋）朱熹：《四書章句集註》，頁32。
〔註111〕《俟解》，頁478。
〔註112〕參見《俟解》，頁478～479。
〔註113〕參見《俟解》，頁479。
〔註114〕參見《張子正蒙注》，頁258。船山言「中人志立而意亂之」，而此「中人」則相當於孟子所言之「庶人」。

則天道亦不顯，故船山言「庶民者，流俗也。流俗者，禽獸也。」〔註115〕
按此，船山認為庶民不能效法君子之以「誠」明倫察物、居仁由義，而卻惑
於異端之說或困於師友私情之禁錮，〔註116〕以致殘仁害義，此將與禽獸無
異。

至於，當代學者胡發貴在闡述船山的「人、禽之辨」時，他將船山言明
倫、察物、居仁、由義等歸於「人」具有的人文特質及意義；〔註117〕事實上，
「人」可透過人文的行動實踐以彰顯其中隸屬人的「人類圖像」，而此中除涉
及哲學人類學的思維外；亦關涉「人的本質」的問題探討。例如在《孟子・告
子下》中言：「人皆可以為堯、舜」，〔註118〕其中揭示孟子對「人」的一種形
象和看法；簡言之，孟子認為人並不侷限於庸人、中人、君子，而是可成為
「聖人」的可能性。不過，對船山而言，他又如何看待「庸人」和「聖人」的
不同分類問題呢？他說：

> 雖愚不肖，苟非二氏之徒愚於所不見，則於見聞之外，亦不昧其
> 有理，人倫庶物之中，亦不昧其有不可見之理而不可滅，此有無
> 之一，庸之同於聖也。既已為人，則感必因乎其類，目合於色，
> 口合於食，苟非如二氏之愚，欲閉內而滅外，使不得合，則雖聖
> 人不能舍此而生其知覺，但即此而得其理爾。此內外之合，聖之
> 同於庸也。〔註119〕

按上述之言，船山並不認同老、釋二氏之以「無」在「有」外，而以夐然無對
為性；〔註120〕因而，他認為在人能見能聞之外，亦有天人之「理」存在。至於，
人倫事物之中，船山亦秉持《易》言「藏往知來」的精神，亦即「時隱而時見
者，天也，太極之體不滯也。知明而知幽者，人也，太極之用無時而息也。」
〔註121〕按此，筆者認為若視太極之體為一「大宇宙」，則太極之用即為「小宇

〔註115〕《俟解》，頁478。
〔註116〕參見《俟解》，頁479。
〔註117〕參見胡發貴：《王夫之與中國文化》（貴陽：貴州人民出版社，2000年），頁
　　　　38。
〔註118〕（宋）朱熹：《四書章句集註》，頁339。曹交問曰：「人皆可以為堯舜，有
　　　　諸？」孟子曰：「然。」
〔註119〕《張子正蒙注》，頁363～364。船山釋《正蒙》言：「有無一，內外合（自註：
　　　　庸聖同）。」
〔註120〕參見《張子正蒙注》，頁362。
〔註121〕《周易內傳發例》，頁659。

宙」，並由船山提出「太極有於《易》以有《易》」的太和精神來看，〔註122〕那麼天、人之間無不處於「機體生化」及「機體綿延」的變動不已發展中。

「人」作為一有機體，其自身構造出一個小宇宙；換言之，人除在生理、心理是合為一體之外，船山更以「目合於色、口合於食」來進一步闡述。至於，老、釋之執於感官所見所聞的有、無之分，這是對人「心」加以意識化而產生的見解，而這同時也將人的身、心區分為二。其實，對船山而言，聖人雖能明「兩端一致」之理，並建構一個統乎「聞見」及「超乎聞見」的價值世界；但是，就「人」的本質而言，「庸」之無異於「聖」。〔註123〕其次，聖人對於「超乎聞見」之道，其能盡心存神以體之，〔註124〕並擺脫生命欲力的束縛，而提升自身至更高的精神境地；相對地，「庸」者因有意而無志，〔註125〕而缺乏志氣的庸人則常受生命本能所驅使，以致受遮蔽了良知、良能而不能充分地發揮人性中應有的精神內涵。關於船山看待「人」的本質如何？下一小節，筆者闡述之。

（三）船山如何看待「人」的本質

關於船山的人性論，他是延續著孟子言「性善」的理路以闡發「人」的本質，尤其，船山認為「性善」是人之所以為「人」的條件；然而，相對於孟子，船山對人之「性」其又持怎樣的看法呢？船山言：

> 知覺運動，生則盛，死則無能焉。性者，天理流行，氣聚則凝於人，氣散則合於太虛，晝夜異而天之運行不息，無所謂生滅也。如告子之說，則性隨形而生滅，是性因形發，形不自性成矣。曰性善者，專言人也，故曰「人無有不善」。犬牛之性，天道廣大之變化也，人以為性，則無所不為矣。〔註126〕

按上述船山之言，他並不認同告子言：「生之謂性」的說法，因為船山認為有「生」就有「滅」；這麼一來，所謂的「生滅」，其就像一種知覺活動那樣。但是，人之知覺活動的依據是「心」，而不是「性」；不過，船山認為：「性則與天同其無為，不知制其心也。」〔註127〕按此，「命」日降而「性」日生，此即

〔註122〕參見《周易外傳》，頁1025。
〔註123〕參見《張子正蒙注》，頁364。
〔註124〕參見《張子正蒙注》，頁364。
〔註125〕參見《張子正蒙注》，頁258。
〔註126〕《張子正蒙注》，頁126。
〔註127〕《張子正蒙注》，頁124。

「性」分有「命」的存有,因而「性」是源於天道的機體生化流行,且其對「心」不能有所作為。

至於,船山如何看待「人之生」的問題呢?他說:「人物之生,皆絪縕一氣之伸聚。」〔註128〕按此,所謂「絪縕一氣」中的「一氣」,其不外函〈乾〉陽、〈坤〉陰之合撰,而船山認為〈乾〉、〈坤〉之交,其依序為命、性、身且三者同源即於實;〔註129〕因而,氣聚則伸而「〈乾〉道成男、〈坤〉道成女」,〔註130〕氣散則屈而又歸於太虛。因此,天地運行不息而「屈伸之理」存乎其中,而不能用「生滅」之說強加之。然而,告子言:「性,猶杞柳也;義,猶桮棬也。」〔註131〕按告子之說,「性」須以「形」喻而明。不過,告子之「性隨形而生滅」的說法,此不但為孟子所駁斥,也不為船山認同,因為船山認為「性」是由「命」降而來,故「性」是不關涉「形」的問題考量。

不過,船山說:「乾道變化,各正性命,理氣一源而各有所合於天,無非善也。而就一物言之,則不善者多矣,唯人則全具健順五常之理。善者,人之獨也。」〔註132〕按此,人分有天命之「性」,故人「性」無有不善;不過,告子以犬牛之性類比於人之性,〔註133〕卻昧於仁、義、禮、智、信為人所獨有;至於,何以人之「性善」可突顯人在天地中的獨特地位呢?因為在天地萬物中,唯人能「窮理盡性」以合天德,並明天理、人欲之別,且當「天理」行乎「人欲」之中時,人則以「理欲一致」來超拔一己的本能驅力,並藉由人的五常之理以敞開其「性無不善」的精神價值。然而,就人的本質而言,人群中的「庸」、「聖」之別其意義為何?船山言:

> 上智下愚,有昏明而無得喪,禽獸於人,有偏全而無違離。知其皆性諸道,故取諸人以為善,聖不棄愚,觀於物以得理,人不棄物。知其皆命諸天,則秩敘審而親疏,上下各得其理,節宣時而生育,肅殺各如其量。聖人所以體物不遺,與鬼神合其吉凶,能至人物之命也。〔註134〕

〔註128〕《張子正蒙注》,頁44。
〔註129〕參見《周易外傳》,頁904。
〔註130〕參見《周易外傳》,頁904。
〔註131〕(宋)朱熹:《四書章句集註》,頁325。
〔註132〕《張子正蒙注》,頁126。
〔註133〕參見(宋)朱熹:《四書章句集註》,頁325。
〔註134〕《張子正蒙注》,頁125。

按上述船山之言，他認為人群中的「庸」、「聖」之間的差異，其並不在人的「本質」不同；而是「聖」者能窮理盡性以至於命，而「庸」者常迷於外物而惑其心。就孟子而言，「心」之不明，則人之「四端」不彰；雖是如此，「庸」者的天生德性亦具備而無遺。關於人禽之辨，船山在《思問錄外篇》說：「禽獸不能全其質，夷狄不能備其文。」〔註135〕按此，關於船山言人、禽之辨的內涵為何？首先，此除了禽獸不具有像人所擁有之仁義禮智信等五常之「理」外；其次，就「氣」的飲食層面而言，船山認為人的甘食亦不同於物之甘食。〔註136〕因此，船山並不只是以「理」言性而已，而是合「理、氣」以言性；換言之，船山之合「理、氣」以言性的做法，此是將人的身、心視為一不可區分之直覺的整體性，並以機體方式來發用。

不過，關於船山的人、禽之辨，另可順著孟子認為人是具有羞惡感、而動物卻沒有；亦即，所謂「無羞惡之心，非人也」的思想脈絡來探討。〔註137〕然而，船山如何就「心函性」以言「四端」之性、情的發用呢？船山言：

> 要此四者之心，是性上發生有力底。乃以與情相近，故介乎情而發。惻隱近哀，辭讓近喜，羞惡、是非近怒。性本於天而無為，心位於人而有權，是以謂之心而不謂之性。若以情言，則為情之貞而作喜怒哀樂之節。四端是情之上半截，為性之尾。喜怒哀樂是情下半截，情純用事。者也。〔註138〕

按上述之言，四端之所以能反映人性的作用，這是出於「心函性」的發用；不過，由於船山主張「性一情萬」，故當「心函性」之發用時，則「情」即寓於其中。因此，船山認為孟子所言之「四端」，其既不能純然以「理」言性、亦不可純然以「氣」言性，而是合「理、氣」言性。不過，船山是承繼張載主張「性不知檢其心」的看法，〔註139〕但他又言「心能檢性」；因而〔註140〕人心

〔註135〕《思問錄外篇》，頁467。

〔註136〕參見（清）王夫之：《船山全書》第6冊（《讀四書大全說》），頁1023。船山言：「人之自身而心，自內而外，自體而用，自甘食悅色，人甘芻豢，牛甘芻萏；毛嬙、西施，魚見之深藏，鳥見之高飛。即甘食亦迥異。以至於五達德、三達德之用，那一件不異於禽獸，而何但於心？」

〔註137〕參見（宋）朱熹：《四書章句集註》，頁237。《孟子·公孫丑上》。

〔註138〕（清）王夫之：《船山全書》第6冊（《讀四書大全說》），頁946。

〔註139〕參見《張子正蒙注》，頁124。船山釋張載《正蒙·誠明篇》言「性不知檢其心，『非道弘人』也」而云：「性則與天同其無為，不知制其心也；……。」

〔註140〕《思問錄內篇》，頁403。

之「情」與道心之「性」相即而不離。至於船山如何看待「心」與「性」、「情」的關係呢？基本上，他認為人「心」在於承載「性一情萬」之理，而發之於人心之情，可藉「理欲一致」以顯天、人之道。大致說來，船山釋張子「心統性情」的「心」，它是處於性情相介之幾上說；〔註141〕因而，船山所謂「心函性」具有「性」為體、「心」為用的特性，〔註142〕並在心、性之「體用不二」的前提下，產生「由用以得體」的機體效用。

然而，朱熹在面對「情」的判別上，他與船山的說法有何不同？船山於上述認為孟子的四端是「性」而不是「情」；相對地，在朱子之「性發為情」的主張下，〔註143〕他認為孟子的四端是為「情」而不是「性」。〔註144〕就朱子之「心統性情」的命題而言，他所謂「以仁愛，以義惡，以禮讓，以智知者，心也」的說法，〔註145〕恰反映出「心」是靜態地統攝「性」；這麼一來，「性」、「情」即為「心」之體、用的關係。〔註146〕不過，何以朱子言「心統性」而卻不能盡「性」呢？其實，朱子所言之「性」是為形上的天理，而「心」是為形下的「氣心」，因而當「心統性」之時，理氣雖不離，但「心」只能是「性」的載體；〔註147〕其次，理氣雖是不離但卻不雜，故「心」與「性」是

〔註141〕參見（清）王夫之：《船山全書》第 6 冊（《讀四書大全說》），頁 946。

〔註142〕參見（清）王夫之：《船山全書》第 6 冊（《讀四書大全說》），頁 946。

〔註143〕參見（宋）朱熹：《朱熹集》〈仁說〉（成都：四川教育出版社，1996 年），頁 3543。朱子說：「吾之所論，以愛之理而名仁者也。蓋所謂情性者，雖其分域之不同，然其脈絡之通，各有攸屬者，則曷嘗判然離絕而不相管哉？吾方病夫學者誦程子之言而不求其意，遂至於判然離愛而言仁」。蔡家和先生認為，此為朱子本著伊川的「愛情仁性」之說及「不可以愛為仁」來談「性發為情」的思想（參見蔡家和：《王船山《讀孟子大全說》研究》，頁 178）。

〔註144〕參見（宋）朱熹：《四書章句集註》，頁 238。朱子釋《孟子·公孫丑上》言：「惻隱、羞惡、辭讓、是非，情也。仁、義、禮、智，性也。心，統性情者也。」

〔註145〕參見（宋）朱熹著、陳俊民校編：《朱子文集（柒）》卷六十七（〈元亨利貞說〉）（臺北：德富文教基金會出版，2000 年），頁 3361。朱子言：「仁義禮智，性也；惻隱、羞惡、辭讓、是非，情也；以仁愛，以義惡，以禮讓，以智知者，心也。性者，心之理也；情者，心之用也；心者，性情之主也。」

〔註146〕參見陳來：《宋明理學》（臺北：允晨文化，2010 年），頁 201。見氏言：「朱熹認為，性情不僅互為體用，而且性是心之體，情是心之用，心則是賅括體用的總體，性情都只是這一總體的不同方面。」

〔註147〕參見陳啟文：《王船山「兩端而一致」之思維的辯證性及其展開》，頁 123，註 41。

二而不能是一。〔註148〕事實上，朱子雖對張載所謂「心統性情」給予了創造性詮釋，〔註149〕但其中僅著重理智的概念分析，而缺乏一種符應張子之氣論的動態機體內涵。

接著，若以仁、義看待孟子之「四端」的羞惡之心，那麼船山於上述認為人所發的羞惡之情，是近乎怒；然而，所謂「羞惡之怒」其非任性恣意而為，而該由「義」而行，例如文王一怒而安天下，此文王之勇。相對地，動物並沒有羞惡之心，且於暴怒之下常凶殘妄為，更無所謂人的仁義信念；這麼說來，關於船山人、禽之辨的內涵，此並不在人和物皆有「怒」之情，而在人是否能由「義」以貞其情。至於，人如何藉由「羞恥心」以呈現其本質呢？對此，人情之發或貞、或淫，而當人溺於一己之私心而濫其情，則道心隱而不彰，此時人與禽獸無異；反之，人雖有喜怒之情，但能以「義」節之，則人心、道心可貞乎一「理」，故能明倫察物、居仁由義，且達至聖人合天至善的人類圖像。因此，藉由孟子言「羞惡之心」以敞開由「義」節情之貞的人、禽之辨，此意指人的本質是出於理氣一源而合於天，〔註150〕並能得天之最靈秀者，〔註151〕則人之性善而異於禽獸的理由，不言而喻。

歸結上述，人的「羞恥心」特性是足以作為人、禽之辨的直覺判定。因此，不論希臘哲人亞里斯多德之視人為「理性的動物」；或者，像近代哲學家尼采認為「人是能夠許諾的動物。」〔註152〕這種將「人」歸於動物之某類的主張，這是相當不恰當的，因為人能改造環境、能創造人文心靈世界、以及參贊天地之化育等等，這些都是「人」之外的其他動物所無法辦到的。

不過，船山在人禽之辨的同時，他特別推崇「聖人」之德的意義如何？船山說：「聖人之至善合天。」〔註153〕既然聖人之德可以合天，則他於通天人之道中，見吉凶、得失之時位不齊而能貞其大常。因此，聖人由審秩序之

〔註148〕 參見陳啟文：《王船山「兩端而一致」之思維的辯證性及其展開》，頁123，註41。
〔註149〕 參見張立文：《朱熹思想研究‧下冊》（臺北縣：谷風出版社，1986年），頁619。見氏言：「張載提出『心統性情』，而得到朱熹稱揚。他說：『橫渠云：心統性情，此說極好。』」
〔註150〕 參見《張子正蒙注》，頁126。
〔註151〕 參見《張子正蒙注》，頁104。
〔註152〕 （德）Max Scheler 著，李伯杰譯：《人在宇宙中的地位》，頁21。德文版見：Max Scheler, *Die Stellung des Menschen im Kosmos*, S.47.
〔註153〕 《張子正蒙注》，頁139。

中，即能使親疏、上下各得其理，並能因時因勢而獎生育、抑殺生之奪。然而，何以聖人能盡「人物之命」呢？船山言：「聖人存神，隨時而處中，其所用於感天下者，以大本行乎達道。」〔註154〕按此，聖人之體物不遺，與鬼神合其吉凶，此皆為聖人秉持大中至正，並達至天人之道的精神體現；而聖人存神盡「大中」之理，物無不感，此即《說卦》言：「窮理盡性以至於命」的深意所在。然而，船山如何就「庸」、「君子」及「聖」三者之關係，以闡述其「以心盡性」差異呢？船山在《讀通鑑論》而言：

> 庸人之所欲知而亟問知鬼神象數者，貧富、窮通、壽夭已耳，皆化迹也。仁之惻隱，痛癢喻於心，義之羞惡，喜怒藏於志，動以俄頃，辨於針芥，而其發也，橫天塞地不能自已，君子以信己者信之，尚弗能盡知也，而況凡今之人乎！子曰：「知我者，其天乎！」謂以心盡性，皎然於虛靈之無迹，非夫人耳目聞見之逮也。〔註155〕

按上述之言，庸人問《易》之筮，其不外福禍、利害、年壽長短、以及前程之窮通等，而諸多卜筮之問，其僅就陰陽二氣之分，吉凶、禍福而以爻位之不齊問之；簡言之，庸人視《易》之筮在於「得失易知，而吉凶難知也」，〔註156〕因而僅問筮於吉凶之道，而略其得失於不講。但是，《易》之筮在於得失、吉凶一道，因而，庸人之問筮其僅為末流之化迹而已。至於，君子明占《易》不可徒以占吉凶，而筮占之辭其無不有微言大義存乎其中；亦即，君子之筮在於統乎仁義而為立人之道。因此，《繫傳》言：「憂悔吝者存乎介，震无咎者存乎悔。」按此，當知《易》為君子所謀者，其在於人飢己飢、人溺己溺的惻隱之仁；而憂悔吝之「介」是人心處於善、不善之際，並能以「知恥近乎勇」取其善而去其不善。

就上述所言，君子如何於仁、義之發而「橫天塞地不能自已」呢？船山認為：「有不誠，則乍勇於為而必息矣；至誠則自不容已。而欲致其誠者，惟在於操存勿使間斷，己百己千，勉強之熟而自無不誠矣。」〔註157〕按此，君子之於仁、義之道，其行當如《乾·大象》言：「天行健，君子以自彊不息。」此蓋言君子在於誠己、誠物，而不容間斷、中途而廢；然而，君子雖

〔註154〕《張子正蒙注》，頁159。
〔註155〕（清）王夫之，《船山全書》第10冊（《讀通鑑論》），頁485。
〔註156〕《周易內傳發例》，頁653。
〔註157〕《張子正蒙注》，頁115。

能通人我、物我之「誠」，但因其志道未必與時位相值，〔註158〕而為小人之陰柔所揜。因此，當君子處困之時，就如船山釋《剝·象傳》言：「……為君子謀者，視陰之極盛，勿以其不利為憂，而取〈坤〉之順德，順而受之，止於上而不妄動。」〔註159〕按此，《易》為君子所謀，並使其體誠存性；然，君子體〈剝〉之以「不往」為利之義為何？因〈艮〉德在外而不憂陰之極盛，而內之〈坤〉順德以合之，故〈剝〉以「順而止之」為利。

　　大致說來，《易》為君子所謀，其既不專於外、亦不限於內，而是能兼內、外之實情以體之，且精誠所至，而能使「信己者信之」；至於，合天之至善，則非君子所能知曉。不過，君子雖不能像聖人之「以心盡性」，但他卻效法聖人之德，而能「以心函性」而自強不息。然而，船山如何視「聖人」為彰顯「人」之本質的人類圖像呢？他說：

> 故聖人之於《易》也，據位財為得失，以得為吉，以失為凶，以命之不易、物之艱難為悔吝，與百姓同情，與天地同用，仁以昌，義以建，非褊心之子所可與其深也。〔註160〕

按上述之言，船山認為聖人於《易》可明吉凶之一因於得失。〔註161〕簡言之，非其位、非其財，而有覬覦之心則「凶」寓於其中；若能安其位、節其財，而縱使「義命」之至，則其貞必「吉」。至於，聖人於「不易之命」其如何自持？船山言：「知天者，以俟命而立命也。樂天知命而不憂以俟命，安土敦乎仁而能愛以立命。」〔註162〕按此，船山認為聖人的形象，應是「知命不憂、敦仁能愛」；因為聖人既是知天者，其何憂何懼？又能合天之至善，其豈有不以仁愛教養百姓生民？

　　因此，船山藉由「聖人」以揭示人之本質而能達至「合天之至善」；然而，我們是否能就船山看待「人」的本質而給予一「人類圖像」的意義呢？筆者認為船山於論《易》中所傳達出的人類圖像可用「知天者」作為精神的象徵；

〔註158〕參見《周易內傳》，頁380。
〔註159〕《周易內傳》，頁220。船山釋《剝·象傳》言：「順而止之，觀象也。君子尚消息盈虛，天行也。」
〔註160〕《周易外傳》，頁1035。
〔註161〕參見《周易內傳發例》，頁652。船山言：「『金夫不有躬』，非其財也；『負乘致寇至』，非其位也。『君子于行』，三日不食，以安位也；『困于赤紱，乃徐有說』，以節財也。」（上述見《周易外傳》，頁1035）。
〔註162〕《周易內傳發例》，頁674。

換言之，所謂人作為「知天者」，其並不能像當代學者韓民青的人類學觀點那樣，他雖認同馬克思之視人的本質為「一切社會關係的總和」，〔註163〕但卻忽略人性中具有「敦仁能愛」的人倫價值內涵，以致在唯物史觀的人性論中，人僅陷於人群社會中關於物質、權力的爭奪，而無法有隸屬於神性的精神價值敞開。

就上述所言，船山如何看待聖人之以「物之艱難為悔吝」的意義呢？船山認為聖人視事物之一本於性命，〔註164〕而《易》之六十四卦皆在於揭示天人「性命之理」。其實，孔子作《繫傳》在於顯天道以召喚人道的至仁大義；〔註165〕這麼一來，《繫傳》言：「悔吝者，言乎其小疵也。」按此，《易》言「道」未失而以「小疵」示占者，此僅反映爻所處之時位不當。因此，聖人給予的斷占之辭，不論言貞吉、貞凶、或貞吝，皆在於指示占者以「貞」補悔、咎之過。因此，聖人能明天人性命之理，而與百姓同情、與天地同用。然而，君子作為「效聖者」而為《易》之所謀，其義如何？船山言：

> 眾人之動，因感而動，事至而念起，事去而念息。君子於物感未交之際，耳目不倚於見聞，言動不形於聲色，而不顯亦臨，不諫亦入；其於靜也無瞬息之怠放而息，則其動也亦發遍而不忘遠，及遠而不泄遍，終身終日不使其心儳焉，此存心窮理盡性之學也。
> 〔註166〕

按上述之言，船山認為君子能體現《繫傳》言：「天下之動，貞夫一者」的道理，而不像普羅大眾之倚於耳目見聞而動靜，因為君子明「實不窒虛，知虛之皆實。靜者靜動，非不動也。」〔註167〕按此，虛實、或動靜，其兩端皆處於機體生化不已中，並能「兩端一致」；因而，所謂「靜」者，是為「靜之動」而非不動。君子誠己、誠物，通物我為一，因而其於物感未交之際，不倚於耳目見聞之小體，而是能藉「心」之大體而運思。

然而，君子如何於動靜屈伸而耳目不倚於見聞呢？船山言：「學聖之始功在於見幾；蓋幾者，形未著，物欲未雜，思慮未分，乃天德之良所發見，

〔註163〕 參見韓民青：《當代哲學人類學‧第一卷》（南寧：廣西人民出版社，1998），頁257。
〔註164〕 參見《周易內傳發例》，頁652。
〔註165〕 參見《周易內傳發例》，頁682。
〔註166〕 《張子正蒙注》，頁305。
〔註167〕 《思問錄內篇》，頁411。

唯神能見之，不倚於聞見也。」〔註168〕按此，君子效聖之學、作聖之功，
其在於如〈豫〉之六二言「介于石，不終日。」簡言之，君子之於動靜進退、
出處語默，皆能知憂戒慎，見凡事之幾微；因而，其於物感未交而誠之以
幾，並於修己治人、撥亂反正而求合乎天德。這麼一來，君子於靜存動察之
中，皆處於或動或靜、或遠或近，而以「心函性」彌綸天地，並用心於窮理
盡性之學，以實踐誠己、誠物之功，則神存乎其中。相對於君子，何以明白
聖人不僅以「心函性」、更能「以心盡性」而至於「命」呢？船山言：

> 伯夷、柳下惠體清和而熟之，故孟子謂之為聖，化於清和也。伊尹
> 大矣，而有所勉，夷、惠忘乎思勉，而未極其大。清和未極其大，
> 故中不能止；任者未止乎中，故大不能化。唯孔子存神而忘迹，有
> 事於天，無事於人，聖功不已，故臻時中之妙，以大中貫萬理而皆
> 安也。〔註169〕

按上述之言，孟子在《孟子·萬章下》認為聖人有清者、任者、和者及時者等
不同的價值進路表現；〔註170〕不過，船山針對張子言「所謂聖者，不勉不思
而至焉者也」，〔註171〕而進一步從「志、意之辨」以指出所謂「聖人」是純乎
志以成德而無意。〔註172〕當然，筆者認為船山並無意貶抑伯夷、柳下惠及伊
尹於歷史上被尊稱為聖人的地位；而是在「人文世界」中，不同時代有其不
同的價值典範，而「清」、「和」及「任」者等恰反映聖者於其生存年代的一種
人性價值取向而已。

　　此外，關於孟子言：「充實之謂美，充實而有光輝之謂大，大而化之之謂
聖」，〔註173〕其義為何？按此，就孟子言「大而化之之謂聖」的「聖」，此適
指孔子之能以不思不勉而臻「時中」之妙；但當船山以伯夷、柳下惠對照孔
子時，所謂「清和未極其大」、或「大而不化」，皆指其未極乎光輝於充實。不
過，筆者認為就「聖」者而言，伯夷、柳下惠和孔子三人在生命境界上，都因
所處時代的不同而有價值表現的差別；但是，就人的本質而言，三人皆為儒
家的人格精神典範代表，亦即合天之至善者。

〔註168〕《張子正蒙注》，頁89。
〔註169〕《張子正蒙注》，頁164～165。
〔註170〕參見（宋）朱熹：《四書章句集註》，頁315。
〔註171〕《張子正蒙注》，頁164。
〔註172〕參見《張子正蒙注》，頁258。
〔註173〕（宋）朱熹：《四書章句集註》，頁370。參見《孟子·盡心下》。

　　然而，對船山而言，聖人臻乎「時中之妙」的「時中」意義為何？船山言：「先時不爭，後時不失，盡道時中以俟命。」〔註174〕按此，船山的「時中」觀反映出聖人從容的生命價值，並在從容充實中盡道而俟命；然而，這裡的「從容」並非指閑散的意思，而是體現聖人「大而化之」之美的精神境界。其次，就船山論《易》的機體意義而言，聖人所表現出的精神境界是直覺、當下的，但此處所言的「當下」並不是指對時間進行客觀分析而得的眼前之片刻，而是一種包含著過去和未來於其中的時間；具體地說，船山言「時中」的機體意義，就如施盈佑所認為的那樣，亦即當下的「現在」必須奠基在「過去─現在─未來」的整體觀照下來理解。〔註175〕

　　其實，在當代西方哲學的多元化發展現象中，〔註176〕就以哲學人類學的興起最受重視；特別地，以謝勒為主的哲學人類學，他強調要以「擬神論」的觀點來看待人的本質，而這樣的說法則類似船山之以「知天者」來描述作《易》的聖人；尤其，當船山稱許孔子具有「存神而化迹」的神化不測特質時，此能彰顯聖人之合天之至善，且能窮理盡性以至於命。至於，聖人與君子之間於「性」、「命」上的差別又為何？船山言：「君子有事於性，無事於命，而聖人盡性以至於命，則於命不能無事焉。」〔註177〕按此，君子在天人性命之理上，他不能像聖人之神化无迹，而是要持其志而慎於意，並以「內聖外王」作為職志與理想的肩負。

　　此外，君子之雖以「心函性」而不能有事於命，但《易》卻謀君子於「日新其德」；換言之，君子代聖人之工，以起人文創造之化。事實上，《易·大象》所勸勉者，是為學《易》的君子。因此，君子又如何以「效聖者」的角色而發揚聖人之教呢？船山言：「道通於天化，君子之所必為著明；而天之盛德大業，古今互成而不迫，生殺竝行而不悖，聖人能因時裁成，而不能效其廣大。」〔註178〕按此，聖人既是「知天者」、又能通天人「性命之理」，並合天之至善；至於，君子雖介於「庸」、「聖」之間，但其卻於參贊天地之化育時，以起人文創化而作聖之功。因此，《易》之所以謀於君子，這除了君子可作為

〔註174〕《周易外傳》，頁827。
〔註175〕參見施盈佑：《王船山「時中」觀研究》（臺中，東海大學中文所博士論文，2013年），頁108。
〔註176〕參見高宣揚：《哲學人類學》（臺北：遠流出版，1990年），頁175。
〔註177〕《張子正蒙注》，頁122。
〔註178〕《張子正蒙注》，頁208。

人文創化的承載者外；其次，就所謂「天之希聖」而言，此即孟子所言，約五百年才有聖人誕生，〔註179〕因而不得不勉勵君子以代聖工。底下，筆者介紹君子如何以「立人道」體現天人之理的神聖意義。

三、君子立「人道」以體現天人之理的神聖性

船山闡述《易》之六十四卦之理，他常就卦辭、卦義及卦象之辨，以明「《易》為君子謀」之深意所在；然，聖人作《易》而卻謀之於君子，這除了上節所言之理由外，還有其不得不如此之勢。例如船山於《周易外傳》釋〈小畜〉而言：

> 陽受其止，而密制其機。……夫如是，將鬥陰陽而相制以機乎？曰：
> 非然也。〈小畜〉之時，不數遇也。止則窮，窮則變，故君子以變行
> 權，而厚用其「密雲」之勢。非〈小畜〉之世，无尚往之才，而觸
> 物之止，即用其機，則細人之術也，而又何足以云！〔註180〕

按上述之言，〈小畜〉之「小」為陰，而「畜」之義在於「止」、在於「養」；因而，〈小畜〉之義即陽養陰、或陰止陽。既然陽受陰所止，則陰、陽不能和諧，故《小畜‧彖》言「密雲不雨」，此卦義所然。就〈小畜〉卦象言之，內卦為〈乾〉，而〈乾〉德在於健行；然，九三重剛不中，志在躁進而為四陰所止，故有「輿說輻，夫妻反目」之象。〔註181〕其次，〈小畜〉之外卦為〈巽〉，而〈巽〉德為入；因而，九五言「有孚攣如」，意指五陽下與四陰交好，而六四能以「有孚，血去」化解三陽之「反目」。這麼一來，九五「象」言：「有孚攣如，不獨富也。」按此，五陽之有孚四陰，非一己受益，而三陽亦蒙「有孚」之惠以化解「反目」之困。

依據上述之言，〈小畜〉作為一「小宇宙」，其卦象、卦義及卦德則構成一有機體的環節且相互關聯；然，我們如何就《小畜‧彖》言「亨」以明「彖爻一致」之理呢？對此，〈小畜〉之上九言「既雨既處」，此既言「陰陽之和」以化解「密雲」而下雨，又言「陰」之乘勢得權，故上之爻辭戒「君子征凶」。不過，船山於釋〈小畜〉而提問，此為陰陽相鬥之機？其實不然，此乃天之理數如此，而《易》以〈小畜〉為君子所謀，其在於「以變行權」，而於「密雲

〔註179〕參見（宋）朱熹：《四書章句集註》，頁376。
〔註180〕《周易外傳》，頁848。
〔註181〕《周易內傳》，頁132。

不雨」之際，君子當以「立人道」而有孚於小人，此才能化危機為轉機，而天
人之理亦顯於其中，故「彖」言「亨」之義始明。

　　至於，就人的本質而言，船山主張「庸」之同於「聖」，而聖人作為人類
之圖像，筆者稱之為「知天者」；不過，就人的精神表現而言，聖人是不以聞
見為用，〔註182〕且能超乎聞見以體「盡心存神」之功。〔註183〕因此，「庸」、
「聖」在精神的特性上，其就如孔子於《論語・陽貨》言：「唯上知與下愚不
移」的情形；〔註184〕然而，就《易》而言，聖、庸之「性」雖皆受於天之資，
然是否有「形上」、「形下」的差異之別？船山言：

　　　蓋性者，生之理也。均是人也，則此與生俱有之理，未嘗或異；故
　　　仁義禮智之理，下愚所不能滅，而聲色臭味之欲，上智所不能廢，
　　　俱可謂之為性。而或受於形而上、或受於形而下，在天以其至仁滋
　　　人之生，成人之善，初無二理。但形而上者為形所自生，則動以清
　　　而事近乎天；形而後有者資形起用，則靜以濁而事近乎地。〔註185〕

按上述之言，船山認為人之性乃出於天，因而人之天性是與生俱有之；就如
仁義禮智之理、或聲色臭味之欲，其不論上智、或下愚者，皆天生即蘊涵人
之「性」於其中。因而，上智者既有之「理」，下愚者則不能少；下愚者擁有
之「欲」，上智者卻不能廢。因此，所謂「庸」之同於「聖」的說法，此意指
人在本質上具有一種普遍的共通性。因此，船山之合「理、氣」言性，而非僅
以「理」言性；簡言之，他是以「理欲一致」來看待人性的本質和內涵。

　　關於上智與下愚者，船山以受天所資之仁、善，雖初無差別；然，二者
受之於形上、形下之才情，則有動靜、清濁之分。事實上，聖者之以「動而
清」之質，其可合天之至善；至於，愚劣之庸者則秉持「靜而濁」之性，故其
常昧於仁義而悖於人情之為。不過，就才智而言，「聖」、「庸」二者既處上智、
下愚而有不可移之勢，那麼其又如何位於動而清、靜而濁之間往來，以起「人
文創化」的功用呢？在探討該問題之前，我們可就德國哲學家卡西勒（Ernst
Cassirer, 1874～1945）在《人論》書中如此說：

　　　如果有什麼關於人的本性或「本質」的定義的話，那麼這種定義只

〔註182〕參見《張子正蒙注》，頁364。張載於《正蒙・可狀篇》言：「若聖人，則不
　　　　專以聞見為心，故能不專以聞見為用。」
〔註183〕參見《張子正蒙注》，頁364。
〔註184〕（宋）朱熹：《四書章句集註》，頁176。
〔註185〕《張子正蒙注》，頁128。

能被理解為一種功能性的定義，而不能是一種實體性的定義。我們
不能以任何構成人的形而上學本質的內在原則來給人下定義；我們
也不能用可以靠經驗的觀察來確定的天生能力或本能來給人下定
義。〔註186〕

按照卡西勒之言，關於「人」之本質的界定，此是不能像康德之奠基於道德
主體、且認為人要受「出乎義務」的道德法則所規範那樣；其次，它亦不能像
尼采之經驗主體的說法，並視人為一種能夠許諾的動物。上述所言，何以如
此？那是因為康德是以先驗的道德形上學來規範「人」的本質；至於，尼采
是將人歸為動物的類屬以烘托「人」的形象，但卻忽略了「人」本具有人格精
神中心的內涵。相對於康德、尼采，謝勒則提出「人」是具有「精神」的存有
者；特別的，他認為唯有人才具有其他動物所沒有的「羞恥心」，並藉此承載
精神價值的敞開。

　　至於，就聖人作為「知天者」而言，那麼這裡所謂「知天」的意義，它是
屬於「實體性」、或是「功能性」的定義呢？對此，聖人之所謂「知天」，此並
不限於「天」而已，而是要兼涵「天」、「人」之知；簡言之，唯明於「天人之
理」，那才能了解由天道發用而來的精神價值和內涵；因而，船山如何以功能
性的意涵說明聖人所謂「天」的意義呢？他說：

> 命以吉凶壽夭言。以人情度之，則有厚於性而薄於命者，而富貴、
> 貧賤、夷狄、患難，皆理之所察。予之以性，即予之以順受之道，
> 命不齊，性無不可盡也。〔註187〕

按上述之言，船山認為由天命而來的吉凶壽夭，此乃人各因所遇之氣而受
之；〔註188〕然而，「命」與「性」雖不相離，但聖人則能由「心盡性」以至
於「命」。因此，就人情言之，「性」可以「心」盡之，而「心」於「命」則
無所用其力。不過，船山言：「百年之內，七尺之形，所受者止此，有則而
不能過。」〔註189〕此為船山所謂「形色即天性」的思想體現；〔註190〕換言

〔註186〕（德）Ernst Cassirer 著，甘陽譯：《人論》（臺北：桂冠圖書公司，1990年），
　　　　頁102。英文版見：（德）Ernst Cassirer, *An Essay on Man-An Introduction to a
　　　　Philosophy of Human Culture*（Yale University Press, 1944），pp.67-68.
〔註187〕《張子正蒙注》，頁119。
〔註188〕參見《張子正蒙注》，頁121。
〔註189〕《張子正蒙注》，頁121。
〔註190〕參見《周易外傳》，頁884。

之，關於人的一切天「命」恰能藉由個體的形體來敞開。因而，凡後天涉及天命的富貴、貧賤、患難等，皆位於天人「性命之理」的機體環節之中而生化不已；至於，聖人作為「知天者」，其示人窮理盡性之道，而君子則以「心函性」而求合乎天德，故其性日生日新。

然而，就船山上述認為人情之有厚於「性」，其義為何？就人性而言，人具有仁義禮智之理、亦具有聲色臭味之欲；而所謂「形色即天性」之義，其在求「理欲一致」以合天德。至於，人之「命」是出於時位不齊，而關於「命」的時遇問題，此非人所能強求改變的。其次，人如何在順「命」以盡「性」中努力？若以《易》為君子謀」言之，此即獎勵君子能「立人道」而日新其德。因此，君子作為「效聖者」，並代聖工之責，此更能彰顯「知天者」作為人之本質的界定，因為它並非是形而上的實體意涵，而是一種合形上、形下於一「形」的功能性意義。按此，底下我們則進一步探討君子如何體現「天人之理」的機體進路。

（一）君子之以「動」盡道

《易》為君子所謀如何？船山言：「聖人作《易》，君子占焉，所以善用其陰陽於盡人事、贊化育之中，而非在天有一定之吉凶，人不得而與也。」〔註191〕按此，聖人作《易》，而《易》冒天下之道；君子效法聖人而善用《易》以占，而明人事往來、屈伸之理；其次，船山認為天之理數於吉凶、得失本為一道，因此君子首先在於「立人極」，不應如邵子之《易》而視天地之吉凶、禍福無不可預先知之。然而，君子又如何以「動」參贊陰陽之化育呢？船山言：

> 君子之動也，榮辱貴賤、安危生死之殊絕，喜怒憂樂、釀賞重罰之
> 洊用，敦土以旁行，安身以定交，皆本一誠以先，而洋溢敷施，萬
> 變而无必然之信果。究其所歸，堯、禹異治，姬、孔異教，天下見
> 君子之大，而不見君子之一。〔註192〕

按上述之言，君子不像聖人已到達「合天之至善」，因而其仍處於現實之榮辱、貴賤、善惡之殊異中；特別地，他面對小人圖謀己私之動，更不得不心存畏懼。因此，君子於喜怒、憂樂之時，當秉持誠己、誠物之情；尤其，小

〔註191〕《周易內傳》，頁 612。
〔註192〕《周易外傳》，頁 1042。

人並不以仁義為依歸,凡事常見利而忘義,因而君子之誠未必能孚信於小人之情。不過,君子之動,在於參贊儒家人文世界之創化;因而,君子在輔君治民上應公而忘私,就承續聖學之教而言,他更要不遺餘力。此外,君子當領會聖人「同歸一致」之理,以明天、人之道;這麼一來,凡天地萬事萬物之殊異,包括聖人之異治、異教,其不過皆為陰陽之「藏往知來」而生化不已的現象。

其次,聖人之言「同歸一致」,其不同於老子「抱陽負陰」之說,因為「抱」則終歸於一端,而不能有「兩端一致」之理。不過,何以天下皆見君子遍施其德之大,而不見君子效聖之德而歸天人之道於「一貫」呢?船山言:

> 大哉!絪縕之為德乎!……不息者其惟誠也,不間者其惟仁也,不窮者其惟知也。故君子以之為學,亹勤而不倦;以之為教,循循而不竭,……。而後道侔於天,而陽隆於首出;德均於地,而陰暢於黃裳;天下見其致而樂其仁,天下見其損而服其義,天下見其一而感其誠。〔註193〕

按上述之言,《易》言「陰陽合德」。按此,聖人之崇德廣業即「誠」、「仁」及「智」上的體現,而此絪縕之德存乎天地兩間,它是不曾終止、不曾間斷,亦不可能窮盡的。因而,君子效法天地之大德,終身好學而不倦怠;以《易》之理教人而循序漸進,則道日新而德不枯竭。因此,《易》之道彌綸天地而與天地合備,且〈乾〉剛之道變化,各正萬物之性命,而〈坤〉德順以承天,陰處卦中位而德尊。

至此,君子在精神價值上則另有一番氣象表現;亦即,君子藉由好學、教化、德治等以成就天人之道的功業。此現象就如學者韓民青所言:「人只有從實踐能力上升到更高級的功能,才會實現人與世界的統一,即人全面地擁有無限和永恆的世界。」〔註194〕按此,包括君子在內的行動實踐者,其唯有透過自身於德行上的努力,由低至高階的價值敞開;亦即,人藉由「人格」作為價值的承載,並由生活價值提升到精神的層次、甚至蘊含人之內在神性的啟迪。這麼一來,人並非僅像哲學家萊布尼茲(1646~1716)所

〔註193〕 《周易外傳》,頁 1052~1053。
〔註194〕 韓民青:《當代哲學類學‧第二卷》(南寧:廣西人民出版社,1998 年),頁 231。

認為「沒有窗戶」的個體，〔註195〕而是能以人格構造出一個包含群己關係的「人格世界」，並在此世界中分享神性的本質善；換言之，人若能像聖人那樣而具有「合天之至善」，則其就能擁有無限及永恆的世界。然而，《易》以健順之德為君子謀，而君子又如何以「動」而繼「道」之善呢？船山言：

> 故天崇而以其健者下行，地卑而以其順者上承，虛實相持，翕闢相容，則行乎中者是已。「行乎其中」者，「行乎其中」者，道也，義也。道以相天而不驕，義以勉地而不倍。健順之德，自有然者，而道義行焉。繼善以後，人以有其生，因器以為成性，非徒資晶耀以為聰明，凝結以為強力也。繼其健，繼其順，繼其行乎中者，繼者乃善也。〔註196〕

按上述所言，《繫傳》言「一陰一陽之謂道，繼之者善也，成之者性也。」按此，〈乾〉健、〈坤〉順其絪縕之德存乎天地之間，而陰陽處虛實、翕闢以保合太和。因此，「太極」之動，是无不極而无專極者；〔註197〕換言之，此意指其非如上帝的專極，且由打散一神，而落於氣化的泛神，故无不極。不過，關於船山於《周易稗疏》言：「今觀萬物之生，其肢體、筋脈、府藏、官骸，……皆天之聰明，從未有之先，分疏停勻，以用地之形質而成之。」〔註198〕按此，船山是從機體生化歷程以看待《易》處天、人之際所發用的和諧狀態，而此反映《易》的太和精神；然，熊十力先生卻以「目的論」視之。〔註199〕其實，就太極之動而言，它是本於「無心」的機體歷程，而不應以人為「有心」的目的論來看待它，況且人作為一有機體的「小宇宙」，他於身、心上的變化亦非內在的意志所能左右的。

其次，君子以動繼《易》之「道」，而「義」即寓於其中，因為君子以善善相繼之動而參贊天地之化育，此乃孔子之所謂「至仁大義」的發用；換言之，聖人不僅不會摒棄萬物，甚至還視天地萬物為一己性內之事。〔註200〕因

〔註195〕參見（德）G. W. Leibniz 著，錢志純譯、導論：《單子論》（臺北：五南出版社，2009 年），頁 77。英文版見：Nicholas Rescher, *G. W. Leibniz's Monadology*（University of Pittsburgh Press, 1991），p.17. "Monads just have no windows through which something can enter into or depart from them."
〔註196〕《周易外傳》，頁 1012。
〔註197〕參見《周易外傳》，頁 990。
〔註198〕《周易稗疏》，頁 782。
〔註199〕參見熊十力：《新唯識論》（臺北：洪氏出版社，1974 年）卷下，頁 52。
〔註200〕參見馬一浮：〈講錄卷五·洪範約義三〉，《復性書院講錄》（臺北：廣文書局，

此，聖人與天地萬物之間的關係，其就像王國維於《人間詞話》所言的「不隔」狀態；〔註201〕因而，就哲學人類學而言，所謂「不隔」之義，此即君子效法聖人，並以行動「我」而位於世界之內。這麼一來，君子行於〈乾〉健、〈坤〉順之生化不已的世界中，他是以一種「自律」的行動來承擔人文世界的創化責任；而此種情形，就像馬一孚（1883～1967）先生所認為的那樣，凡關於能承載六藝之價值、且參贊天地之化育者必定是君子和聖人。〔註202〕

相對於《易》所言的君子，康德在哲學上提出的「我」，其並非是一個活生生、有血有肉的行動「我」，而是如牟宗三先生所言的「超越的、統覺的我」或即邏輯的「我」；〔註203〕換言之，康德所謂的統覺「我」，其是位於現實之外，並與生活世界不相容，以致二者有所「隔」。然而，儒家的君子又如何以「動」而繼「道」之善？亦即，他是如何與生活世界「不隔」，並具有體現天、人之道的行動？船山言：

> 是故天地之以德生人物也，必使之有養以益生，必使之有性以紀類。養資形氣，而運之者非形氣；性資善，而所成者麗於形氣。運形者從陰而濁，運氣者從陽而清。清濁互凝，以成既生以後之養性，濁為食色，清為仁義。其生也相運相資，其死也相離相返。離返於此，運資於彼。則既生以後，還以起夫方生。往來交動於太虛之中。〔註204〕

按上述之言，人物之生是本於「陰陽合德」；然，君子是否德位兼備呢？對此，馬一孚先生言：「大人、君子唯是以德為主，實證此德謂之成性，亦謂之成位，亦謂之成能，即是成己、成德、成業也。」〔註205〕按此，君子未必像作《易》的聖人那樣，是德位兼備；然，君子藉由德行的精進以期崇德

1964年），頁17。見氏言：「古之所謂事者，皆就己言。自一身而推之天下，皆己事也。故曰己外無物，聖人無己，靡所不已。宇宙內事，即吾性分內事。」

〔註201〕 參見王國維著，藤咸惠校注：〈略論王國維的美學思想〉，《人間詞話新注》（臺北：里仁書局，1987年），頁15。見氏言：「『大家之作，其言情也必沁人心脾，其寫景也必豁人耳目。其辭脫口而出，無矯揉妝束之態。』這就是『不隔』。」

〔註202〕 參見劉樂恆：《馬一孚六藝論新詮》（上海：上海古籍出版社，2015年），頁141。

〔註203〕 參見牟宗三主講，林清臣記錄：《中西哲學之會通十四講》（臺北：臺灣學生書局，1990年），頁114。

〔註204〕 《周易外傳》，頁1044。

〔註205〕 馬一孚：〈講錄卷六·觀象卮言七〉·《復性書院講錄》，頁64。

廣業，並反求諸己而溯及天命之源，故能成性存存以繼道之善。

　　既然君子由天地資之以生，而生之則養之；然，養之而性已寓於其中，此即養資形氣、性資善之理。就《易》而言，陽主生、陰主成，而人物之承受「陰陽合德」以生，而「形」以成；然，「形」不足自運，而必有賴於「神」，故所謂「形非神不運，神非形不憑。」〔註206〕按此，船山並不以唯物之「形」作為人的形象、亦不單憑唯心之「心」來看待人這個存有者，而是主張「形神相倚」、或即「心物相函」。不過，學者夏劍欽則將船山歸為舊唯物主義者而認為船山不了解人處於社會實踐的依賴關係。〔註207〕其實，就哲學人類學而言，人是否能了解社會實踐的關係，這跟唯心、唯物不相關涉，因為人於誕生之時，他就處於社會之中；而船山所謂「以心盡性」，即人在於尋求「人與自身」、「人與他人」之關係的實踐歷程。尤其，船山主張「形色即天性」，此說明「心」是函「身心一體」以盡人之天性；因而，我們不宜將船山思想歸於唯心、或唯物的任一端。大致說來，唯有以「心物相函」看待人，人才不會陷入與他人、天下、或世界相隔閡的困境。

　　因此，船山認為陽為清、陰為濁，而陰陽、清濁皆處於相資、相離的變動不居之中，此即船山言「太極有於《易》以有《易》」的深意所在。然而，君子效法太虛之「動」而如何盡「道」之善？船山言：

　　　　君子困有形之耳目官骸，即物而盡其當然之則，進退、舒卷各有定
　　　　經，體無形有象之性，以達天而存其清虛一大之神，故存心養性，
　　　　保合太和，則參兩相倚以起化，而道在其中矣。〔註208〕

按上述之言，君子下學而上達，因而能提升一己的精神價值，而不為感官耳目之見所困；然，君子如何成己、成物以盡事物之理？對此，船山言：「凡天下之物，一皆陰陽往來之神所變化。物物有陰陽，事亦如之。」〔註209〕按此，船山認為盈天地之間皆陰陽，〔註210〕而事物處消息、盈虛、屈伸而起陰陽不測之化，此即顯「同歸一致」之理。太虛者，動而不息不滯，而君子於進退、

〔註206〕《周易外傳》，頁862。

〔註207〕參見夏劍欽：《王夫之研究文集》（石家莊：河北教育出版社，1995年），頁60。

〔註208〕《張子正蒙注》，頁46。

〔註209〕《張子正蒙注》，頁107。

〔註210〕參見《周易內傳》，頁525。船山言：「……。不可強同而不相悖害，謂之太和，皆以言乎陰陽靜存之體，而動發亦不失也。然陰陽充滿乎兩間，而盈天地之間唯陰陽而已矣。」

出處及語默，能效法太和屈伸之化，並以之為經而體誠存性。

　　關於君子如何體「誠」之至？船山言「人之生也，君子而極乎聖」，〔註211〕按此，君子作為效聖者，他能以「人格」承載人倫價值而合天之善，並達至「知天者」的聖人境界。不過，體誠之至的君子，其如何「代聖之工」而通於「神」呢？船山言：「至誠體太虛至和之實理，與絪縕未分之道通一不二，是得天之所以為天也。其所存之神，不行而至，與太虛妙應以生人物之良能一矣。」〔註212〕按此，君子體誠存性的「性」是無形而有象，故唯藉由誠之幾動以體太和之理，而天人之道存乎其中。

　　不過，由「體誠」而存的「清虛一大之神」，其如何妙應人性的本質善呢？其實，君子體誠而得之太和實理，它是處在機體生化之中而綿延不已，此就如《乾·象傳》言：「乾道變化，各正性命，保合太和，乃利貞。」按此，人承〈乾〉德之健，動而不息，並於體誠之中，而得性之所正；至於天之「誠」，而人以「誠之」，此乃陰陽、性命處於絪縕未分的保合太和之狀態中，並能利「貞」。然而，君子所「貞」之利為何？此如《繫傳》言：「天下之動，貞乎一者也」中所言之「貞」；然，君子之所「貞」，其並非如釋、老之說，流於或空、或無之一端，而是一曲之發即全體所見；〔註213〕換言之，君子之以存心養性立「人道」，而可極乎《易·說卦》所言的三才之道。至此，所謂天人合於「性命」之理，體現在君子承聖之祐，並得天而存清虛之神。歸結上述之言，關於「《易》為君子謀」中，「人與神聖性」的關係，此恰可藉由君子之存心養性，而求合於天德以彰顯出來。下一節，筆者將針對君子如何得天以助人而闡述之。

（二）君子立「人道」而得天助人

　　按上一節之言，聖人因能知天，故其能延「天」祐人；〔註214〕至於，君子則盡人而求合於天德，以明辨天人之理，故其在於得「天」助人。然而，船山又如何闡述「天」的意涵？他說：

　　　聖人言天，異端言心。程子或以答問者，砭其枯守此心強為思索之

〔註211〕《張子正蒙注》，頁11。
〔註212〕《張子正蒙注》，頁34。
〔註213〕參見《張子正蒙注》，頁147。船山釋《正蒙》言：「故思盡其心者，必知心所從來而後能」之義。
〔註214〕參見《周易外傳》，頁993。

病，非通論也。《莊子》一書，止是「天」字。老子道（德）【法】
自然，自然者，天也。浮屠一真法界，亦天也。不體天於心以認之，
而以天道為真知，正是異端窠白。〔註215〕

按上述之言，就船山而言，聖人所言之「天」，此是合「天人性命」之理的
「天」，〔註216〕而這裡的「天」是人奠基於「主、客相函」之前提而所把握
的「天」；然而，船山之言「天」，其與佛、道兩家的主張有何不同？學者朱
伯崑說：「聖人總是以不能盡性為憂，主張盡人道，而不像佛道兩家那樣，
棄人事而妄求同于天。」〔註217〕按此，船山認為作《易》的聖人所憂之思，
在於「人道」不盡、在於不能「以心盡性」；相對地，佛、道兩家，其不但
不能以人事天，而且又妄求同於天，甚至陽明則從人道言天道而混淆了天
人的分際。〔註218〕因此，船山所言之「天」，此並不同於陽明之源於主觀的
唯心的意涵。不過，船山所言之「天」，其是否像荀子所主張而具有客觀內
涵的自然天？〔註219〕他說：

今夫日沒月晦，天之行度不懵，人則必以旦晝為明矣；跖壽、顏么，
天之彰癉不妄，人則必以刑賞為威矣。犬馬野視，鴟鵂晝暗，龍聽以
角，蟪語以鬚，聰明無方，感者異而受者殊矣。人死於水，魚死於陸，
巴菽洞下而肥鼠，金屑割腸而飽獏。西極之鳥樂於刮脂，魯門之禽悲
於奏雅，歆者異而利者殊矣。故人之所知，人之天也；物之所知，物
之天也。若夫天之為天者，肆應無極，隨時無常，人以為人之天，物
以為物之天，統人物之合以天化，各正性命而不可齊也。〔註220〕

按上述之言，船山認為天地、日月是依照自然的法則運行，而不會有所差錯
的；然而，何以人必須以旦晝為「明」呢？船山言：「天地始者今日也，天地
終者今日也。」〔註221〕又言：「未生之天地，今日是也；已生之天地，今日是

〔註215〕（清）王夫之：《船山全書》第 12 冊，《搔首問》，頁 647～648。

〔註216〕參見《周易內傳》，頁 505～506。船山雖強調天人性命之「命」、及天人性命
之「理」；然，筆者認為我們可藉船山言「天人性命」而深入了解他對「天」
的看法。

〔註217〕朱伯崑：《易學哲學史·第四卷》，頁 247。

〔註218〕參見朱伯崑：《易學哲學史·第四卷》，頁 247。

〔註219〕參見（日）宇野精一編，洪順隆譯：《中國思想（一）——儒家》（臺北：幼
獅文化公司，1977 年），頁 93。

〔註220〕（清）王夫之：《船山全書》第 2 冊，《尚書引義》卷一，頁 270～271。

〔註221〕《周易外傳》，頁 979。

也。唯其日生，故前无不生，後无不生。」〔註222〕按此，船山是以機體的時間觀看待天地的運行，而所謂「機體性時間」其是不同於可計量的「客觀性時間」，〔註223〕因而人可藉由對「今日」的當下直覺，而去把握一個包含著過去、現在及未來的天地變化內涵；換言之，天地之始終即為今日，並且能由「今日」之一曲而見天地全體。因此，唯盡人的「今日」識知，則人「性」始能日生日成，而「人之天」之義才彰顯出來。

至於，船山所謂「天之天」，其義為何？船山是如此認為，亦即「天地與我同根，萬物與我共命」而其道則無法以「善」繼之；〔註224〕這麼一來，此就如《莊子・田子方篇》云：「夫天下也者，萬物之所以一也。」〔註225〕按此，如果「天」不存在所謂「人之天」、「物之天」的區別，那麼人所承受的天命就不能相繼不已；換言之，所謂「同根」、「共命」，此即「去人存天」以達「以天合天」的說法。〔註226〕因而，「天」之義為何？船山認為其應區分「人之天」、「物之天」之別，並使不齊之萬物各得其性命；如此，「人心」才不會昧於「道心」而妄於同「天」。

其次，船山之機體生化的「天」，其是否具有賞善罰惡的意志呢？事實上，船山所言之「天」，其既不是墨家所言之具賞罰權力的意志人格天，〔註227〕亦不是董仲舒之以天人感應及陰陽五行解釋災異的天，〔註228〕而是「天即誠」且「誠天化理」。〔註229〕大致說來，船山所言之「天」，它是可藉由人的努

〔註222〕《周易外傳》，頁885。

〔註223〕參見（德）Max Scheler 著，陳仁華譯：《位格與自我的價值》，頁124。見氏言：「在我們的生命未到達終點之前，過去的全體便從未停止把我們將如何解釋它這一問題呈現到吾人眼前，至少就它的意義來說是如此。因為只當客觀時間的一個片段進入我們識知為吾人過去的經驗的那種延伸範疇時，它便立刻被剝除自然的過去事件所擁有的那種必然性與完成性。這一時間內容，作為過去，變成了『我們的』－它被攝屬在位格自我的力量之下。因此，我們每一部分的過去能對我們的生命意義所起的作用的本質及範圍，在我們生活中的每一環節裏，仍舊落在吾人能力範圍之內。」

〔註224〕參見《周易外傳》，頁1007。

〔註225〕（東周）莊周著，（清）郭慶藩編、王孝魚整理：《莊子集釋》，頁714。

〔註226〕參見（日）宇野精一主編，邱榮鐊譯：《中國思想（二）——道家與道教》，頁122。

〔註227〕參見（日）宇野精一編，林茂松譯：《中國思想（三）——墨家・法家・邏輯》（臺北：幼獅文化公司，1977年），頁15。

〔註228〕參見（日）宇野精一編，洪順隆譯：《中國思想（一）——儒家》，頁120。

〔註229〕參見（清）王夫之：《船山全書》第6冊（《讀四書大全說》），頁1111。

力而逐漸認識；相對地，此並不像荀子所言之自然天而能獨立於人的道德意味之外。〔註230〕不過，君子又如何由「窮理」以明天、人之理？船山言：「道行於〈乾〉〈坤〉之全，而其用必以人為依。」〔註231〕又云：「以人為依，則人極建而天地之位定也。」〔註232〕按此，君子唯有立「人道」以即天窮理，那麼人才能以一己之努力參贊天地之化育，並期達至《中庸》所言：「致中和，天地位焉，萬物育焉」的太和境地。〔註233〕

然而，何以船山所言之「天」其可通賢智、愚不肖而一致？船山言：「聖人所用之天，民之天也；不專於己之天，以統同也；不濫於物之天，以別嫌也；不僭於天之天，以安土也。」〔註234〕按船山言，「凡民」的本質是同於「聖」人，而二者所用之天亦同；簡言之，聖賢、愚不肖，皆隸屬於同一個「天」。其次，船山反對莊子的齊物之說，以免濫於物之「天」。最後，莊子、董仲舒或墨家所言之天，皆有僭於「天之天」之嫌。因此，唯有區分「人之天」與「物之天」、並駁斥「天之天」之妄，那才能在天命流行的生化過程，合天之化而各正性命。

就「《易》為君子謀」而言，君子立「人道」之義為何？船山言：

> 能率吾性之良能以盡人事，則在天之命，順者俟之，逆者立之，而人極立，贊天地而參之矣。蓋一事之微，其行其止，推其所至，皆天理存亡之幾。精義以時中，則自寢食言笑以至生死禍福之交，皆與天道相為陟降。〔註235〕

按上述之言，君子之以「心函性」而天人之理備焉，即天地萬物之理，皆可由吾心之良能以盡之；然，心所不及而道亦不在，〔註236〕此即《正蒙・誠明篇》言「性不知檢其心」之理。《易》之筮，即天命之所示，而君子之「以人事天」

〔註230〕參見趙士林：《荀子》（臺北：東大圖書公司，1999 年），頁 88。見氏言：「比照前述荀子『天論』，可以見出荀子完全否棄了這個（孔孟）內聖之學的形上層面。『天人之分』既刪除了『天』的道德意味，又推翻了『天』的主宰地位，所謂『天』，不過就是遵循著固有規律運行的物質性宇宙、客觀的大自然。」
〔註231〕《周易外傳》，頁 850。
〔註232〕《周易外傳》，頁 852。
〔註233〕（宋）朱熹：《四書章句集註》，頁 18。
〔註234〕（清）王夫之：《船山全書》第 2 冊，《尚書引義》卷一，頁 271。
〔註235〕《張子正蒙注》，頁 309。
〔註236〕參見《張子正蒙注》，頁 182。

為順，故樂天知命而不憂以俟命；〔註237〕其次，若君子受困於小人而逆，則安土敦仁而能愛以立命。〔註238〕因而，處於或順、或逆的君子，他以「樂天安土」體現「人與自身」的關係；以「不憂能愛」揭示「人與他人」的態度；以「俟命、立命」意味「人與神聖性」的關聯。按此所言，君子的立人之道，其蘊涵著一種隸屬於哲學人類學的思維內涵。

然而，君子率本性之良能而所盡之事如何？船山言：

> 我之性，乾坤之性，皆不越陰陽健順之二端，純駁、良楛、靈蠢，隨其質而皆兼體。健順剛柔，相須以濟，必感於物以生其用，而二端本太和，感之斯合矣。以知聲色、臭味、君臣、賓主、賢愚，皆吾性相須以合一之誠，不容滅也。〔註239〕

按上述所言，由天命所降之性，其既是乾坤之性、亦為人之性；然而，天命的發用則始終處於「機體生化」的歷程，而人之性卻位於此生化的環節之中，亦即處於「機體綿延」的狀態中。因而，包含純駁、良楛、靈純等性之質，其所具有的特性，皆與陰陽、健順之兩端相呼應；簡言之，此天人之道即發用於「兩端一致」之理中。其次，不論一事之或行或止，其就如天道之健順剛柔，皆能由吾性之誠以見事之微，並推至天理存亡之幾；換言之，君子以「心函性」，並以「心」識知天命之所發、天理之所備，故能得「天」之精義所在。這麼一來，聲色、臭味、君臣、賓主、賢愚等現實世界之事，皆處太和相須相濟；因而，其亦無不處於「時中」而生化不已，並據此以彰顯「人文創化」之功用。

至於，船山所謂「天」是為「民之天」；然，君子如何由得天以助人？換言之，君子如何「即民以見天」及「援天以觀民」呢？首先，船山言：

> 尊無與尚，道弗能踰，人不得違者，惟「天」而已。曰：「天視自我民視，天聽自我民聽」，舉天而屬之民，其重民至矣。雖然，言民而繫之天，其用民也尤慎矣。〔註240〕

按上述之言，所謂「言民而繫之天，其用民也尤慎」，其義為何？對此，我們要問：用民者是誰？這當然是「君」王；因而，《孟子‧盡心下》言：「民

〔註237〕 參見《周易內傳發例》，頁674。
〔註238〕 參見《周易內傳發例》，頁674。
〔註239〕 《張子正蒙注》，頁365。
〔註240〕 （清）王夫之：《船山全書》第2冊，《尚書引義》卷四，頁327。

為貴，社稷次之，君為輕。」〔註241〕按此，孟子認為國家是以「民」為本，而無民則國之不立。至於，君的王位是否可以替換呢？孟子言：「聞誅一夫紂矣，未聞弒君也。」〔註242〕因而，「君」之所以為君，此並非是必然的；唯有當君王肩負起保民、治民的責任時，他才不會悖離為君之道而被人民所唾棄。

其次，關於儒家探討「君」與「天」的關係如何？孔子在《論語·泰伯》曰：「大哉堯之為君也！為巍巍乎！唯天為大，唯堯則之。」〔註243〕按此，堯為君之德，崇高而超乎言語所能稱頌的；然，堯之德出於天、且效法天。若據此所言，並與孟子言「天視自我民視」相結合而推衍之，則「天」、「君」及「民」就構成一個三角結構關係，亦即天決定君、君決定民、民決定天的關係。〔註244〕不過，按《詩》言「天命靡常」之意，〔註245〕此意味無德之君不能為「天」所容；換言之，君治民之道須以「德」為依歸。此外，船山言天人之關係，他除了認同孟子的「民本」主張外，其又如何進一步闡述「天」、「民」之間的關係？船山說：

> 故可推廣而言之曰：「天視聽自民視聽」，以極乎道之所察；固可推
> 本而言之曰：「民視聽自天視聽」，以定乎理之所存。之二說者，其
> 歸一也，而用之者不一。展轉以繹之，道存乎其間矣。〔註246〕

按上述所言，孟子主張「天視聽自民視聽」，此是從「人」的面向以闡述天人關係的見解；然，就《繫傳》言「神以知來，知以藏往」而言，「天視聽」和「民視聽」，二者之關係是要處於「兩端一致」之中，而不能僅陷於單向的一端。因為「天視聽自民視聽」其只處於「天」之機體生化流行的某一環節中；然而，此環節並非是根本的，因而就「天」之本以推之，則可明「民視聽自天視聽」之理存乎其中。

不過，就「《易》為君子謀」而言，《易》獎君子為功於成性；〔註247〕另外，《繫傳》又言：「一陰一陽之謂道，繼之者善也，成之者性也。」因而，君

〔註241〕（宋）朱熹：《四書章句集註》，頁367。
〔註242〕（宋）朱熹：《四書章句集註》，頁221。
〔註243〕（宋）朱熹：《四書章句集註》，頁107。
〔註244〕參見黃玉順：《易經古歌考釋（修訂本）》，頁407。
〔註245〕參見高亨：《詩經今注》，頁370。見〈大雅·文王之什·文王〉。
〔註246〕（清）王夫之：《船山全書》第2冊，《尚書引義》卷四，頁327。
〔註247〕《周易外傳》，頁1007。

子要「成性」，其首先要能「繼善」，而船山則據此演繹出一套「繼善成性」的
理論。〔註248〕至於，君子又如何看待「天」與「民」的關係呢？大致說來，
君子不但要重視養民、治民的生存問題，同時也要藉教化以啟迪人民的心智
和德性；然，當船山以「天」、「民」為二端且尋求「兩端一致」時，則君子如
何以立「人道」而得天助人呢？船山言：

> 由乎人之不知重民者，則即民以見天，而莫畏匪民矣。由乎人之不
> 能審於民者，則援天以觀民，而民之情偽不可不深知而慎用之矣。
> 蓋天顯於民，而民必依天以立命，合天人於一理。天者，理而已矣。
> 〔註249〕

按上述之言，如果人能「即民以見天」，則必察「天視聽自民視聽」之理；
換言之，由視聽而聰明、而好惡、而德怨等天性，〔註250〕皆可逐次推衍得
之。這麼一來，人性不違天性，故所謂「匪民」，其雖未「繼善」，但天性仍
備於人性之中，故不足畏懼。其次，要是人能「援天以觀民」，則可明「民
視聽自天視聽」之理；然，何以船山於上述言「用民必慎之」呢？他說：「民
之重，重以天也。」〔註251〕按此，「慎用民」之義，在於「君」如何用「民」。
然，用「民」之道，是在於顯天道以昭人道；因而，唯天道顯於民，民才能
依天立命。

　　既然，民能依天立命，那麼民就能「繼善成性」以合天人於一理；至於，
民如何能立命、奉天而循之以「繼善成性」之途？船山言：「天之待聖人，
聖人之待君子。」〔註252〕按此，聖人是知天者，並能延天祐人；而君子承
聖人之祐者，〔註253〕以得天助人。君子「得天助人」之道，在於使「民」
依天立命、奉天知命，並循之以繼善成性；至此，民之視聽審、好惡貞、聰
明著、德怨清，〔註254〕是以民之成性存存。〔註255〕此即類似〈革〉之上六
言「君子豹變，小人革面。」按此，小人順以從天君，而小人革面之情亦可

〔註248〕 參見侯外廬、邱漢生、張豈之主編：《宋明理學史·下卷》（北京：人民出版
　　　　社，1987 年），頁 915。
〔註249〕 （清）王夫之：《船山全書》第 2 冊，《尚書引義》卷四，頁 327～328。
〔註250〕 參見（清）王夫之：《船山全書》第 2 冊，《尚書引義》卷四，頁 328。
〔註251〕 （清）王夫之：《船山全書》第 2 冊，《尚書引義》卷四，頁 328。
〔註252〕 《周易外傳》，頁 995。
〔註253〕 參見《周易外傳》，頁 993。
〔註254〕 參見（清）王夫之：《船山全書》第 2 冊，《尚書引義》卷四，頁 329。
〔註255〕 參見《周易外傳》，頁 1013。

為君子；相對地，民之立命、知命且「繼善成性」，則民亦可極乎君子、極乎聖人，因而《孟子·告子下》言：「人皆可以為堯舜」之說，此恰反映出一種哲學人類學的思維。下一小節，筆者申述體「誠」者之義，並藉此呈現君子的人格形象，底下敘述之。

（三）體「誠」者：君子的人格形象

君子如何體現其特有的人格形象？學者肖劍平則從主動、好學力行、尚志、適欲、樂交往與文質兼備等面向，〔註256〕以探討君子的人格特性。不過，就《易》言天人之理而視之，筆者認為我們應將君子理解為體「誠」者的角色，或許會更為恰當。因為君子的人格並不侷限於人倫世界而已，而是要將他歸為一個隸屬於合天人之理的框架中，這樣才能彰顯君子於《易》中的地位和形象。

至於，船山如何從「用以立體」來看待君子應當「致曲有誠」的問題？他說：「君子不廢用以立體，則致曲有誠。誠立而用自行。逮其用也，左右逢原而皆其真體。」〔註257〕按此，君子於《易》之用，就如《周易外傳·大有》所言「用有、體有」，故君子能由用以得體。其次，上述包括君子主動、好學力行等等之言，其皆致一曲以見「誠」體；換言之，君子藉由體誠存性，並於誠之幾動而見「誠」之全體。至於，何以「誠」立而其發用不已呢？船山言：「性以理言，有其象必有其理，惟其具太和之誠。」〔註258〕按此，《易》有象，而《易》之象皆蘊涵天人之理；因而，君子於此天人之理中以體「太和之誠」。

然而，君子又如何以「動」體「太和之誠」呢？船山言：「天下日動而君子日生，天下日生而君子日動。動者，道之樞，德之牖。《易》以之與天下均其觀，與日月均其明，而君子以與《易》均其功業。」〔註259〕按此，君子的人格是藉由「以動盡道」來體現，且當天道流行時，則君子所體之「太和之誠」必蘊涵著性、理於其中；換言之，船山所言之性、理是始終處於「太和之氣」的發用中，〔註260〕因而理、氣是相即不離而發用。相對地，朱熹雖言「理

〔註256〕參見肖劍平：《王船山人格思想研究》，頁212～220。
〔註257〕《思問錄內篇》，頁417。
〔註258〕《張子正蒙注》，頁46。
〔註259〕《周易外傳》，頁1033。
〔註260〕參見《張子正蒙注》，頁54。船山言：「太和之氣，陰陽渾合，互相容保其精，得太和之純粹，故陽非孤陽，陰非寡陰，相函而成質，乃不失其和而久安。」

氣不離不雜」，但當理氣處於「不雜」之時，則「理」是可不依賴天地萬物而獨立、永恆存在。〔註261〕不過，君子如何以動盡「動」呢？船山認為有情、有才雖可偕於禽魚、野人而動，〔註262〕但唯其有道才能偕於君子而動。〔註263〕至於，《易》為君子所謀之「動」，是貞夫一而動；而所謂明「貞一而動」之理，則在於知時、知幾；〔註264〕換言之，君子能明時，並以誠之幾動而函天人性命之理。因此，君子體「誠」即在於體「太和之誠」。

此外，君子「動以盡道」的「動」，其本義即是體「誠」之繼；因而，所謂人之「繼善成性」，其無非是體「太和之誠」的善善相繼。這麼一來，君子如何體「太和之誠」而為功於性呢？船山言：

> 以陽繼陽，而剛不餒；以陰繼陰，而柔不孤；以陽繼陰，而柔不靡；
> 以陰繼陽，而剛不暴。滋之无窮之謂恆，充之不歉之謂誠，持之不
> 忘之謂信，敦之不薄之謂仁，承之不昧之謂明。凡此者，所以善也。
> 則君子之所以為功於性者，亦而已矣。〔註265〕

按上述之言，不論陽繼陽、陰繼陰、陽繼陰、或陰繼陽，皆說明陰、陽是以保和太合而生化不已流行及發用；此外，《易》之爻是以剛柔代陰陽而稱之，〔註266〕因而所謂不餒、不孤、不靡和不暴等，在於指出「爻」與「爻」之間存在剛柔之節、進退之度的現象；亦即，「爻」於其所處之時位中，包含著乘、承、應、比的內在互動關係。其次，恆、誠、信、仁、明為五項德行，而君子是以人格承載之而達至「繼善成性」的功用。大致說來，君子可取法〈恆〉之九三「不恆其德，或承之羞」之「恆」；或可取法〈大有〉六五「厥孚交如」之「誠」；或可取法《中孚·象傳》言「信及豚魚」之「信」；或可取法〈復〉之初九「不遠復」之「仁」；或可取法《離·象》言「大人以繼明照四方」之「明」等等，其皆體現船山之所謂「太和之誠」的價值內涵。

關於船山如何就天道、人道的不同面向以言「誠」呢？他說：「太虛，一實者也。故曰『誠者天之道也』。用者，皆其體也。故曰『誠之者人之道

〔註261〕 參見侯外廬、邱漢生、張豈之主編：《宋明理學史·上卷》（北京：人民出版社，1984年），頁382。
〔註262〕 參見《周易外傳》，頁1032。
〔註263〕 參見《周易外傳》，頁1032。
〔註264〕 參見蕭萐父、許蘇民：《王夫之評傳》，頁262。
〔註265〕 《周易外傳》，頁1007。
〔註266〕 參見《周易內傳發例》，頁659。

也』。」〔註267〕按此，船山言「太虛」，此「虛」非老、莊所言之「虛」，而是指「動」而不已；因而，「誠」為天道，其可通「太極」之體，故動而不滯。其次，船山言《易》則強調「體以致用」、「由用得體」，而人藉由體誠存性以明天人之理，因而「誠之」為人道；而人由「誠之」而知幽、知明，故太極之用動而不息、無時而止。然而，船山如何說明「誠明」者之看待性與天道，其無大小之別？他說：

> 通事物之理、聞見之知與所性合符，達所性之德與天合德，則物無
> 小大，一性中皆備之理。性雖在人而小，道雖在天而大，以人知天，
> 體天於人，則天在我而無小大之別矣。〔註268〕

至於，《中庸》言「誠者物之始終，不誠無物。」〔註269〕按此，君子能誠己、誠物，並合人、我為一，而此即上述船山所認為的道理；換言之，通誠者必於體「誠」之幾動而見天道、性命之全體，故能合「誠」、「誠之」以言天人性命之理。其次，君子由體「誠」以盡一己之力而求合乎天德，並合存養盡性、學思窮理於一體；因而，若君子藉「心函性」以盡性、並以「誠」、「明」為二端，則二者可達於「兩端一致」之理。不過，君子之以「心函性」的做法，〔註270〕此不像陽明強調「心即理」，故陷於天人不分的一端之執；而是一旦其「心」處於誠之幾動，則必能以無私、剛直之心擴充之，故終與天地合其德。

大致說來，君子之以「心函性」而求合乎天德，此在於「即天窮理」；然而，船山如何說明天、人、理，三者之辨？他於《讀通鑑論》云：「以理律天，而不知在天者之即為理；以天制人，而不知人所同然者即為天。」〔註271〕按此，若人為主體，天為客體，而人如何「即天窮理」呢？事實上，所謂合天人之理的「理」，它是由主體函客體、再以「主客相函」作為新主體以函新的客體；換言之，當「人」之以主體想企圖去了解、把握「天」這個客體時，人即處於「人之天」的情境，並合天人之理；然，此時「人之天」的「人」則非先前的那個人，而是成了另一個對天人之理有某種體會的「人」；其次，若以後者「人之天」的「人」為主體，再去把握「天」這個客體時，那麼此時則進入

〔註267〕《思問錄內篇》，頁402。
〔註268〕《張子正蒙注》，頁113。
〔註269〕（宋）朱熹：《四書章句集註》，頁34。
〔註270〕船山所言之「心函性」，可概略理解其是心學、理學及氣學的總合。
〔註271〕（清）王夫之，《船山全書》第10冊（《讀通鑑論》），頁698。

第二層「人之天」的含意裡，並能對天人之理有更深一層的領會。按此類推之，人所知之「天」即「天為氣」、「天為誠」；因而，所謂「即天窮理」之義有二：其一，若「天為氣」，則「天之氣」有「氣之理」；其二，如果「天為誠」，那麼可以「誠天」而化「理」。

　　船山認為「天」本無體，〔註272〕是以當人尋求知天、體天之理時，「天在我」即成為「我之天」；因而，所謂「即天窮理」的「天」，此可視為君子之「窮理盡性」的發用過程，故「天」在我並無小、大之別。既然「天」無體，則君子又如何得天助人呢？對此，君子應該去體會「太和之誠」以合天人性命之理。不過，這裡所言的「性命之理」，其揭示君子於天命相繼流行中所成之性；亦即，包括誠、信、恆、明、仁等五德行。然，在此五德行中則以「誠」、「明」二者能涵蓋天人之道；簡言之，「自誠明」是指由天道而人道，而「自明誠」則意味由人道而天道，是以君子由體「太和之誠」而得以復見天地之心。

　　既然，君子得「天」之歷程，在體誠存性、在復見天地之心；因而，恆、信、仁之德行即內涵「誠」、「明」為兩端的天人流行發用中，並於「誠」之幾動，即能顯天道以昭人道之「蘊」；換言之，「《易》為君子謀」的內涵，是著眼孔子於《繫傳》揭示的至仁大義。因此，君子之藉由體「誠」存性、體「太和之誠」，並得以承載天人之際的德行價值。此外，君子如何以立「人道」而極乎三才之道？對此，君子除了以好學力行、尚志體現「人與自身」的關係，亦以樂交往、文質兼備體現「人與他人」的關係；其次，君子又以「動」盡道，並體《易》之神而不測的「太和之誠」，因而「人與神聖性」之關係寓於其中。這麼一來，君子由體「誠」而用「誠」，並合「誠」、「誠之」以明天人之理；如此，君子作為體「誠」者，並突顯其參贊天地化育的人格形象，而此亦符應當代哲學家謝勒認為「人」是為「精神存有者」的哲學人類學特色。

四、小　結

　　船山承繼張載言「《易》為君子謀，不為小人謀」的主張；然，船山除了強調君子、小人之辨外，更就《易》與君子之間的關係而深入地加以闡述；然而，船山又如何說明《易》為君子謀的內涵？他說：「因爻立象，因事明

〔註272〕參見《張子正蒙注》，頁50。

占，而昭示顯道，無一而非性命之理。《易》為君子謀，初非以趨利避害也。」
〔註 273〕按此，船山認為《易》為君子所謀；首先，此既要其立「人道」而
統乎仁義、又要其體誠存性，以明天人性命之理；其次，為《易》所謀的君
子，他並不只是被形塑為文質兼備的人倫典範，而是含有誠、信、恆、明、
仁等德行。

　　就人的志、意之辨而言，船山認為人有庸人、中人、君子及聖人的差別；
然而，就人的本質而言，船山則強調「庸」無異於「聖」。因此，對「人是什
麼？」的追問就成為當代研究船山思想所不得不思索的課題。關於「人是什
麼？」，我們可追溯至康德於其開授的《邏輯學講座》中，〔註 274〕它即包含
在康德探問「世界公民」之四大問題中的最後一個；但，康德對此問題的回
答仍停留在實用人類學的見解上。不過，在西方哲學史上，真正以哲學人類
學之觀點來探討人的本質，這應推謝勒為先驅者；至於，謝勒又如何看待「人」
的形象呢？他並不將「人」歸於動物的類屬行列中，而是將人視為「擬神」的
精神存有者。

　　事實上，就以《論語》、《孟子》這二本儒家的重要典籍來說，書中提及
「君子」的次數並不亞於單獨以「人」為考量的論述；其次，孔子於《易‧大
象》中，他又就《易》六十四卦的卦義而獎勉學《易》的君子；然而，君子於
德、於位上並不如作《易》的聖人，因為聖人不僅德位兼備、又延天以祐人。
相對地，君子則有凶悔吝之憂，例如〈明夷〉之初九言「君子于行，三日不
食。」〈剝〉之上九言「君子得輿，小人剝廬。」〈大壯〉之九三言「小人用壯，
君子用罔。」按此，君子在現實世界中則經常為小人所困。然，學《易》、占
《易》的君子其能體會天、人之理；特別地，君子法〈復〉之初陽，於一心之
幾動，即能以無私、剛直擴充之而與天地合其德，故其終能效法知天的聖人，
以俟命而立命。

　　因此，就當代哲學人類學的意義，君子不僅作為「效聖者」的角色，而
且能承繼聖人延天祐人之志；至於，君子如何藉由學《易》以助人呢？船山
說：「……但為一陰一陽所繼而成象者，君子無不可用之以為靜存動察、修

〔註 273〕《張子正蒙注》，頁 309。
〔註 274〕康德開授《邏輯學講座》的時間，大約在 1773～1774（參見：Immanuel Kant,
　　　　　Anthropologie in pragmatischer Hinsicht, Hrsg. von Reinhard Brandt，S. 303～
　　　　　304）。

己治人、剝亂反正之道。」〔註275〕按此，君子於學《易》之中，他揭示了哲學人類學思維的三個面向：所謂「靜存動察」，其體現了「人與自身」的關係；而「修己治人」則反映「人與他人」的關係；最後，君子擔負「剝亂反正」的神聖職責，這涉及「人與神聖性」的關係。因此，船山倡言「《易》為君子謀」，而君子所謀之事在於效法聖人作《易》的精神，並能得天助人。

　　船山對「理」的看法，他並不贊成朱熹的「性即理」、亦不苟同陸、王的「心即理」，而是主張「誠天化理」；〔註276〕然而，所謂「誠天化理」的「天」是為「人之天」、而不是「天之天」或「物之天」。〔註277〕就君子而言，所謂「人之天」即以人事天，並能立「人道」而得天助人。不過，船山認為「天」本無體，而「誠天化理」則可視為君子之「窮理盡性」的發用過程；因而，君子得天助人之道，應於天人之際去體「太和之誠」，並從體誠存性中領會天人之理。

　　船山言「誠」，其並不專於天道、亦不獨厚人道，而是合「誠」、「誠之」以說明天人之道；然，所謂「誠之」之義，此意味君子於體「太和之誠」中，由俟命而立命，故能明《易》之言吉凶悔吝，皆以「藏往知來」之消息、盈虛而處於變動不居之中。其次，船山強調若以「誠」、「明」為二端，則君子於「繼善成性」中所得之德行，皆位於「自誠明」、或「自明誠」的天人之理中。最後，君子由立「人道」而極乎三才之道，他不僅以「恆」其德而好學力行、尚志，以「信」而樂與他人交往，並以「仁」盡道，以體現天、人處於「相即相函」的辯證之中。因此，君子兼備恆、信、仁等德行而成性存存，並藉此彰顯「人與自身」、「人與他人」及「人與神聖性」的關係；至此，《易》謀之於君子，其蘊涵著當代哲學人類學的特色，因為就船山看待君子的人格形象，他是效聖者、得天者及體誠者，而人唯具有這些隸屬於人格的精神價值，他才有足夠的精神力而向生命的本能和驅力說「不」；然，受本能驅使的小人常見利忘義，故《易》不為小人謀。

〔註275〕《周易內傳發例》，頁 675。
〔註276〕參見嵇文甫：《王船山學術論叢》（臺北縣：谷風出版社，1987 年），頁 87。
〔註277〕參見嵇文甫：《王船山學術論叢》，頁 87。船山認為：盡人而求合乎天德，則在「天」者即為「理」；因而，「天即理」是為「人之天」（參見《周易內傳發例》，頁 675）。

第六章　結　論

　　船山論《易》的「人文創化」思想上包括了二大層面：其一，船山就「乾坤並建」、「占學一理」、「象爻一致」及《易》為君子謀」等直述己說的面向來進行闡述；其二，船山藉由易學思想排斥包括佛、老在內的他說，以彰顯己說。不過，不論船山之直述己說、或排斥他說以顯示己說，此中皆存在一個足以用來論述一己見解的邏輯思維。關於易學哲學史上，眾多易學家又如何以某一特定的思維來闡述《易》的思想內涵呢？學者朱伯崑說：

　　　　《周易》和易學家對它所作的解釋，所以在我國歷史上產生如此深

　　　　刻的影響，不在于占術，也不在于其思想的表現形式，如卦爻象和

　　　　卦爻辭，而在于其理論思維的內容。〔註1〕

按上述所言，朱氏就理論思維的形上觀點以看待《易》在中國易學哲學史上的發展，因為占術所關涉到的往往是現實福禍利害，故術士解占有可能是出於迎合問筮者的私利之情。況且，《周易》的「蓍龜」只是眾家數術之一而不是數術的源頭；〔註2〕因而，若僅著重占《易》而忽略學《易》之事，那麼占得凶、悔、吝則不知如何彌補過失。相對地，如果只關注卦爻象、辭之理而廢占法於不談，此不能得人謀鬼謀之道。因此，當朱氏藉由「理論思維」一詞作為易學哲學的形上觀點和判準時，那麼船山的「占學一理」、「得失吉凶一道」之主張，能在易學史上呈現出一種嶄新的理論思維型態。底下，本論文針對船山論

〔註1〕朱伯崑：《易學哲學史（修訂本）·第一卷》（臺北：藍燈文化事業，1991年），
　　　　頁4。

〔註2〕參見許朝陽：〈《京房易傳》的易學意義與徐昂《京氏易傳箋》義例述評〉，國
　　　　立臺灣師範大學《國文學報》，第五十期，頁3，2011年2月。

《易》之「人文創化」的研究而提出三項結論；亦即：（一）以機體形上義闡述「人文創化」的精神與意義。（二）以「兩端一致」彰顯《易》的「人文創化」內涵。（三）以哲學人類學詮釋「《易》為君子謀」的思想意涵。

一、以機體形上義闡述「人文創化」的精神與意義

至於，船山於論《易》過程中如何呈現其關於「人文創化」的思維內容型態呢？此中涵蓋二層面：首先，就直述其人文內涵而言，他強調以一種直覺、整體的動態思維來看待天人之道，這就如覃明德認為船山之「性日生日成」是體現生命存在的一個動態實踐過程；〔註3〕其實，如果將船山論《易》所言之「性」對照於懷氏的「永象」（eternal object）的話，那麼由「性」所蘊含的主觀、客觀的關聯，則可就「性一情萬」以直覺「一本而萬殊」之動態的整體性內涵；或者說，若視「性一情萬」為「機體綿延」，則船山所言之「一本而萬殊」即為「機體生化」的歷程。事實上，船山易學中的機體思想特性，除含有直覺的整體性思維外，它亦蘊涵陰陽互補與太和生化原則，而此尤其表現在〈八卦〉與〈六十四卦〉之間的卦象變易思維上。

《易》之〈八卦〉與〈六十四卦〉，二者並非各自獨立的，而是在三畫的〈八卦〉與六畫的〈六十四卦〉之間存在著某種相摩相盪的跡象。特別地，合〈乾〉〈坤〉為〈泰〉、合〈震〉〈巽〉為〈恆〉、合〈離〉〈坎〉為〈既濟〉、合〈艮〉〈兌〉為〈咸〉；因而，船山認為由〈泰〉而〈恆〉、由〈恆〉而〈既濟〉、由〈既濟〉而〈咸〉其呈現天人致一之感。〔註4〕因此，這除說明〈八卦〉與〈六十四卦〉皆出自《河圖》這同一根源外，〔註5〕更說明由〈泰〉至〈咸〉的天人致一之「感」，存在著機體的天人致一之「美」；這種天人致一之「美」，既包含柔順與剛健之美，亦是「太和之美」的呈現。然，所謂「太和之美」即合陰陽、盈虛、往來、天地、雷風、水火、山澤、男女、雌雄等渾然一體而不分的機體和諧、均衡之美。此外，相對於李元璋藉由陽明心學而闡述「真善美合一說」的美學而言，〔註6〕船山之以「心函性」的發

〔註3〕參見覃明德：《王船山《四書》詮釋之研究——以內聖外王開展之》（臺北：文化大學哲研所博士論文，2012年），頁86。見氏言：「王船山透過氣的健動不已指出人性為動態發展之過程，突顯人之生命存在為一動態存在」。

〔註4〕參見《周易外傳》，頁904。

〔註5〕參見《周易內傳發例》，頁657。

〔註6〕參見李元璋：《陽明心學之美學研究》（臺中：東海大學哲學所博士論文，2009

用彰顯誠天化理的「太和之美」，此亦是《繫傳》言「生生之謂《易》」的美，因為《易》的生生之美，可以將人帶到一種無關涉現實利害考量的境域；簡言之，藉此能闡述一種「去人類中心思維」的審美特性。

主、客體透過彼此的相互作用而達到日生日成的效用。不過，當主、客體於日生日成之際，主體之「心」卻未必始終保持其同一性而認知客體，因為「心」於認知活動過程中，它時時要檢核「性」的分有發用，並從中尋求窮理盡性之道。據此略知，船山言「知見之所自生，非固有。非固有而自生者，日新之命也。」〔註7〕按此，人的知見是隨著天命之性的發用而不斷地擴充、增長，故不能將「性」看成是天生固有而具一成不變的內涵；換言之，由於「性」的發用本非固有不變的，故所謂「天命」之義即結合「日生日成」之義而彰顯開來。然而，當以「心函性」進行發用流行時，主、客體之間的關係為何？

大致說來，就機體綿延的環節而言，主體函客體、再以「主客相函」作為「新主體」以函新的「客體」；如此反覆，則作為船山「人文創化」的機體的形上義在此獲得合理說明。此外，若以「心函性」的過程來探討，〔註8〕那麼「心函性」的「心」常被認為是孤立於「性」之外、且視其是始終不變的存在；亦即認為「心函性」的「心」具有一種獨立的同一性。不過，「心函性」的「心」雖在名稱上保持同一性，但其內涵已不斷地擴展；簡言之，此刻的「心函性」已不同於彼刻之「心函性」的內容，而二者存在著某程度的差異性。然而，我們是否能藉船山言「心函性」所顯示同一與差異的內涵，而深入闡述其「人文創化」的獨特意涵呢？對此，我們先探討佛、道之主張「萬法歸一」其與《易》言「同歸一致」，二者之差別為何？船山言：

> 「歸」者其所自來也，「致」者其所自往也。天下有所往非其所自來者乎？則是別有一豁，受萬類之填委充積而消之，既歸非其歸，而來者抑數用而不給矣。繇此言之，流動不息，要以敦本而親用，恆以一而得萬，不強萬以為一也，明矣。異端之言曰「萬法歸一」，一

年），頁161。見氏言：「良知明覺的發用，既可為『內用』之靜觀直覺，復可為『外用』之默會妙悟，這種心外無理的天人合一之境，正是『真善美合一說』之境。」
〔註7〕參見《思問錄內篇》，頁420。
〔註8〕參見《張子正蒙注》，頁182。船山言：「性函於心而理備焉，即心而盡其量，則天地萬物之理，皆於吾心之良能而著；心所不及，則道亦不在矣。」

歸何處？信萬法之歸一，則一之所歸，舍萬法其奚適哉？是可截然命之曰「一歸萬法」，〔弗能於一之上索光怪泡影以為之歸。然而非也。萬法〕一致而非歸一也。〔註9〕

按上述之言，《繫傳》言：「神以知來，知以藏往，其孰能與於此哉！」按此，聖人作《易》能明陰、陽二氣於盈虛、往來之際而顯神妙不測之理。然，所謂「同歸一致」之理，是以「歸」為「來」、以「致」為「往」；因而，《易》之發用或隱或顯、或幽或明，此皆說明陰陽二氣消長屈伸及變動不居。

佛家言「萬法歸一」，而船山卻認為「一」卻無所歸；因而，「萬法歸一」的「一」是為無差異的同一性，故「一」最終流為或虛、或寂的名號，故此「一」可用「無」或「空」稱之。相對地，船山以「萬法一致」說明一切現實的機體發用，而「萬法一致」的「一」是指同一性自身就含有差異性；因而，船山思想中的同一與差異是互相包涵。其次，若以「心函性」言之，則每一剎那中的「心函性」皆為同一與差異之相互蘊涵的不同綜合體；亦即，人以「心函性」在現實生活發用、流行不已時，此中皆存在「心」不離「性」的事實，故「萬法一致」的「一致」之義，即藉由每剎那發用且彼此存在差異的「心函性」的實有義而獲得說明。因此，船山之以「萬法一致」闡述論《易》的機體形上思想，並從中彰顯其「人文創化」的思想特色；其次，此亦是船山易學之理論思維內容的體現。

此外，在船山的易學中，是否存在著唯物論的思想傾向呢？大致說來，船山因繼承張載的思想發展脈絡，他於論《易》上特重言「氣」。不過，一些當代學者將船山所言之「氣」理解為「唯物論」的進路。關於「氣」，船山言：「絪縕太和，合於一氣，而陰陽之體具於中矣。」〔註10〕按此，所謂「合於一氣」是指太極為陰陽之合撰；而當陰、陽之為二端而能一致時，那麼「太和之誠」必寓於其中。〔註11〕因此，船山之「即氣顯體」的「氣」，它既含有「太和之誠」的自然義和倫理義，故其與僅崇尚自然義的唯物論，彼此存在明顯的差異內涵。

其次，船山思想是否能以唯心論之名而可盡述其旨呢？首先，船山承繼

〔註9〕《周易外傳》，頁1048～1049。
〔註10〕《張子正蒙注》，頁46。
〔註11〕參見《張子正蒙注》，頁46。船山言：「性以理言，有其象必有其理，惟其具太和之誠，故太極有兩儀，兩儀合而為太極，而分陰分陽，生萬物之形，皆秉此以為性。」

張載之批評釋氏心法的態度，而他亦說：「其（釋氏）直指人心見性，妄意天性，不知道心，而以惟危之人心為性也。」〔註12〕據此，釋氏之所謂「明心見性」，此弊端在於人心、道心不分。船山對此認為：「人心即情，道心即性。」〔註13〕另外，「性」與「情」的關係是為「性一情萬」；因而，人心不離道心、道心亦寓於人心之中。因此，由人心、道心所彰顯的天人之道，是蘊涵著「太和之誠」的意涵；換言之，人心函「性」、道心執「理」；因而，以性言理，即可合天人「性命」之理，故船山易學並非偏限於唯心一隅。因此，船山言「太和之誠」的精神，其是能超越唯心、或唯物之執於一端的意識型態觀點，並展開「兩端一致」的天人之學。

二、以「兩端一致」彰顯《易》的「人文創化」內涵

《易》有卦、爻之「象」，但船山認為「象外无道」。〔註14〕至於，所謂「象外无道」，意指《易》可呈現一種機體直覺的整體性；因而，不論船山所言的「四聖一揆」、「占學一理」、「吉凶得失一道」或「彖爻一致」等，此皆揭示船山在易學理論上具有整體思維的內容。因此，他首先駁斥朱熹主張四聖各有其《易》、以及《易》之本義僅為「卜筮之書」的片面說法。其次，船山認為《易》之「象」在顯天道以昭回人道，亦即《易》道的發用不外是天人之道；換言之，所謂「象外无道」其體現《繫傳》言：「《易》與天地準，故能彌綸天地之道」的內涵。因此，船山反對邵雍將《易》區分為先天、後天的說法，因為《易》是以機體生化而發用流行，此中並不存在一個可藉由理智分析的先、後次序問題。

其實，船山的「占學一理」主張是具有歷史詮釋的意涵，因為在易學發展史中，學《易》、占《易》是處於相互辯證的歷程。另外，若崇尚學《易》而廢筮占不講，則自天所祐之吉將隱而不顯；相對地，若廢學以尚占，則吉凶已著之時，而筮者卻不知如何彌補由筮占所得之凶、悔、吝的過失。因此，若以學《易》、占《易》為二端，則可達至「兩端一致」之理。

不過，何以「四聖一揆」是船山主張「占學一理」的先行條件呢？對此，文王之《易》是以「彖辭」的形式來呈現。不過，唯《易》源於伏羲畫「卦」，

〔註12〕 （宋）張載撰、王夫之注：《張子正蒙注》（臺北：世界書局，2010 年），頁111。
〔註13〕 王孝魚：《周易外傳選要譯解》，頁 87。
〔註14〕 《周易外傳》，頁 1038。

且卜筮之道已寓於其中，周公才能即伏羲之「卦」、文王之「彖」而達其變於「爻」；簡言之，當《易》源於伏羲畫「卦」時，天人之理已蘊涵其中。「四聖一揆」是船山言「占學一理」所不可分的一環，因為從四聖之《易》所揭示出的人文價值，皆具有一種本質的「同一性」；亦即，四聖所關注的內容都關涉到天、人之道的問題。

至於，船山於論《易》中又如何突顯此天、人之道呢？大致說來，船山所揭示的易學方法是強調「由用以得體」的機體進路；而在「占學一理」的課題上，筆者除了論述「四聖一揆」外，更以「占義、不占利」作為占《易》的時代筮卜價值，其中他提出「合義而利」的見解，即占「利」是寓於「仁義」之中；因而，吉凶得失可為一道，或者說，「吉凶」與「得失」能處於「二端一致」的易學機體發展中。船山之「占學一理」反映出一種直覺理論思維的內涵，並藉此以修正朱熹認為《易》之本義是「卜筮之書」的說法，因為船山認為《易》是兼具義理與卜筮的雙重內容，而學《易》者不可顧此失彼。

《易》之以爻立象，而天、人之情可見，而不是像邵子「先天之學」以強調遇事能「前知」之，亦不是像焦贛《易林》之「因象立辭」而迎合問筮者的福禍利害，而船山認為此皆以私智窺測鬼謀之道；簡言之，《易》之情在於顯天道、即昭回人道。因此，舉凡爻象、或爻辭，其不論言「貞吉」、「貞吝」、「貞厲」或「貞凶」等等，皆先言「貞」而後言吉、凶、厲、吝；不過，船山言：「貞則利，利必貞也。」〔註15〕按此，唯有以「貞」立本，那麼才能明吉、凶、厲、吝等天命之所趨，也才能因時而有所擇執。至於，何以船山又言「利必貞」？船山認為《易》所言之「利」其非圖謀於一己之私，而是要「不以利為利，以義為利也。」〔註16〕因此，船山認為《易》之言「利」在於「合義而利」。

其次，就船山言內、外卦之關係而提出「立本而趣時」的主張時，他並不贊成邵子之援引「加一倍之術」而陷於窮大失居的形上困境；因而，若不能以「貞」立本，則所占之筮將有褻瀆神化之嫌。因此，不論「立本」、或「趣時」，只要「義」寓於其中，則由「立本」以「趣時」、或「趣時」而「不忘本」，皆能以「立本」與「趣時」為二端，而達至「兩端一致」之理。至於，若我們結合船山言「占學一理」、「吉凶得失一道」及「立本而趣時」以

〔註15〕《周易內傳發例》，頁 671。
〔註16〕《周易內傳發例》，頁 671。

說明船山論《易》之人文創化的內涵，那麼他所謂「筮吉凶於得失之幾」的含意，〔註17〕即體現以立「人道」而統乎三才之道的天人之用。

　　關於「彖」與「爻」是否一致的問題為何？大致說來，「彖」的內涵在「天道」，而此中的「人道」並未完全彰顯；簡言之，所謂「太極即太和之氣」，此為船山「即氣言體」的機體性意義；至於，當「太極」作為存有之「體」而處於現實發用的階段，那麼萬有函太和之氣是以分有者身份而顯差異性；亦即，船山認為卦「爻」具有彼此差異性的存在。然而，如何面對「爻」的參差不齊而卻能體現「彖」的一致性本質呢？對此，這關涉到學《易》者對「彖」及「爻」之間關係的理解，而本論文則從船山論《易》的機體進路著手，尤其透過「兩端一致」之理以說明「彖」的發用即體現在「爻」的差異性上；相對地，由「爻」呈現的差異性之「用」則豐富了「彖」作為本質一致性的「體」，並達至「體用相函」之直覺的機體性發展。

　　就「彖」為「體」而函「乾坤四德」的天人之蘊言之，船山認為「〈坤〉純陰而非無陽」，因而〈坤〉雖以「牝馬」象之，然亦可秉〈乾〉氣有健行之情；既然〈坤〉能秉〈乾〉而行，則君子所效法者非只是〈坤〉而已，其當以「〈乾〉、〈坤〉合德」為要。船山於釋〈乾〉之「四德」中指出天地萬物成性之後，唯人具有「仁」之性；其次，他於釋〈坤〉之「四德」中指出君子得陽剛為主而利，然此「利」必是合「義」而利。因此，「彖」所要昭回人道之「蘊」，此即儒家的仁、義之道。其次，船山之所謂「太和」其僅就「陰陽合德」而言；然而，何以船山又言「保合太和」，此義為何？大致說來，這在於說明卦「爻」於變通之際，「天人性命」之理是以「兩端一致」而往來發用；換言之，「保合太和」其在於以一種動態的機體生化發展來看待《繫傳》言：「生生之謂《易》」的意涵。

　　就「爻」為「用」而顯「兩端一致」之理言之，所謂船山易學的「兩端一致」之理，此就「爻」動之情而顯《易》之「藏往知來」，並從中顯天道、以昭回人道的天人之理。不過，由「爻」所顯示的「天人之理」是從「盡人而求合乎天德」的人道面向來探討。針對此一問題，筆者從〈屯〉、〈隨〉、〈臨〉、〈无妄〉及〈革〉等五卦皆函元亨利貞之「乾坤四德」而著手探討。例如，〈屯〉處難之時，九五之君能「禮賢下士」，而初九於代九五行權之時亦能「以尊下卑」。因此，若以「時位」和「德行」為二端來看待《屯·彖》

〔註17〕《周易內傳發例》，頁654。

言「元亨利貞，勿用有攸往，利建侯。」那麼「兩端一致」之理即存乎其中；亦即，「兩端一致」體現在以「事」與「理」之為兩端，以成其「一致」之理。

若即「彖」見「爻」而達至「彖爻一致」之理，則「爻」是以「彖」作為本質的現實發用。其次，「爻」之用是要跟筮者之身份和所問之事結合一起來領會；因而，當「爻」被稱之為「權」時，那麼「彖」即是「經」。在本論文章節，筆者僅就〈履〉、〈同人〉及〈豫〉等卦加以研究。例如〈履〉六三之陰情，此雖如武人之為而逞其志之「淫」；然而，上九言「視履考祥」則能定其心而審度大局之情勢發展，並發揮陽德以「貞」其志。因此，就〈履〉之內〈兌〉、外〈乾〉而言，當能以「貞」、「淫」為兩端，並以「貞淫一致」以通天人之理，因而《繫傳》言「〈履〉，德之基」之義於此彰顯。這麼一來，《履‧彖》言「履虎尾，不咥人」、〈履〉六三言「履虎尾，咥人凶」，二者的矛盾恰能透過「貞」、「淫」之「兩端一致」的精神來化解。據此，船山言「彖」經、「爻」權的「人文創化」體現在「爻」權之本質的機體綿延上，並以「兩端一致」的意義彰顯出來。

三、以哲學人類學詮釋「《易》為君子謀」的思想意涵

就當代哲學人類學的意義，「君子」在船山論《易》中體現的人格及肩負的責任，在於效法儒家聖人之人格典範的崇高性；尤其，聖人先以仁、禮引領君子之德行，而後再與君子對冥頑不靈的匹夫匹婦行教化。因此，君子在船山易學的人文創化中，他始終居於「效聖者」之承先啟後的地位。

其次，君子如何承繼聖人延天祐人之志而學《易》以助人呢？對此，船山說：「……但為一陰一陽所繼而成象者，君子無不可用之以為靜存動察、修己治人、剝亂反正之道。」〔註18〕按此，君子於學《易》之中，他揭示了哲學人類學思維的三個面向：所謂「靜存動察」，它體現了「人與自身」的關係；而「修己治人」則反映「人與他人」的關係；最後，君子擔負「剝亂反正」的神聖職責，這涉及「人與神聖性」的關係。因此，船山倡言「《易》為君子謀」，而君子所謀之事在於效法聖人作《易》的精神，並能得天助人。

船山對「理」的看法，他並不贊成朱熹的「性即理」、亦不苟同陽明的「心即理」，而是主張「誠天化理」；不過，船山認為「天」本無體，而「化

〔註18〕《周易內傳發例》，頁675。

理而誠天」則可視為君子之「窮理盡性」的發用流行過程。〔註19〕因此，君子得天助人之道在於體「太和之誠」；亦即，君子從體誠存性中去領會天人之理。其次，「《易》為君子謀」的「君子」則蘊涵著當代哲學人類學的特性，因為就船山看待君子的人格形象，他是效聖者、得天者及體誠者，而人唯具有這些隸屬於人格的精神價值，他才有足夠的精神力去向生命的本能說「不」；然，受本能擺佈的小人常見利忘義，故船山又言「《易》不為小人謀」。

　　總結上述所言，船山論《易》的人文創化思想和精神，是奠基在一個「人文世界」的機體生化流行之中，並以「〈乾〉〈坤〉並建」承天命之降而敞開天人合於「性命」之理。其次，筆者藉由船山言「《易》為君子謀」以闡述其易學的當代思潮意涵；大致說來，船山易學既不是主觀主義、或客觀主義、亦不是人類中心主義。此外，它並不是二元論，也不是西方傳統的一元論，因為船山主張「一本而萬殊」的「一」，此是在同一性中包容差異性，且「同一性」與「差異性」是以「兩端一致」而諧和對立地調合，而這裡的調合論是要從懷特海的機體哲學來思考；特別地，所謂「一」即呈現直覺整體的機體生化，而所謂「一中之多」是指包括「兩端一致」、「性一情萬」、「同歸一致」等天人之理的差異性，而諸多的機體環節則可稱為「機體綿延」。

　　此外，船山以理、欲為二端的「理欲一致」亦蘊含當代以存在取向作為諮商的治療功能，此就如劉淑敏說：「存在主義取向並不意味著是理性或是非理性的，而是理性或非理性理論背後，人內在潛在的存在基礎的覺察」。〔註20〕另，就人格的意義而言，人是一完整的個體；然而，在當今的社會中人卻出現層出不窮的心理問題，包括憂鬱、焦慮和精神官能等疾病，究其原因，在於人對自己的存在深覺不安的危機感。面對人存在的不安和焦慮，人不能僅藉助理性以對抗自身非理性的侵襲，而是要將人的理性與情感統合在一個具直覺的「人格世界」意義中，並以「理欲一致」作為「太和之誠」的人道行動根基；簡言之，當人能以人格承載、調合來自現實的各種衝突和對立時，人才能自我肯定、且從中找回一己存在的整體意義。因此，當代船山易學研究的方向，既不可忽略文獻的時代闡述，而同時也要關注「人」之

〔註19〕參見（清）王夫之：《船山全書》，第6冊（《讀四書大全說》），頁1111。
〔註20〕劉淑敏：《存在主義與存在諮商，以傅朗克意義療法及亞隆的心理療法為主軸的探討》（臺中：東海大學哲學所博士論文，2013年），頁206。

生存的現實意義。特別地，當人處於現實困境時，他能善用船山之「兩端一致」思想的調合機制，以天地之心審度一己的起心動念；這麼一來，人作為小宇宙則始終與乾坤天地這個大宇宙保持和諧，因而人的本質可透過直覺的整體性而敞開，並能在天地之中找到個體安身立命的依歸。

參考書目

一、中文書目

（一）古籍、原典

1. 東周‧莊周著，（清）郭慶藩編、王孝魚整理：《莊子集釋》，臺北：木鐸出版社，1983 年。

2. 漢‧焦延壽：《焦氏易林》，臺北：藝文印書館，1983 年。

3. 漢‧鄭玄注：《易緯是類謀外四種》，臺北：新文豐出版公司，1987 年。

4. 漢‧鄭玄注、（唐）賈公彥疏，李學勤主編：〈春官宗伯〉，《周禮注疏》，臺北：臺灣古籍出版，2001 年。

5. 東漢‧魏伯陽著、（宋）朱熹等注：〈周易參同契序〉，《周易參同契集釋》，北京：中央編譯出版社，2015 年。

6. 晉‧王弼著、樓宇烈校釋：《老子周易王弼注校釋》，臺北：華正書局，1981 年。

7. 宋‧朱熹著、朱傑人，嚴佐之，劉永翔主編：《朱子全書 v.21—晦庵先生朱文公文集（貳）》，上海：上海古籍出版社；安徽：安徽教育出版社，2002 年。

8. 宋‧朱熹著、朱傑人，嚴佐之，劉永翔主編：《朱子全書——第 14 冊》，上海：上海古籍出版，2002 年。

9. 宋‧朱熹著、陳俊民校編：《朱子文集》，臺北：德富文教基金會出版，2000 年。

10. 宋·朱熹注：〈詩經傳序〉，《詩經集註》，臺北：萬卷樓圖書公司，1991年。

11. 宋·朱熹：《周易本義》，臺北：大安出版社，1999年。

12. 宋·朱熹：《易學啟蒙》，北京：中國書店出版，1995年。

13. 宋·朱熹：《四書章句集註》，臺北：鵝湖出版社，1984年。

14. 宋·朱熹：《朱熹集》，成都：四川教育出版社，1996年。

15. 宋·朱元昇：《三易備遺》，收編於施維主編：《易經圖釋大典》，上海：上海辭書出版社，2015年。

16. 宋·邵雍：《故宮珍本叢刊：梅花易數·邵子易數等五種》，海口：海南出版社，2000年。

17. 宋·邵雍著、清·何夢瑤輯釋：〈宋史道學列傳〉，《皇極經世易知·上》，臺北：廣文書局，1984。

18. 宋·麻衣道者著、劉永明主編：〈火珠林一卷〉，《四庫未收術數類古籍大全：第三集·易占集成（一）》，揚州：江蘇廣陵古籍刻印社，1997年。

19. 宋·黎靖德編：《朱子語類——附索引（四）》，臺北：正中書局，1982年。

20. 宋·程大昌：《易原》，北京：中華書局，1985年。

21. 宋·劉牧撰《易數鈎隱圖》，收編於《四庫全書圖鑒》卷1，北京：東方出版社，2004年。

22. 宋·林栗撰《周易經傳集解》，收編於《景印文淵閣四庫全書·經部·6·易類》卷12，臺北：臺灣商務，1983年。

23. 宋·蘇軾：《蘇氏易傳》，臺北：廣文書局，1974年。

24. 宋·程頤：《周易程氏傳》，北京，中華書局，2011年。

25. 宋·張載：《橫渠易說》，臺北：廣文書局，1974年。

26. 宋·趙彥肅：《復齋易說》，臺北：廣文書局，1974年。

27. 宋·張載撰、王夫之注：《張子正蒙注》，臺北：世界書局，2010年。

28. 宋·羅大經：《鶴林玉露》，卷十五（新刊鶴林玉露卷之三·人集），臺北：正中書局，1969年。

29. 宋·蔡沈：〈洪範皇極內篇原序〉，《洪範皇極內篇·一》，臺北：臺灣商務，1973年。

30. 明·王陽明：《王陽明傳習錄——附大學問》，臺北：正中書局，1954年。

31. 明・楊體仁：《梅花心易闡微》，北京：華齡出版社，2016 年。

32. 明・來知德：《易經來注圖解》，收編於施維主編：《易經圖釋大典》，上海：上海辭書出版社，2015 年。

33. 清・胡謂《易圖明辨》，收編於施維主編：《易經圖釋大典》，上海：上海辭書出版社，2015 年。

34. 清・毛奇齡撰：〈春秋占筮書〉，《仲氏易春秋占筮書》，臺北：廣文書局，1974 年。

35. 清・宋書升：《周易要義》，濟南：齊魯書社，1989 年。

36. 清・王夫之：《船山全書》第 1 冊（包括《周易內傳》、《周易內傳發例》、《周易大象解》、《周易稗疏》、《周易外傳》等書），長沙：嶽麓書社，1988 年。

37. 清・王夫之：《船山全書》第 2 冊（包括《尚書稗疏》、《尚書引義》等書），長沙：嶽麓書社，1988 年。

38. 清・王夫之：《船山全書》第 5 冊（包括《春秋稗疏》、《春秋家說》、《春秋世論》、《續春秋左氏傳博議》等書），長沙：嶽麓書社，1993 年。

39. 清・王夫之：《船山全書》第 6 冊（包括《四書稗疏》、《四書考異》、《四書箋解》、《讀四書大全說》等書），長沙：嶽麓書社，1991 年。

40. 清・王夫之：《船山全書》第 10 冊（《讀通鑑論》），長沙：嶽麓書社，1988 年。

41. 清・王夫之：《船山全書》第 11 冊（包括《宋論》等書），長沙：嶽麓書社，1992 年。

42. 清・王夫之：《船山全書》第 12 冊（包括《張子正蒙注》、《思問錄內篇》、《思問錄外篇》、《俟解》、《搔首問》等書），長沙：嶽麓書社，1992 年。

43. 德・Cassirer, Ernst，甘陽譯：《人論》，臺北：桂冠圖書公司，1990 年。

44. 德・Heidegger, Martin，陳嘉映＆王慶節譯：《存有與時間・上》，臺北：唐山出版社，1989 年。

45. 德・Heidegger, Martin，熊偉、王慶節譯：《形而上學導論》，臺北縣：仰哲出版社，1993 年。

46. 德・Heidegger, Martin，王慶節譯：《康德與形而上學的疑難》，上海：上海譯文出版社，2011 年。

47. 德・Kant, Immanuel，李秋零主編：《學科之爭/實用人類學》，北京：中國人民出版社，2008 年。

48. 德・Scheler, Max，陳仁華譯：《位格與自我的價值》，臺北，遠流，1991 年。

49. 德・Scheler, Max，倪梁康譯：《倫理學中的形式主義與質料的價值倫理學・下》，北京：三聯書店，2004 年。

50. 德・Scheler, Max，羅悌倫等譯：《資本主義的未來》，北京：三聯書店，1997 年。

51. 德・Scheler, Max，李伯杰譯：《人在宇宙中的地位》，貴陽：貴州人民出版，1989 年。

52. 德・Leibniz ,G. W.，錢志純譯、導論：《單子論》，臺北：五南出版社，2009 年。

53. 英・Whitehead, A. N.，傅佩榮譯：《科學與現代世界》，臺北：黎明文化事業公，1987 年。

54. 英・Whitehead, A. N.，李步樓譯：《過程與實在——宇宙論研究》，北京：商務印書館，2011 年。

55. 法・Bergson ,Henri，吳士棟譯：《時間與自由意志》，北京：商務印書館，2014 年。

56. 日・宇野精一編，洪順隆譯：《中國思想（一）——儒家》，臺北：幼獅文化公司，1977 年。

57. 日・宇野精一主編，邱棨鐊譯：《中國思想（二）——道家與道教》，臺北：幼獅文化公司，1977 年。

58. 日・宇野精一編，林茂松譯：《中國思想（三）——墨家・法家・邏輯》，臺北：幼獅文化公司，1977 年。

（二）近人專書研究

1. 王邦雄：《韓非子的哲學》，臺北：東大圖書公司，1983 年。

2. 王孝魚：《周易外傳選要譯解》，北京：中華書局，2014 年。

3. 王國維著，藤咸惠校注：〈略論王國維的美學思想〉，《人間詞話新注》，臺北：里仁書局，1987 年。

4. 方東美：《新儒家哲學十八講》，臺北：黎明文化事業，1983 年。

5. 方東美：《原始儒家道家哲學》，臺北：黎明文化事業，2004 年。

6. 方東美：《中國人生哲學》，臺北：黎明文化事業，1980 年。

7. 王化平：《帛書《易傳》研究》，成都：巴蜀書社出版發行，2007 年。

8. 朱伯崑：《易學哲學史（修訂本）‧第一卷》，臺北：藍燈文化事業，1991 年。

9. 朱伯崑：《易學哲學史‧第四卷》，臺北：藍燈文化事業，1991 年。

10. 任國杰：《童子問易》，北京：人民出版社，2013 年。

11. 牟宗三：《才性與玄理》，臺北：臺灣學生書局，1980 年。

12. 牟宗三主講，盧雪崑錄音：《周易哲學演講稿》，臺北：聯經出版事業，2003 年。

13. 牟宗三主講，林清臣記錄：《中西哲學之會通十四講》，臺北：臺灣學生書局，1990 年。

14. 任法融：《《周易參同契》釋義》，北京：東方出版社，2009 年。

15. 肖劍平：《王船山人格思想研究》，湘潭：湘潭大學出版社，2014 年。

16. 吳康：《康德哲學》，臺北：臺灣商務印書館，1973 年。

17. 李郁：《周易正言》，臺北：廣文書局，1974 年。

18. 李鏡池：《周易探源》，北京：中華書局，2007 年。

19. 杜保瑞：《論王船山易學與氣論並重的形上學進路》，臺北縣：花木蘭文化出版社，2010 年。

20. 辛亞民：《張載易學研究》，北京，中國社會科學出版社，2015 年。

21. 屈萬里：《尚書集釋》，臺北：聯經出版事業，1983 年。

22. 林麗真：《王弼》，臺北：東大圖書公司，1988 年。

23. 林安梧：《王船山人性史哲學之研究》，臺北：東大圖書公司，1991 年。

24. 周芳敏：《王船山『體用相涵』思想之義蘊及其開展》，臺北縣：花木蘭文化出版社，2009 年。

25. 俞懿嫻：《懷特海自然哲學——機體哲學初探》，北京：北京大學出版社，2012 年。

26. 韋政通：《中國思想史‧上冊》，臺北：大林出版社，1979 年。

27. 韋政通：《中國思想史‧下冊》，臺北：大林出版社，1980 年。

28. 胡發貴：《王夫之與中國文化》，貴陽：貴州人民出版社，2000 年。

29. 侯外廬、邱漢生、張豈之主編:《宋明理學史‧上卷》,北京:人民出版社,1984 年。

30. 侯外廬、邱漢生、張豈之主編:《宋明理學史‧下卷》,北京:人民出版社,1987。

31. 馬一浮:〈講錄卷五‧洪範約義三〉,《復性書院講錄》,臺北:廣文書局,1964 年。

32. 夏劍欽:《王夫之研究文集》,石家莊:河北教育出版社,1995 年。

33. 高亨:《詩經今注》,臺北縣:漢京文化事業,1984 年。

34. 高亨:《高亨《周易》九講》,北京:中華書局,2011 年。

35. 高宣揚:《哲學人類學》,臺北:遠流出版,1990 年。

36. 高懷民:《兩漢易學史》,桂林:廣西師範大學出版,2007 年。

37. 高懷民:《宋元明易學史》,臺北:高懷民出版,1994 年。

38. 祖保泉、張曉雲:《王國維與人間詞話》,臺北:萬卷樓圖書公司,1993 年。

39. 唐君毅:《哲學概論‧下》,臺北:臺灣學生書局,1982 年。

40. 唐君毅:《中國哲學原論——原性篇》,九龍:新亞書院研究所,1968 年。

41. 陳來:《宋明理學》,臺北:允晨文化,2010 年。

42. 陳來:《詮釋與重建:王船山的哲學精神》,北京,北京大學出版社,2004 年。

43. 陳郁夫:《周敦頤》,臺北:東大圖書公司,1990 年。

44. 陳鼓應:《易傳與道家思想》,北京:中華書局,2015 年。

45. 陳啟文:《王船山『兩端而一致』之思維的辯證性及其開展》,臺北縣:花木蘭文化出版社,2010 年。

46. 梁啟超:《論中國學術思想變遷之大勢》,臺北:台灣古籍出版,2002 年。

47. 張其成:《易圖探秘——中華精神圖示》,北京:中國書店出版,1999 年。

48. 張元夫:《易經述聞》,臺北:臺灣商務印書館,1974 年。

49. 張立文:《朱熹思想研究‧下冊》,臺北縣:谷風出版社,1986 年。

50. 程石泉:《易學新探》,臺北:文景書局,1999 年。

51. 曾昭旭:《王船山哲學》,臺北:里仁書局,2008 年。

52. 曾春海:《王船山易學闡微》,臺北縣:花木蘭文化,2009 年。

53. 曾春海：《朱熹哲學叢論》，臺北：文津出版社公司，2001 年。

54. 賀麟：〈文化與人生〉，《民國叢書・第二編（43）》，上海市：上海，1990
    年。

55. 勞思光：《中國哲學史・第三卷上》，九龍：友聯出版社，1980 年。

56. 勞思光：《中國哲學史・第三卷下》，九龍：友聯出版社，1980 年。

57. 項退結：《海德格》，臺北：東大圖書公司，1989 年。

58. 嵇文甫：《王船山學術論叢》，臺北縣：谷風出版社，1987 年。

59. 黃玉順：《易經古歌考釋（修訂本）》，上海：上海古籍出版社，2014 年。

60. 熊十力：《讀經示要》卷二，臺北：廣文書局，1978 年。

61. 熊十力：《新唯識論》，臺北：洪氏出版社，1974 年。

62. 廖名春：《帛書《易傳》初探》，臺北：文史哲出版社，1998 年。

63. 趙士林：《荀子》，臺北：東大圖書公司，1999 年。

64. 蔡家和：《王船山《讀孟子大全說》研究》，臺北：臺灣學生書局，2013
    年。

65. 劉雲超：《天人之際與《易》學詮釋》，濟南：齊魯書社，2015 年。

66. 劉樂恆：《馬一孚六藝論新詮》，上海：上海古籍出版社，2015 年。

67. 劉次源：《易通》，臺北：廣文書局，1974 年。

68. 賴貴三：《臺灣易學人物志》，臺北：里仁書局，2013 年。

69. 賴貴三主編：《臺灣易學史》，臺北：里仁書局，2005 年。

70. 錢穆：《中國思想史》，臺北：臺灣學生書局，1992 年。

71. 錢穆：《中國學術通義》，臺北：臺灣學生書局，1984 年。

72. 簡明勇、黃懿梅、王孺松、李國英：《中國歷代思想家（十五）：顧炎武・
    王夫之・李顒・顏元》，臺北：臺灣商務印書館，1999 年。

73. 蕭萐父、許蘇民：《王夫之評傳》，南京：南京大學出版社，2002 年。

74. 蕭萐父：《船山哲學引論》，南昌：江西人民出版社，1993 年。

75. 韓民青：《當代哲學人類學・第一卷》，南寧：廣西人民出版社，1998。

76. 韓民青：《當代哲學類學・第二卷》，南寧：廣西人民出版社，1998 年。

（三）近人期刊、博士論文

1. 束景南主講：〈周敦頤《太極圖說》無極太極新論〉，《臺大歷史系八十週

年系慶講座》,〈摘要〉,2008 年 11 月 5 日。

2. 康全誠:〈摘要〉,〈朱熹《周易本義》試探〉,《遠東學報》,第十九期,2001 年 9 月。

3. 陳祺助:〈王船山氣論系統中「性論」觀念的涵義及其理論價值〉,《淡江中文學報》,第二十期,頁 94,2009 年 6 月。

4. 許朝陽:〈《京房易傳》的易學意義與徐昂《京氏易傳箋》義例述評〉,國立臺灣師範大學《國文學報》,第五十期,頁 3,2011 年 2 月。

5. 賴賢宗(國立台北大學中國語文學系教授):〈批判理論中的規範證立的問題及賀弗爾對此的批判〉,《規範、共識與多元性》(「哲學與社會批評」國際學術研討會 1999 年 3 月。

6. 覃明德:《王船山《四書》詮釋之研究——以內聖外王開展之》,臺北:文化大學哲學所博士論文,2012 年。

7. 李元璋:《陽明心學之美學研究》,臺中:東海大學哲學所博士論文,2009 年。

8. 劉淑敏:《存在主義與存在諮商,以傅朗克意義療法及亞隆的心理療法為主軸的探討》,臺中:東海大學哲學所博士論文,2013 年。

9. 施盈佑:《王船山「時中」觀研究》,臺中,東海大學中文所博士論文,2013 年。

10. 蘇星宇:《王船山與熊十力《易》學比較》,臺北:文化大學哲學所博士論文,2012 年。

二、外文書目

1. Buber, Martin. *Between Man and Man*, translated by Ronald Gregor-Smith. With an introduction by Maurice Friedman. London and New York: First published in Routledge Classics, 2002.

2. Blosser P., "Scheler's Theory of Values Reconsidered,"in j. G. Hart & L. Embree, ed., *Phenomenology of Values and Valuing*. Kluwer Academic Publishers:Vol. 28, 1997.

3. Bergson ,Henri. *Time and Free Will.* London: Reprinted by Routledge, 2002.

4. Bergson ,Henri. *Creative Evolution*, trans by Arthur Mitchell. New York: Macmillan Company, 1922.

5. Cassirer, Ernst. *An Essay on Man-An Introduction to a Philosophy of Human Culture.* Yale University Press, 1944.

6. Heidegger, Martin . *Einfuehrung in die Metaphysik.* Tuebingen: Niemeyer, 1998.

7. Heidegger ,Martin. *Basic Concepts of Aristotelian Philosophy*, trans by Robert D. Metcalf and Mark B. Tanzer. Bloomington : Indiana University Press, 2009.

8. Heidegger, Martin. *Kant und das Problem der Metaphysik.* Frankfurt am Main: Vittorio Klostermann GmbH, 1951.

9. Heidegger, Martin. *Sein und Zeit.* Tuebingen: Max Niemeyer Verlag GmbH, 2001.

10. Kelly, Eugene . "Introduction, " In Max Scheler, *The Human Place in the Cosmos*, translated from the German by Manfred S. Frings. Introduction by Eugene Kelly. Evanston, Illinois: Northwestern University Press, 2009.

11. Kant, Immanuel. *Anthropologie in pragmatischer Hinsicht*, Hrsg. von Reinhard Brandt. Hamburg: Meiner Verlag, 2000.

12. Merleau-Ponty, M., *Phenomenology of Perception*, translated from the French by Colin Smith. London: Routledge ＆ Kegan Paul Ltd, 1962.

13. Rescher, Nicholas. *G. W. Leibniz's Monadology.* University of Pittsburgh Press, 1991.

14. Ricoeur, Paul. "*From Text to Action*-Essays in Hermeneutics, II,"translated from the French by K. Blamey and J. B. Thompson. Foreword to the new edition by Richard Kearney. Evanston, Illinois: Northwestern University Press, 2007.

15. Sullivan ,Roger J., *An Introduction to Kant's Ethics.* Cambridge: Cambridge University Press, 1994.

16. Scheler, Max. *The Human Place in the Cosmos*, translated from the German by Manfred S. Frings. Introduction by Eugene Kelly. Evanston, Illinois: Northwestern University Press, 2009.

17. Scheler, Max . *Person and Self-Value*（Three Essays）, With an introduction

edited and partially translated by M. S. Frings. Dordrecht: Martinus Nijhoff Publishers, 1987.

18. Scheler, Max . *Der Formalismus in der Ethik und die materiale Wertethik.* Bonn: Bouvier, 2000.

19. Scheler, Max . *Vom Umsturz der Werte.* Bonn:Bouvier,Studienausgabe 6. Aufl. 2007.

20. Scheler, Max . *Die Stellung des Menschen im Kosmos*, Hrsg. von Manfred S. Frings.-17. Aufl. Bonn: Bouvier Verlag, 2007.

21. Scheler, Max . *Wesen und Formen der Sympathie & Die Deutsche Philosophie der Gegenwart.* Bonn: Bouvier Verlag, 1973.

22. Whitehead, A. N., *Science and Modern World.* New York: Macmillan Company, 1925.

23. Whitehead, A. N., *Process and Reality-An Essay in Cosmology.* New York: The Free Press. A Division of Macmillan Publishing Co., Inc. 1978.

24. Windelband, Wilhelm . *A History of Philosophy-Vol. 1*, translated by James H. Tufts. New York: The Macmillan Company, 1901.